国家出版基金项目
NATIONAL PUBLICATION FOUNDATION

国家重大出版工程项目
"十二五"国家重点图书

◎谢小英 主编

中国古建筑丛书

广西古建筑

（下册）

中国建筑工业出版社

审图号：GS（2015）2780号

图书在版编目（CIP）数据

广西古建筑（下册）／谢小英主编．—北京：中国建筑工业出版社，2015.12
（中国古建筑丛书）
ISBN 978-7-112-18520-7

Ⅰ.①广⋯　Ⅱ.①谢⋯　Ⅲ.①古建筑－介绍－广西
Ⅳ.①K928.71

中国版本图书馆CIP数据核字（2015）第233806号

责任编辑：唐　旭　李东禧　杨　晓　吴　绫
书籍设计：康　羽
责任校对：张　颖　党　蕾

中国古建筑丛书
广西古建筑（下册）
谢小英　主编
＊
中国建筑工业出版社出版、发行（北京西郊百万庄）
各地新华书店、建筑书店经销
北京锋尚制版有限公司制版
北京顺诚彩色印刷有限公司印刷
＊
开本：880×1230毫米　1/16　印张：19　字数：502千字
2015年12月第一版　2015年12月第一次印刷
定价：298.00元
ISBN 978 - 7 - 112 - 18520 - 7
　　　　　（25829）

《中国古建筑丛书》总编委会

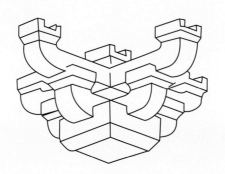

《广西古建筑》

主　编：谢小英

副主编：熊　伟　韦玉姣　吴　兵

顾　问：杨绿峰　吴伟权　覃　溥　谢日万　罗汉军

审稿人：陆　琦

总　序

中国历史悠久，地大物博，人口众多，是一个多民族的国家，文化遗产极为丰富。中国古建筑是世界建筑史上的四大体系之一，五千年来，光辉灿烂，独特发展，一脉相传，自成体系。在建筑历史发展过程中，从来都没有中断过，因而，积累了大量的极为丰富的优秀建筑文化遗产。中国古代建筑的实践经验、创作理论、工艺技术和艺术精华值得总结、传承和发扬。

中国古代建筑具有强大的生命力，首先是独特的地理环境。中国位于亚洲东方，北部有长白山、乌苏里江高山河流阻挡，西有天山、喀喇昆仑山脉和沙漠横贯，西南有喜马拉雅山脉，东南则沿海，形成封闭与外界隔绝的地域，加上地处热带、温带和寒带，宽阔的地理和悬殊的气候，促进建筑与环境的巧妙和谐结合。

其次，独特的民族性格。中国是以汉族为主的多民族所组成。以中原文化为主的汉族人民团结、凝聚着居住和生活在各地的少数民族。由于各民族的历史、文化、宗教信仰、生活习俗与审美爱好的不同，以及他们所处地区的自然条件和地理环境的差异，长期的劳动实践，形成了各民族独特的性格和绚丽灿烂的建筑风貌。

其三，文化的独特体系。中国文化是以黄河流域中原文化为中心，周围有燕赵文化、晋文化、齐鲁文化、吴越文化、楚文化、秦文化和巴蜀文化所烘托，具有历史渊源长久、人类智慧集中、思想资源丰富的特点。中国传统文化思想的集中表现是以儒学、道学为代表，其后，佛教的传入与中国传统文化的结合，形成以儒学为主的儒、道、释三者合一的中国传统文化思想。归纳起来，就是天人合一的宇宙观念，以人为本、和为贵的人文思想，整体直觉的思维方式，真善美相结合的美学观念。

封闭而独特的地理环境，团结凝聚而又富于创造的民族性格，以儒学为主的文化独特体系，创造了中华民族的雄伟壮丽的建筑工程。长期的经验积累，独树一帜，虽经战争的炮火，民族之间的斗争与融合，外来文化之传入及本土化，但中华民族建筑始终一脉相传，傲然生存下来，顽强发展，独树一帜而不倒，在世界建筑史发展中是罕见的、独有的。

中国古代建筑发展经历了原始社会、奴隶社会和封建社会三个历史阶段。

旧石器时代，原始人群利用天然崖洞作为居住场所。南方湿热多雨，虫害兽多，出现巢居。1973年，在浙江余姚河姆渡村发现大约建于6000~7000多年前的、长约23米、进深约8米的木构架建筑遗址，推测是一座长方形、体量相当大的干阑式建筑，这是我国最早采用榫卯技术构筑房屋的一个实例。

原始社会晚期，黄河流域有广阔而丰厚的黄土层，土质均匀，含有石灰质。黄河中游的氏族部落，在利用黄土层作为壁体的土穴上，用木架和草泥建造简单的穴居，逐步发展到浅穴居，再到地面上的房屋，形成聚落。

奴隶社会，夯土技术逐步成熟，宫室建于高大的夯土台上，木构建筑逐步成为中国古代建筑的主要结构方式。等级制度出现。工程管理有了专职的"司空"，以后各朝代沿袭发展成为中国特有的工官制度。

封建社会初期，高台建筑盛行，修建了长城、驰道和水利工程。东汉时代，建筑中已大量使用成组的斗栱，木构楼阁增多，城市和建筑类型扩充，中国古代独特的木构建筑体系基本形成。

两晋南北朝是我国历史上充满着民族斗争和民族融合的时期，佛教的传入，宗教建筑大量兴建，高大的寺庙、壮丽的塔幢，石窟中精美的雕塑和壁画，这是我国古建筑吸收外来文化使之本土化的创造时期。

隋、唐统一全国，开凿贯通南北的大运河，促进了我国南北物资和文化的交流和发展。唐代的长安、洛阳成为世界上最大的城市。木构建筑的宫殿、楼阁和石窟、塔、桥，无论布局或造型都具有较高艺术和技术水平，唐代建筑已发展到成熟的阶段。

宋、辽、金时期，南方在经济和文化方面居于先进地位。由于手工业分工更加细致，国内商业和国际贸易活跃，城市逐渐开放，改变了汉以来历代都城采用的封闭式里坊制度，形成沿街设店的方式。建筑的设计和施工达到一定程度的规格化、制度化，公元12世纪初在总结经验的基础上编写了《营造法式》这一部重要文献。

元代大都建立，喇嘛教和伊斯兰教建筑影响到各地。明、清时期官式建筑已经达到完全程式化、定型化阶段。明代后期出现资本主义萌芽，清代在城市规划上、建筑群体布局和建筑艺术形象上有所发展，例如北京城、故宫、天坛等。民居、园林和民族建筑遍布各地，呈现一片繁荣景象。

中国古建筑有明显的特征。在城市规划上，严谨规整、对称宏伟，表现出庄重威武的中华民族性格。单体建筑中，雄伟的飞檐屋宇、大红的排列柱廊、高大的汉白玉台基，呈现出崇高壮丽又稳定的形象。黄河流域盛产的木材资源，形成了中国古建筑木构架体系的特色。室外装饰的富丽堂皇、金碧辉煌，室内陈设装修的华丽多样、细腻雕饰，体现了中国古建筑绚丽多彩的民族风格。

聚居建筑方面，包含民居、祠堂、家庙、书院等遍布全国各地，它们与人民生活息息相关。各地各族人民根据自己的生活习俗、生产需要、经济能力、民族爱好和审美观念，结合本地的自然条件和材料，因地制宜、因材致用地进行设计与营造。他们既是设计者，又是营建者、使用者，可以说设计、施工、使用三位一体，因而，这种建造方式所形成的民宅民间建筑，既实用简朴，又经久美观，并富有民族风格和地方特色。

中国古园林的特征。以自然山水即中国山水画为蓝本，并以景区、景物和建筑、山水、花木为构件，由景生情，产生意境联想，达到艺术感受。皇家园林因其规模大、范围广，其园林布局自秦、汉时期的一池三岛，到唐、宋以山水画为蓝本，明、清仍沿袭池中置岛古制，但采用人工造山置水的方法。

明、清私家园林因属民间，士大夫文人常在宅后设园休闲宴客，吟诗享乐，其特点是以最小的场所造成无限的景色为目的。因其规模小，常以叠石或池水为主，峰峦洞壑、峭壁危径或曲径通幽取胜。在情景中则采用巧于因借、精在体宜的手法。

我国是一个人口众多的多民族国家。相传秦汉以前，中华大地上主要生存着华夏、东夷、苗蛮三大文化集团，经过连年不断的战争，最终华夏集团取得了胜利，上古三大文化集团基本融为一体，历史上称为华夏族。春秋、战国时期，东南地区古老的部族称为"越"，逐渐为华夏族所兼并而融入华夏族之中。秦统一各国后，到汉代都用汉人、汉民这个称呼，直到隋、唐，汉族这个名称才固定下来。

由于各民族的历史文化、宗教信仰、生活生产、习俗性格的不同，又由于各族人民所处地区的自然条件和环境的不同，导致他们各自产生了富有特色的建筑和民宅，如宏伟壮丽的藏族布达拉宫，遍布各族聚居地的寺院庙宇、寨堡围村、楼阁宅居，反映了绮丽多彩的民族风貌。

中国传统文化渗透了中国古建筑，中国古建筑深刻地体现了中国文化。

新中国成立后，作为全国性有领导有组织地编写中国古代建筑史，第一次是1959年，由原建筑科学研究院组织"编写三史"开始。当时集中了全国高等院校、科研部门分工编写，1962年由中国工业出版社出版《中国建筑简史》第一册（古代部分）。随后，又组织有关院校、文化、历史、考古等单位对古代建筑史有研究的人员，经多次修改，由刘敦桢教授执笔主编的《中国古代建筑史》，于1966年完成。由于"文化大革命"，未能出版，1980年才由中国建筑工业出版社正式出版。作为高等院校的中国建筑史教材则由全国高校教师编写，参考了上述专著，由中国建筑工业出版社1982年出版。

作为系统的、全面的、编写中国古建筑丛书是从1984年开始，当时作为《中国美术全集》中的一个门类——建筑艺术，称为《中国美术全集·建筑艺术编》，共6辑，包含宫殿、坛庙、陵墓、宗教建筑、民居、园林，1988年完成出版。

第二次编写从1992年开始，编写的原因是《中国美术全集·建筑艺术编》6辑出版后，各界反映良好，但感到篇幅不够，它与我国极为丰富的建筑文化遗产大国不相适应。于是，再次组织编写《中国建筑艺术全集》丛书30辑，其中古建筑24辑，近现代建筑6辑。古建筑部分仍按类型编写。该丛书中的24辑于1999年5月出版。

由于这两次丛书都是全国性编写，按类型写，又着重在艺术，因此，一些地方特色和民族特色的、中型的优秀古建筑就难于入选。为了弘扬和传承优秀传统建筑文化体系，总结经验和规律，保护我国优秀传统建筑文化遗产，因此，全面地、系统地、按省（区）来编写古建筑丛书是非常必要的、合时宜的。

本丛书编写的主要特点是：其一，强调本省（区）古建筑的民族特色和地方特色；其二，编写不限于建筑艺术，而是对本省（区）古建筑的全面叙述，着重在成就、价值、特色、技术和经验、规律等各个方面，这是我国民族和地区的资料比较全面和丰富的传统建筑文化丛书。

陆元鼎

2015年1月10日

前　言

　　广西简称"桂"，是一个多民族聚居的省份（自治区），主要居住着汉、壮、侗、苗、瑶、仫佬、毛南、回、京、彝、水、亿佬等12个民族，壮、侗、仫佬、毛南为广西的土著民族，其他民族在不同历史时期，从不同的地方迁徙而来。其中汉族人口2767.6万人，少数民族人口1775.4万人，少数民族人口占总人数的39.08%。

　　但这种汉族人占多数的人口结构是明朝以后才逐步形成的，在明朝以前，气候湿热、山多地少的广西是汉族人望而却步的"瘴乡"，因此迟至明代，广西人口主要以土著民族和外来少数民族为主，汉族人口所占比例低，主要是军事移民和政治移民。但这些数量占少数的汉族移民，依靠其政治、经济、文化上的影响力和优越性，占据了广西土地肥沃的平原和重要的交通要道，他们以治所为中心，向四周传播着他们迁出地的文化、艺术，其中很重要的就是迁出地的建筑形制和建筑技艺。

　　至清代，由于清统治者进一步在广西推行改土归流政策，以及优厚的垦荒政策，吸引周边人多地少省份的民众到广西垦荒，使汉人南迁广西的步伐加快，形成汉族移民入桂的高潮。至此，汉人从点状分布演变成连片的块状分布，一改以往以少数民族人口为主的分布结构，在桂北、桂东北、桂东、桂东南形成以汉族人口为主的大聚居区，这些地方的少数民族要么被迫西迁，要么接受中原文化的教化，逐步"汉化"。在桂中、桂南，汉族人呈带状分布，文化辐射力度较以前增强数倍，深刻影响着周边的少数民族民众。

　　正是在明末清初这一相对集中的时期内，汉族移民入桂的规模巨大，再加上政治、经济、文化上的强势，使迁出地的建筑文化得以较完整的保留，并形成强大的潜流，改写了广西建筑文化的分布格局，外来建筑文化最终在广西东部成为主流，并导致广西东部建筑格局逐步迈向民系化。其中桂林府、平乐府的湘赣移民较多，其建筑与湘赣建筑一脉相承，显现许多湘赣建筑的特点。梧州府、浔州府以及今钦海防一带（清代这一地区属广东省管辖）多为广东移民，其民众多操粤语，其建筑更接近粤中广府建筑风格。又因为广东商人为广西各地街镇（包括桂西）经商者之翘楚，在广西形成"无东不成市"的格局，所以广西除桂林府、庆远府、镇安府、泗成府，以及平乐府、柳州府部分外的其他府的街镇公共建筑或深或浅地受广府建筑影响。此外，客家人也在明清时大量涌入广西，主要集中在桂东南的郁林州、贵县、桂平、平南，以及桂中的柳州附近、桂东的贺县等地，呈小聚居大分散格局，由于客家人对其语言、文化的坚守，即使在人口不占优势的情况下，客家人依然保持着他们聚族而居的传统和以土为主要建材的建筑文化，并对其周边的少数民族建筑产生重要影响。

　　广西西部是西南和华南的"结合部"，以山地、丘陵为主，至今都以少数民族人口为主，其民居一直沿用适应炎热气候和多变地形的干阑式建筑，木构架方式南北有别，其中桂西北多用穿斗式木构架，桂西南多用大叉手木构架。但土司衙署、宅第及此区域的寺庙等公共建筑多用汉族的建筑式样，其形制、木构架和装饰皆受汉族建筑的影响。

广西中部是少数民族建筑文化与汉族建筑文化的碰撞区。此区原以少数民族聚居为主，明代因大藤峡等少数民族起义之故，中央政府多屯军于此，汉族人口比例有所增加。又经过多次交锋，少数民族起义失败，许多少数民族民众被迫躲入桂西的大石山区避难，汉族所占比例继续增大。总体而言，相较于桂东，桂中汉人依然没有占压倒性优势，仅呈带状分布于桂中水土较为肥沃的盆地和重要的交通节点，但他们却依凭其政治、文化上的优势，坚持着自己的语言、文化和建筑形制，向楔子一样插进少数民族的聚集地，向带状区周边少数民族辐射、传播着自己的建筑艺术，涵化此区少数民族的建筑文化，使其呈现或湘赣建筑，或广府建筑，或客家建筑的特色。同时，远离带状区的汉族建筑反过来也受少数民族干阑式建筑的影响，呈现精彩的"在地化"演变过程。

由上可知，广西古建筑，无论是坛、庙、民居还是亭、台、塔都具有一定的群体特征和分布规律，这种特征有受地理、气候、建材影响的方面，也有受移民迁出地影响的方面，其中少数民族建筑更多受前者的影响，汉族建筑更多受后者的影响。汉族建筑因其迁出地不同，其建筑的平面布局、外部造型、建筑技术就不同，并且这种差异有可明确指出的区域分布规律，这是广西古建筑的一大特色。而《广西古建筑》正是以这一特色为主线，分区梳理了广西各地古村落、宅第的特点，也在寺、庙、楼、塔等建筑类型的分析中注意了区域群体特征与单体建筑间的联系，试图在呈现广西古建筑全貌的同时，能带领读者较深入地理解每座单体建筑的特点、价值和背后的成因。

然而，在本书付梓之前，学者对广西古建筑的研究较少，可借鉴的文献资料和实地测绘资料缺乏，因此前期调研工作成为必要。工作量极大的调研工作，非个人力量所能承担，因此我们一方面以广西大学土木建筑工程学院民族建筑研究中心的九位教师为核心，深入广西各地乡村进行测绘，另一方面借助广西文化厅文物局以及广西住房和城乡建设厅的力量，完成了一批古建筑和古村落的测绘，使本书得以在规定时间内完成。

本书是广西古建筑研究的初步成果，由于前期积累尚浅、时间紧迫，还未得以深入就将呈现于读者面前，其中未免存在粗浅或错漏之处。此外，引用他人研究成果和图片虽已尽量在书中标注，但也难免疏漏，还望各位同仁及读者见谅，并不吝赐教。

谢小英

2015年3月16日

目 录

广西古建筑

广西古建筑

第六章　宗祠、宅第、园林

广西祠堂、宅第、园林分布图

① 瑞枝公祠　② 刁经明祠堂　③ 周氏宗祠　④ 黄氏宗祠　⑤ 梅溪公祠　⑥ 爱莲家祠　⑦ 牟绍德祠　⑧ 梁氏宗祠　⑨ 黎氏祠堂　⑩ 朱氏宗祠　⑪ 陈氏宗祠　⑫ 伯玉公祠　⑬ 蔡氏宗祠　⑭ 春台梁公祠　⑮ 陈嘉（勇烈）祠　⑯ 黄氏家祠　⑰ 廖仕隆宅　⑱ 赵信钟宅　⑲ 梁文宅　⑳ 武魁堂　㉑ 颜氏古宅　㉒ 莫土司衙署　㉓ 岑氏家族建筑群　㉔ 文化户宅　㉕ 杨开柱宅　㉖ 曹建利宅

㉗ 卜令屯杨宅　㉘ 张家寨张宅　㉙ 潘桂恩宅　㉚ 六段屯莫宅　㉛ 石围屯银宅　㉜ 南昌屯谭宅　㉝ 卫宁副府　㉞ 秦家大院茂兴堂　㉟ 李吉寿故居　㊱ 朗山村2号宅第　㊲ 按察使府第　㊳ 多福堂　㊴ 陶家大院（静安庄）　㊵ 江氏围屋　㊶ 叶氏围屋　㊷ 砂垌围坡屋　㊸ 刘永福故居（三宣堂）　㊹ 劳氏祖屋　㊺ 李萼楼庄园　㊻ 李家大宅　㊼ 刘氏围屋　㊽ 黄家大院　㊾ 韦氏祖屋　㊿ 湖鲁山庄　51 雁山园　52 明秀园

（地图引自：中华人民共和国民政部编.中华人民共和国行政区划简册2014.北京：中国地图出版社，2014.）

第一节　少数民族宗祠、宅第

一、概述

广西的传统少数民族民居，大多为干阑式建筑。由于不同民族的生活习惯、经济技术发展程度和受汉民族文化影响的程度不同，在平面功能的布局和建筑装饰造型上会有差别，但干阑式建筑的基本功能元素和大的空间组合方式是相同的。《魏书·獠传》所云："獠者，盖南蛮之别种……种类甚多，散居山谷……依树积木，以居其上，名曰'干兰'。干兰大小，随其家口之数。"《太平寰宇记》中描述："人栖其上、牛、羊、犬、豕、畜其下。"刘锡蕃对民国时期的广西干阑有详尽描述："人皆楼居，楼下分为两部，一部为春碾室，农具杂物亦储其间；一部为牲畜室，一家所饲鸡豕牛羊，悉处其内。楼上分三部或两部：左右为卧室，最狭，普通仅可容榻，中间为火堂，封填形如满月之三合土（即黄泥、石灰、砂砾三者羼合之泥土，胶结甚固），以铁质圆形之三角灶（做名'三撑'）架于当中（贫者不用铁灶，取石放置成三角形，架锅于其间）。火堂隔门之外为骑楼，骑楼曲展至屋侧为楼口，于此建木梯，即为升降必由之路。屋前或屋侧多架竹为楼，露天为盖，蛮人'晾物'、'晒衣'、'缝纫'、'乘凉'诸事，多于此间为之。"[①]

自古以来干阑式建筑的基本竖向功能分区就没有发生改变，即：以火塘、堂屋和卧室为主，位于中部的生活起居空间；位于底部圈养牲畜和位于顶部用于仓储的生活辅助空间；联系上下的楼梯、廊道的交通空间。这三种类型的空间组成最基本的干阑式居住建筑。

（一）生活起居：火塘、堂屋与卧室

1. 火塘

在已发掘出来的原始社会穴居遗址中，火塘就是原始人类生活空间的中心，当时起居生活的一切都是围绕着火塘展开。"火塘的前身大概只是简单的土坑，故也称火坑，方国瑜先生即有'古时煮食于火坑'之说。半坡遗址的火塘也大多是在地上挖掘出来的浅土坑。即使是今天，某些少数民族设在地面上的火塘。也基本上是在土坑的基础上稍加修整而成的。而真正具有构筑意义的火塘，可能首先出现于巢居或干阑式建筑，人们从土坑得到启发，遂用木箱盛土，置于楼板上，用作火事，取其凹陷之意，故名曰火塘。从地面的火坑到架空的火塘，在居住建筑发展史上可能是一个划时代的转换，只有在解决了架空生活面上的用火问题之后，人们才得以摆脱地面居住的束缚，创造出在架空生活面上生活的离地居住方式。如果说从树上生活转为地面生活是人类发展史的一个里程碑，那么，这时的由地面居住到离地居住的转换，并不是简单的倒退，而是在新的层次上的一种飞跃。它为人们应付恶劣生活环境提供了必要条件。"[②]

火塘的首要功用当然是用来煮食，但对于经济条件和文化发展落后的地区缺乏有效御寒手段的人们来说，火塘的采暖作用就尤为重要。刘锡蕃在《岭表纪蛮》中写道："（火塘）除调羹造饭外，隆冬天寒，其火力及于四周，蛮人衣服不赡，藉以取暖，有时环炉灶而眠，兼为衾被单薄之助。赤贫之家且多未置卧室，而以炉为榻，举家男女，环炉横陈。虽有嘉宾，亦可抵足同眠，斯时炉灶功用，不止于烹调，盖直抵衣被床榻矣。"可见直到清代晚期，西南少数民族民居中的火塘仍然是家中炊事、取暖甚至休憩的中心。直至现代，百越民族的社交活动，比如会客、聚餐、家庭成员的聊天都是围绕着火塘进行。在对广西少数民族村寨的田野调查当中发现，很多桂北山区的家庭在寒冷的冬季仍将老人卧榻置于火塘边以抵御寒流。

火塘与人们的温饱产生直接联系，在某种意义上它就是家庭的代表。在广西少数民族地区，成年的儿女和父母分家，如果没有财力和土地新建房屋，就在老屋增设一个火塘，如果有几个成年兄弟则有可能分设几个火塘。一个火塘就代表一个家庭，与家族、家庭有关礼仪活动也围绕火塘展开，比如，在搬进新屋之前，要举行简单的接火种仪式，即需要从旧屋的火塘里引一把火，点燃新房子

火塘里的火，意为本家烟火不断。同时在使用火塘时也有诸多禁忌：禁止用脚踩踏火塘上的三脚架以及灶台；小孩不能往火塘里小便；烧柴火时必须小的一端先进火塘，否者会导致产妇难产等。诸多禁忌都显示出火塘与家族的兴旺、子孙的兴盛关系密切，人们将对火塘的依赖转化为一种原始崇拜。

广西百越民族地区的火塘绝大部分都是贴地建造，不高出地面（图6-1-1），因此四周的凳子都是20厘米左右高的矮脚登，吃饭的时候在上面架一矮桌，便可围炉进餐。火塘的上方在阁楼底板之下吊一竹篾，俗称"禾炕"，上面搁置腊肉等熏制食品，底部也可悬挂各种器具和食物。"禾炕"的顶部是火塘间的屋顶，并未用木板封隔，而是在梁架上搁细竹竿，上铺竹席，龙胜地区称之为"帮"，"主要存放禾把，旨在将晾晒的禾把再用烟熏干，避免受潮和生虫；另外，竹棍之间的缝隙便于火塘产生的烟雾和热空气上升，通过阁楼层至山墙面排走，形成循环通风排烟系统（图6-1-2）。"[③]有意思的是同处百越地区的高山汉族，同样住在构造相似的干阑建筑内，其火塘就是高出地面尺许（图6-1-3），便于坐在凳子上进餐，究其原因，应该与汉族较早使用家具告别席居生活有关。

2. 堂屋

汉族文化以儒家礼制为本，以堂屋为中心和轴线安排居住空间则是封建宗法制度在建筑上的反映，也成为汉族民居的基本特点。正如宋《事物纪原》所云："堂，当也，当正阳之屋；堂，明也，言明就义之所。"堂屋的上方一般都悬以匾额，写着家族名称的堂号，太师壁上供奉着祖先的牌位，牌位前祭祀着"香火"，香火的分合，即指宗法与经济的分合，兄弟分家，一定要有堂屋标示独立成家。堂屋作为汉族住宅的核心，反映出来的是尊卑有别、长幼有序的道德伦理观念，既是起居空间又是家族议事会客、婚嫁丧葬、祭祀祖先等仪式举行的场所。

百越民族的干阑民居内也有祭祀祖先的场所，一般都与火塘有关。灵位陈设一般较为简单，一个

图6-1-1　少数民族的贴地式火塘

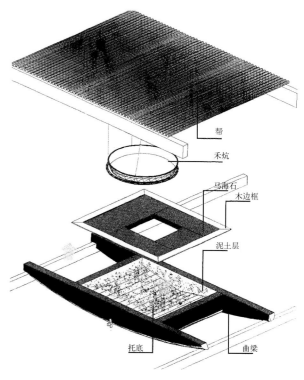

图6-1-2　火塘构造（图片来源：罗德胤等.西南民居[M].北京：清华大学出版社，2010）

图6-1-3　汉族火台

木墩或板凳就是"神台"，在上面钉上一节竹筒插香烛，摆上一盏油灯，就是祖灵神灵之位了。或者将装有火塘灰的陶罐放置在火塘旁，插上香烛，也表明祖先仍然和自己生活在一起。随着汉文化的影响，汉族式的堂屋也进入百越民族的干阑民居。大多数情况下，堂屋并非全封闭，而是将敞廊局部扩大呈三面围合的空间，正中的后墙中上部设置有称之为"香火"的神龛，神龛正中贴红纸，书有自己祖宗、本地神灵的名讳，如莫一大王、岑大将军、花婆等，正中则书写"天地君（国）师亲"，这是受汉族儒家文化的家国观念影响的体现（图6-1-4）。在一些边远山区，汉文化影响力较弱的地区，民居中只拜祖先而无"天地君师亲"牌位。

可以说，有无堂屋或堂屋配置是否完善，以及堂屋在居室中的重要性就成为判断该地区受汉族文化影响强弱的标志。广西百越诸族中，侗族民居的堂屋不甚明显；壮族民居则有着明确的堂屋设置；苗瑶两族分布较散，位于高山地区的民居则基本没有堂屋的痕迹，平原地区与汉族接触较多，堂屋在住宅中则占有重要的地位。

3. 卧室

百越民族普遍不讲究卧室的通风、采光等物理环境，面积也很小，通常以能放下一张床为标准，低矮闷热的屋顶阁楼在居住空间不足的情况下也会被开辟为卧室。同时，在卧室位置的分配上，并未体现出类似汉族那么严格的长幼等级制度。

（二）生活辅助：架空层、晒排与粮仓、厨房

1. 架空层

架空层是干阑民居最具特点的空间，也是这类型建筑之所以称为"干阑"的原因。架空层普遍不高，多为1.8～2米左右，满足人员进出的基本要求即可，其最主要的功能是圈养牛、猪、鸡鸭等牲畜，相应的饲料、煮食用具和场所也分布在畜棚左近。米碾、米舂、锄头镰刀等农用工具和柴火等杂物也在架空层有专用空间堆放。同时，酿酒、织布等小作坊往往也位于架空层内。卫生间通常也设置在靠近畜棚的架空层内，很多地区卫生间和牲畜的粪便池与沼气利用设备结合起来，做到了能源利用的循环。但由于架空层卫生条件普遍较差，受现代居住文化影响，近年新修建的干阑式民居多将卫生间布置在二层起居空间内，外墙部分用砖墙砌筑以利于防潮。老式干阑建筑也有针对卫生间的改造，通常也是在原有卧室后用砖或混凝土砌块等防水建材向外扩建。

2. 晒排与粮仓

与地居民族直接在地面设置禾晒与晒场不同，架空的晒排是少数民族农耕生产必不可少的辅助空间，它通常位于住宅正面或者向阳的两侧，与生活起居空间连通，位置以不遮挡入户楼梯为准。底部通常以木柱、石柱支撑，也有利用宅前大树作为支架者。上部则覆以密排竹篾，为避免作物下漏，垫

图6-1-4　壮族堂屋

图6-1-5　直接从房屋出挑的晒台（图片来源：雷翔．广西民居 [M]．南宁：广西民族出版社，2005.）

图6-1-6　石砌晒台

之以竹席（图6-1-5）。龙州板梯村的晒排颇具设计意趣，由于木、竹质的支撑物容易朽坏，当地壮族利用本地的岩石垒砌桥拱状晒台，上部晒谷物，下部仍可储物（图6-1-6）。亦有将晒排做成活动式的，"下装滑轮和滑竿，后边加绑绳索，需要晒谷物时，就拉动绳索，将晒排拉出屋檐外；若遇下雨或晚间，只需拉动绳索，整个晒排就沿着滑竿进入室内。"[④]晒排通常用来晾晒谷物和辣椒等农作物，玉米则一般结成串直接挂在通风的门梁、房梁上，所以在以玉米、红薯、土豆等作物为主的桂西石山地区，干阑式民居鲜见晒排的设置。

由于底部架空层多潮湿，二层又是主要的生活起居空间，晾晒好的谷物一般都存储在位于屋顶阁楼的粮仓内，粮仓的壁板拆卸方便以易于粮食搬运，讲究的人家还设有卯榫巧妙的木质仓门锁。为了防止粮食霉变，屋顶山面一般都不做外墙板封闭，以利于通风，同时也有利于屋面下热空气的排出。

3. 厨房

虽然火塘与木质的楼板有较好的隔绝措施，但因用火不当而导致房屋焚毁并殃及全村的情况屡见不鲜。同时，在火塘处煮食确实烟熏火燎，污染室内空气且不利于节能。在这样的前提下，专用的厨房在部分百越民族地区出现，政府则在推行寨火改造的同时推广沼气等清洁能源和节能灶的使用。据了解，沼气池所产生的能源完全能满足普通人家煮食和照明之用。为了防火，厨房一般都在原有房屋外用水泥砖或红砖扩建。即便如此，一般的家庭都保留有原有的火塘间，这固然有文化习俗不易改变的原因，从另外一个角度来看，火塘间里那种家人围坐烤火聊天其乐融融的家庭氛围不是在现代化的厨房和餐厅中所能找到的。

（三）交通空间：楼梯与廊道

1. 楼梯

楼梯可分为两种，一种是由地面层通向二层起居室的入户主楼梯，另一种是进入阁楼和其他辅助空间的次要楼梯。前者根据其在建筑中的位置又分为山面楼梯和檐面楼梯两种，侗族干阑民居的入户楼梯多位于山面，而壮族多位于檐面。按照习俗，楼梯步数一律为9级或11级的单数，每级高度约为6寸许，这样可以保证底层的高度在1.9～2米左右，满足底层的功能需求。楼梯一般都为木质，宽窄不等，由踏板夹在两侧的梯梁中构成，一般不设踢面。有的梯梁做成微微下弯的弧形，踏板也顺着弧形安装，美观实用（图6-1-7）。

对于侗族和桂北地区的壮族来说，二层以上的空间使用频率较高，因此室内楼梯成为常设梯而有固定的梯井。其他地区的干阑式民居由于阁楼空间通常只是用于储藏，一般都不设固定楼梯，有些活动楼梯甚至仅仅就是在一根圆木上用斧开凿出踏步齿而成（图6-1-8）。

图6-1-7 主要入户楼梯

图6-1-8 室内简易楼梯

2．廊道

廊道是连接楼梯和室内的过渡空间，也是起居的前导空间，百越民族开放性性格特征在透空的廊道空间得到充分体现，也是区别于汉族民居的典型之处（图6-1-9、图6-1-10）。廊道通常为一个柱距的进深，在临室外的一面设有坐凳供休息，特别是一些使用木骨泥墙和夯土墙的民居，开窗面积很小，室内采光较差，白天亦不具备较好的能见度，因此家中老人、小孩多喜欢在通廊上闲坐和嬉戏，在这里也方便和邻家进行交流和互动；通廊还成为晾晒衣物和常用农具的存放场所，与晒排结合晒谷物；外人来访，也可利用通廊待客。

二、壮族的宗祠宅第

（一）壮族干阑式民居的空间特点

封建时期广西的少数民族在统治者眼中是荒蛮、不开化的，"性愚蠢"、"不勤生理"、"耐杀喜斗、不司官法"等歧视性描述屡见于史书记载。为了加强对广西的统治，教化是封建统治者的重要手段，

同时也必须承认，受到发达的汉文化影响，少数民族的生产力和生活品质得以有较大提升。壮、侗、苗、瑶等民族中，壮族汉化较早，在史书文献中可以一窥端倪。

明代王士性在《桂海志续》中对龙胜的壮族有如下描述："壮俗，……居屋无间，贫富俱喜架楼，名之曰栏，……壮性稍驯，易制服，缘近民为城中佃丁也……衣冠、饮食、言语颇与华同。"清乾隆二十二年的《富川县志》记载："壮即旧越人，来自古田（今永宁州），而散居于花山、西乡诸村。俗尚与瑶同。无编籍，颇淳朴，不如瑶之狡猾、茅奸。"及至民国时期，民国24年《罗城县志》有载："县属各族人口，以汉族占百分之七十，苗、瑶、侗、壮占百分之三十。其中苗、壮人几完全与汉族同化，再次为侗人，至苗、壮之同化程度，仅达到十分之三。"民国25年《信都县（今贺州）志》亦云："瑶居大桂山，壮居石牛寨。壮与汉同化，……唯瑶族仍旧。今文明日启，知识增进，亦知向学……壮人散处乡村，衣服饮食与齐民无异。"

图6-1-9 聚会和待客的场所——敞廊

图6-1-10 敞廊外观

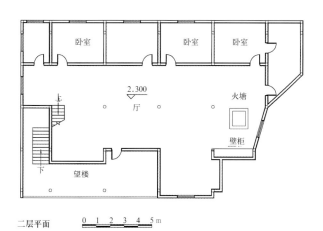

二层平面　0 1 2 3 4 5m

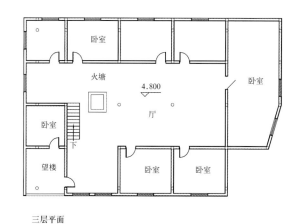

三层平面

图6-1-11　龙胜枫木寨陈宅（图片来源：《广西民族传统建筑实录》编委会.广西民族传统建筑实录 [M]. 南宁：广西科学技术出版社，1991.）

现存的壮族干阑式建筑也体现出较强烈的汉文化影响，如宅门均设在檐面，居室也有较明确的明间意向，同时堂屋在室内空间布局中亦占有支配性地位。这些特点既是壮族干阑汉化的例证，也是壮族干阑区别于其他民族民居建筑的典型特征。

1. 檐面设门的入宅方式

入户大门开在檐面中央，是汉族民居普遍运用的形式，也是突出明间地位、强调宗法礼制观念的必须。受汉族文化影响，壮族干阑建筑的大门都开在檐面。但干阑建筑的入户大门都位于主要生活起居的二层，宅门与地面之间需要以楼梯作为过渡。根据过渡方式和楼体位置的不同，壮族干阑的入口可以分为三种形式。

（1）楼梯位于山面

这是一种古老的楼梯设置方式，现存的壮族干阑建筑中，这一做法仅存在于少数实例中。如，龙胜枫木寨陈宅（图6-1-11），已有100多年的历史，主房为三开间，左边设有一间偏厦。入户楼梯位于右山面，上至二层后有檐廊（望楼）作为通向大门的过渡，大门向内凹入60厘米形成门斗。西林那岩村的王万福、王平、王敬祥三家的干阑住宅（图6-1-12），入户楼梯都位于山面，与枫木寨陈宅不同的是过渡的檐廊为通面阔，贯穿整座干阑的檐面。

（2）楼梯平行于檐面

由于入口位于檐面，如果从山面楼梯入户必然要经过两个方向上的转换。为了迁就入口位置，将楼梯平行于檐面布置明显要合理一些，大量现存的壮族干阑都是使用这种入户方式。如那坡达文屯黄日兰宅（图6-1-13），为三开间布局，大门开在正中，楼梯位于檐面右侧，同样使用檐廊作为过渡，由于楼梯占用了一个开间，外廊仅余两开间长度。同村的梁正初宅（图6-1-14），同样为三开间布局，楼梯亦在右侧占用了一开间面宽。不同的是由于用地充分，进深方面前后各多出一进，入口处得以向内凹入一进深度形成宽敞的门廊，明间的意向更为明确了。西林那岩村的何正宅（图6-1-15），楼梯平行于檐面但位于檐廊之外，通过一个平台与廊相接，应该是一种过渡形态。达文屯与那岩的干阑，

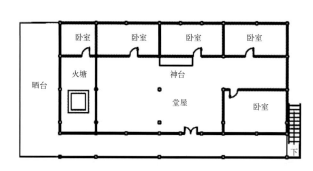

图6-1-12　西林那岩王万福宅二层平面（广西大学建筑学2006级测绘图集，韦玉姣指导）

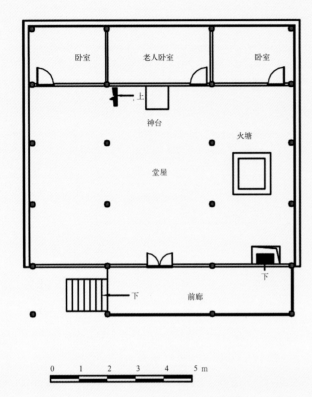

图6-1-13 黄日兰宅（广西大学建筑学2007级测绘图集，韦玉姣指导）

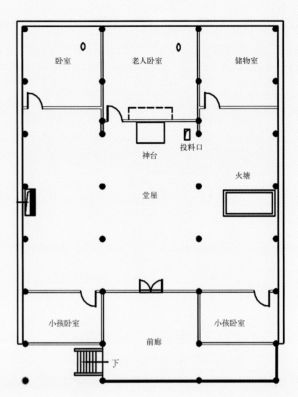

图6-1-14 梁正初宅（广西大学建筑学2007级测绘图集，韦玉姣指导）

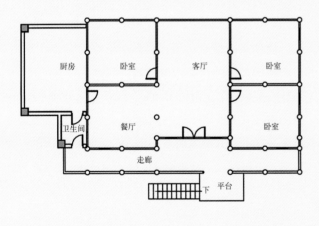

图6-1-15 西林那岩何正宅二层平面（广西大学建筑学2006级测绘图集，韦玉姣指导）

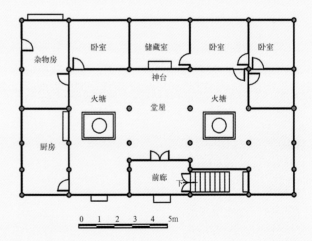

图6-1-16 龙胜龙脊村侯玉金宅二层平面（广西大学建筑学2008级测绘图集，韦玉姣指导）

檐廊都较宽大，但从整体构架上看，并未融入主体结构，有临时性特征。龙脊地区的壮族干阑，发展得较为成熟完备，如侯家寨侯玉金宅（图6-1-16），为五开间四进深，楼梯在明间的左侧占据一开间，檐廊仅设在明间，转化为望楼。

（3）楼梯正对明间垂直于檐面

楼梯平行于檐面和楼梯位于山面相比，入户便捷很多，但还不是最直接的方式，同时由于楼梯占用了一开间，整个正立面是不对称的。将楼体垂直于檐面正对明间就能解决这些矛盾。这一类型的干阑，汉化特征最为明显，一般都是三开间布局，楼梯位于正中指向明间的入户大门，左右对称。为了容纳垂直方向的楼梯，明间凹入形成门斗。那坡那雷寨及其附近村寨的干阑都属于这一类型（图

6-1-17）。楼梯伸出室外，得不到挑檐的遮挡，为防雨水腐蚀，一般都用石材砌成实心的台阶。由于不再需要檐廊作为过渡，一些次间的门廊被封上木板作为房间使用。

这三种入户方式还未能尽述壮族干阑丰富多变的外部灰空间，比如西林妈好村的黄宅的外廊就比较特殊。该宅为九开间，堂屋位于中央，前有凹入的门斗，前檐廊演化为环绕干阑一圈的跑马廊，方便后部卧室的出入也提供了更多的户外休息和工作空间，同时还能保护外墙板不被雨淋。

2. 以堂屋为中心的室内布局

对于壮族来说，堂屋是家庭中最为重要的礼仪场所。堂屋一般深两到三个柱跨，4～7米不等，为了增加进深，一些地区还将堂屋后墙向后推90厘米左右形成凹入的空间，更加强调了神台的重要性。堂屋通常通高两层直达屋顶，后墙摆放神案和八仙桌。神案上放置贡品、香炉等祭拜设施，与上部的神龛构成了整个民居中最为华丽和神圣的部分，体现了神灵和祖先崇高的地位。为方便采光，堂屋正上方的屋顶通常设置有数片明瓦，从明瓦洒下的光线也仿佛成为凡人和祖先及神明沟通的桥梁。

卧室、火塘等生活空间，都是围绕堂屋展开，可大致分为"前堂后室"与"一明两暗"两种类型。

（1）前堂后室

前堂后室的布局是指前部为起居接待空间，后部为寝卧空间的空间格局，是广西少数民族乃至我国西南地区和东南亚居住建筑最为常见的布局形式。前堂后室中的"堂"，在不同民族的干阑建筑中，可以理解为火塘、客厅、堂屋等，比如侗族干阑的"前堂"在大部分的情况下就是以敞廊为主的客厅，火塘间和卧室嵌套成为"后室"。滇西傣族住宅的"前堂"是客厅与火塘，"后室"为卧室。

图6-1-17　德宝那雷村干阑均由正面直上入户

壮族干阑的"前堂"则是以堂屋为中心，火塘、客厅、堂屋三者的混合体。

通常情况下，堂屋位于中央的明间，火塘分布于两侧，堂屋与火塘之间没有明显的分隔。如果只有一个火塘，就按照东面为尊的习惯布置在堂屋的东侧，如遇分家出现多个火塘，则由年轻人使用东面的火塘，按照当地老人的说法是"年轻人住东边象征朝阳，老人住西边象征夕阳"。足见对年轻人的爱护和希冀。火塘在房屋进深方向位于中柱与前金柱之间，与堂屋的中心空间在一个水平线上。堂屋空间高大位于中心，火塘间低矮位于两侧，整个"前堂"空间虽然没有分隔，但层次丰富、主次明确。

卧室一般都位于后部。龙脊地区的干阑较大，一般都是五开间以上，所以后部空间足够卧室使用，在家庭人口较多的情况下，左右梢间也会布置卧室。桂西地区经济欠发达，如达文屯，干阑普遍都是三开间，后部空间不敷卧室使用，则会压缩火塘间，在前檐部分隔出卧室。关于家庭成员对卧室的分配，壮族一般秉承老人和已婚者住后面，小孩与青少年住前面的宗旨。堂屋正中后面的一间卧室，有特殊意义，有的地区是居住家中的男性老人，是一种父权思想的体现；有的地区则并不讲究，男女老人都可以住；桂北地区则认为位于神牌之后的空间不适合住人，而是用作储藏空间。前檐的卧室通风较好，视野开阔，又多位于南面而光线充足，适合发育中的青少年居住。壮民也认为"阳"气十足的青少年自然不适合住在带有"阴"气的神台附近，以免"阴阳相冲"。前堂后室的布局实例详见图6-1-11～图6-1-14所示。

（2）一明两暗

"一明两暗"是汉族民居最为常见的类型，"一明"指的是中间的厅堂，"两暗"是分列于厅堂两侧的卧室。厅堂朝外开启大门为"明"，卧室门开向厅堂则为"暗"。"一明两暗"类型的壮族干阑，是汉化最多者，火塘间在家庭中的地位亦不显得那么重要，炊事用火和采暖用火开始分离，意味着文明的进步。虽然居室的空间都围绕堂屋这一单核心

布局，火塘这种原始家庭的象征仍然对住宅的功能分布有所影响，根据火塘在家庭中重要性程度的不同，"一明两暗"类型的壮族干阑可从以下两个方面进行讨论。

一是火塘位于前部单侧。这一类型的"一明两暗"，厅堂通常占据通进深，两侧为卧室或储藏室，火塘间则位于一侧的第一进空间，这说明火塘间在居室中仍占有一定地位，冬季烤火取暖和家人聚会是其主要用途，煮食的功能被专用的厨房取代。如西林那岩何正宅（图6-1-15）和西林马蚌岑宅（图6-1-18）。

二是火塘与厨房位于后部。火塘间的重要性被进一步削弱，甚至完全被厨房取代。房屋的功能呈现前后分区的特点，前部为生活起居，后部为辅助杂物，因此前部的堂屋进深通常为两柱跨左右，较浅，后部的厨房设有后门通向后院（图6-1-19）。

（二）壮族的干阑式民居

1．桂林市龙胜县龙脊村廖仕隆宅

龙脊村廖宅始建于清末同治至光绪年间，距今已有150年历史。该宅平面六开间（其中一间为后来加建），进深五间，进深多在10米左右（图6-1-20）。采用正面侧入的方式入户，楼梯设在正面东侧，梯段为9级，视为吉利（壮族以奇数为吉利）。楼梯上端入户处多设三面围合的门楼（仅正面开敞，因龙脊冬季寒冷，未见通长敞廊的做法），门楼作退堂处理，门楼的进深是从檐柱到燕柱（燕

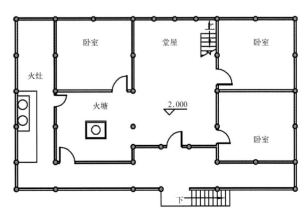

图6-1-18　西林马蚌岑宅（广西大学建筑学2006级测绘图集，韦玉姣指导）

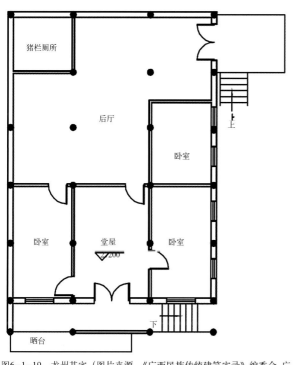

图6-1-19 龙州某宅（图片来源：《广西民族传统建筑实录》编委会.广西民族传统建筑实录 [M].南宁：广西科学技术出版社，1991.）

柱位于前金柱与小金柱之间，因燕子在上结巢而得名），燕柱立樘安装大门。民居首层架空，但四面均用木板封闭，内部不设隔墙，仅用半高的栅栏围出鸡鸭、猪、牛圈。二层平面是典型的前堂后室平面，室内空间轴线明确，中心为尊的礼制观念表现较为明显。火塘间位于堂屋两侧，西侧为老人使用，东侧为年轻人使用，火塘间外侧的梢间一般堆放杂物和设置牲畜灶台，梢间位于歇山屋顶之下（当地称此部分为批厦）。堂屋正中后墙供奉有祖先牌位，其后部共5间房，正中间牌位背后的房间一般作为谷仓之用，不住人，以示对神灵的尊敬，两侧的4间房皆为卧室。堂屋正中屋顶通高，空间开阔，上有明瓦采光，两侧均做3层阁楼以储藏粮食和其他生产生活物资，通过可移动的木质楼梯上下（图6-1-21）。

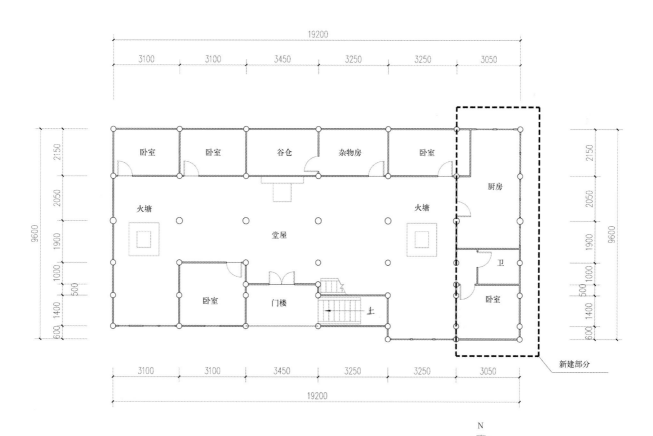

图6-1-20 廖宅平面图

图6-1-21 廖宅堂屋

民居的木构干阑采用的是穿斗式结构中的减枋跑马瓜的形式，未设置大叉手斜梁，各瓜承接檩条，瓜柱之间穿两枋（图6-1-22）。6柱落地，在檐柱和前金柱之间设有一根落地的小金柱，在小金柱与前金柱之间还有一根不落地（仅落在一串之上）的燕柱以安放正面大门。这种做法，加大了门楼的进深，形成了退堂的空间效果。檐部用水串挑出，一般不做吊瓜，也不做吊柱。各柱直径有所差别，一般中柱直径大于其他落地柱。屋面有举折和升起的做法，使得屋面与屋脊线条更为柔和优美，同时举折做法可使屋面雨水抛落更远，更好地保护了木构建筑主体。

由于桂北山区冬季寒冷，民居的立面封闭性较强，首层用横拼木板为墙，上部设有竖向木格栅高窗以利通风；二层以竖板拼接的屏风门为主要围护结构，每开间2~3扇。正面每个开间都开有一扇窗，门楼处全开敞，形成一个明显凹入的洞口。屋顶层前后檐下完全开敞，利于通风排烟，山面皆封闭。

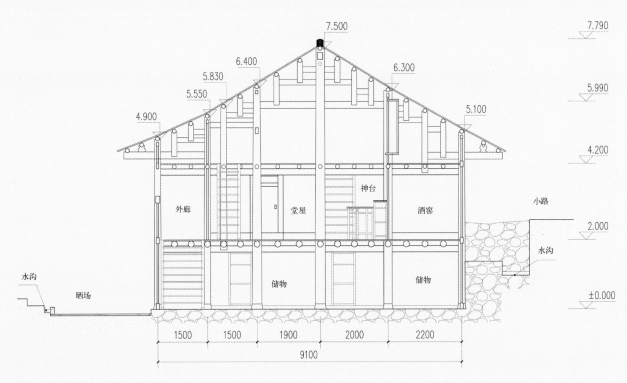

图6-1-22 廖宅剖面图

图6-1-23 廖宅外观

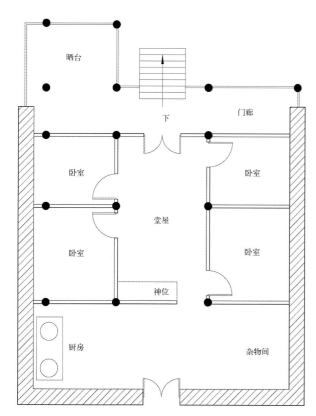

图6-1-24 赵宅平面图

(平面图标注：晒台、门廊、下、卧室、卧室、堂屋、卧室、卧室、神位、厨房、杂物间)

屋檐下吊瓜瓜头做灯笼状雕刻，其他部位则朴素自然，较少装饰（图6-1-23）。

2．百色市德保县那雷屯赵恒钟宅

赵宅位于百色市德保县足荣镇那亮村那雷屯，距县城约15公里，该村共有72间土木干阑壮族民居，迄今已有200余年历史。该民居宽8米深10米，面宽三开间，进深五开间，沿用干阑建筑底层架空的做法，底层饲养牲畜，但以夯土墙围合，仅正面留有木栅栏。二楼为主要生活面，采用正面直入的方式入户，入户楼梯先进入正面出挑的通长门廊，门廊宽1.5米，还在一侧挑出约2米左右的晒台。楼梯位于住宅前面正中，正对堂屋大门，并与堂屋后墙的神位对中。入户流线与堂屋中轴线重叠，堂屋"居中为尊"的观念明确，显然是受到汉族礼制思想的影响。堂屋宽一开间，中部通高。两侧的卧室与堂屋之间均有木板墙隔断，隔断高一层不到顶，卧室上部阁楼空间开敞并可储物。室内空间封闭性较强，堂屋空间较为局促。火塘位于堂屋后部的一跨，占满三个开间，已脱离了传统以火塘为生活中心的民族传统习俗（图6-1-24）。

建筑为山墙承重的悬山结构，山面为砌筑夯土承重，屋架为穿斗构架（图6-1-25）。夯土墙底部用乱石砌筑以隔潮气，底层高度1.7米，非常低矮。正面檐柱上部采用整根圆木，下部以1.5米高的圆柱形（上部收分）青石做柱础，这种做法是为了防止檐部飘雨，防止木材潮湿腐烂。

那雷屯的土木干阑是广西境内保存不多的汉族地居与壮族干阑相结合的民居形式，外形沧桑质朴（图6-1-26），为学界研究民居文化的传播与衍变提供了绝佳的实例。

3．百色市那坡县达文屯梁进文宅

梁宅位于百色市那坡县龙合乡共合村达文屯，是古老的黑衣壮建筑传统保存较为完善的实例之一。该宅面宽三开间，进深七开间约为13.5米左右，进深相比桂北龙脊地区的壮族民居要深4～5米，进深大于面宽，平面为竖方形。这与当地日照较强、采光让位于遮阳有关。民居是典型的干阑建

图6-1-25 赵宅屋架

图6-1-26 赵宅外观

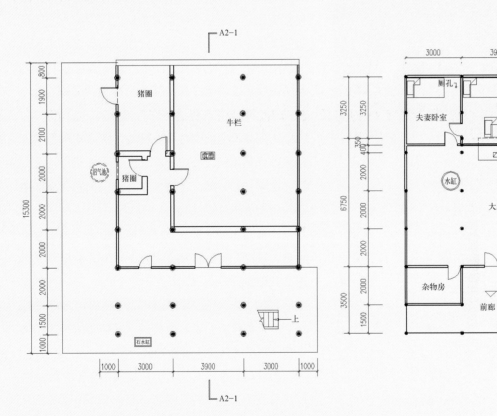

图6-1-27 梁宅平面图（广西大学建筑学2007级测绘图集，韦玉姣指导）

筑，首层架空，层高度约2米，且正面全开敞，无外墙围合。入户方式采用正面侧上，上到二层的前廊部分，前廊中部凹入形成退堂，东西两侧各有一个房间。二楼是主要的生活起居空间，平面形制采用"前堂后室"的布局。从前廊凹入处进入厅堂，该空间贯通房屋全部面宽，两侧梢间不设辅房，进深占据三个开间。堂屋正中后墙设置有"天地君师亲"牌位，下设神台。堂屋后部为3间卧室，中间一间是家中长者居住，西侧给男女主人，东侧是未成年小孩的房间。堂屋是壮族家庭主要的日常活动空间，东侧设有火塘，中部和西侧则为日常待客的场所（图6-1-27）。

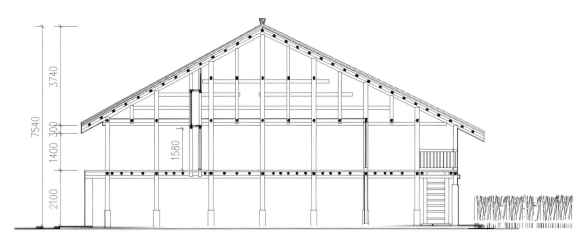

图6-1-28　梁宅剖面图（广西大学建筑学2007级测绘图集，韦玉姣指导）

建筑构架采用满枋满瓜形式的穿斗架结合大叉手斜梁的形式，这是一种较为原始落后的结构形式，构架厚重，较为费料，卯榫粗糙，营建技术较为落后，亦无吊瓜及吊柱做法（图6-1-28）。

檐柱直接支撑叉手斜梁，出挑深远，檐柱下部采用1.8米高的高柱础做法。两山面均为悬山，无批厦做法，山墙是颇具特色的木骨泥墙做法，即采用树枝与山面的一榀框架编造网格，再敷以黄泥、草梗，干结而成。整间住宅古朴自然，天然无雕饰（图6-1-29）。

4. 百色市西林县那岩屯王宅

那岩屯位于广西西林县马蚌乡的西北部，由坝南、坡玛嵩、小寨等3座山峰组成，峰顶呈组团格

图6-1-29　梁宅外观

局依据地势建筑100余栋民居，青山、溪流、木楼、竹林、梯田、古树组成一幅秀美的壮家田园风光画。由于地势险要，交通不便，现代建筑材料难以运入，那岩民居大都还保留传统的木结构形式。虽为木楼，那岩壮居却根据用地情况分为干阑、地居两种形式，平面形态则大多以中央厅堂左右对称的模式组织空间。

王敬翔宅可以视作该屯的民居代表。王宅坐西朝东，总长23米左右，七开间，正中3间为堂屋，宽约12.5米，堂屋右侧为火塘间，与之对称的房间为卧室。此5间为该宅主体，两侧的尽间为厨房等辅助用房。该宅进深四间、9米左右，由东至西分别是宽约1.5米的前敞廊、堂屋、卧室，从平面形态来看属于较为典型的"前堂后室"格局（图6-1-30~图6-1-32）。

该宅高3层、7.1米，底层为典型的干阑做法——储物和圈养牲畜，层高仅为1.7米，二层为主要的生活起居层，三层阁楼则用于存储谷物粮食。一楼通往二楼的楼梯位于山墙一侧，是传统干阑民居较为原始的做法。该宅木结构梁架为满枋跑马瓜，仅在中柱两侧将枋断开以便进出三层阁楼，与其他桂西地区壮族民居不同的是，该宅未采用大叉手结构，而是直接以瓜柱承托屋顶檩条，个中原因值得深入研究（图6-1-33）。

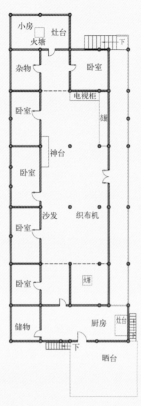

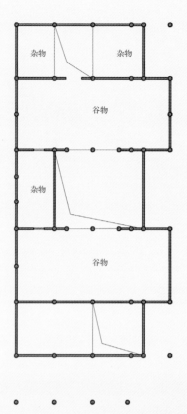

图6-1-30 二层平面测绘图（广西大学建筑学2006级测绘图集，韦玉姣指导）

图6-1-31 三层平面测绘图（广西大学建筑学2006级测绘图集，韦玉姣指导）

图6-1-32 前敞廊

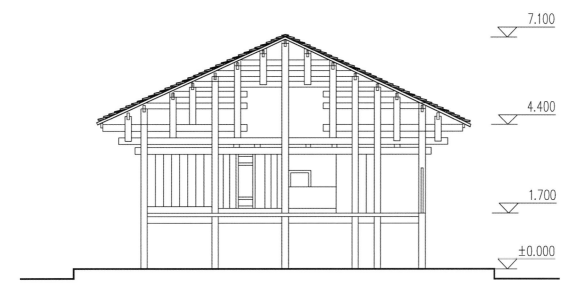

图6-1-33　剖面图（广西大学建筑学2006级测绘图集，韦玉姣指导）

图6-1-34　瑞枝公祠鸟瞰（主体右侧）

（三）汉化的壮族宗祠宅第

1. 桂林市阳朔县高田镇朗梓村瑞枝公祠

瑞枝公祠建于清同治年间，属覃氏支祠，覃氏属壮族，明末时从宜州迁徙至此，经商致富后，以覃兆为主的几家富豪建立祠堂，以其祖父的号"瑞枝"命名。瑞枝公祠与其侧的覃氏大宅毗连，仅一墙之隔，无汉族人阳宅要远离阴性空间的顾虑，共同组成两路、两廊、一横屋的建筑组群，建筑群四周绕以围墙，其角设炮楼加以护卫（图6-1-34）。

瑞枝公祠坐西南朝东北，为三路二进三开间的祠堂，中路依次布置门厅（下座）、正厅（上座）、后厅（已毁），右路（东南侧）为三座二层高的衬祠，左路（南侧）为若干段小天井形成的巷道（图6-1-35）。

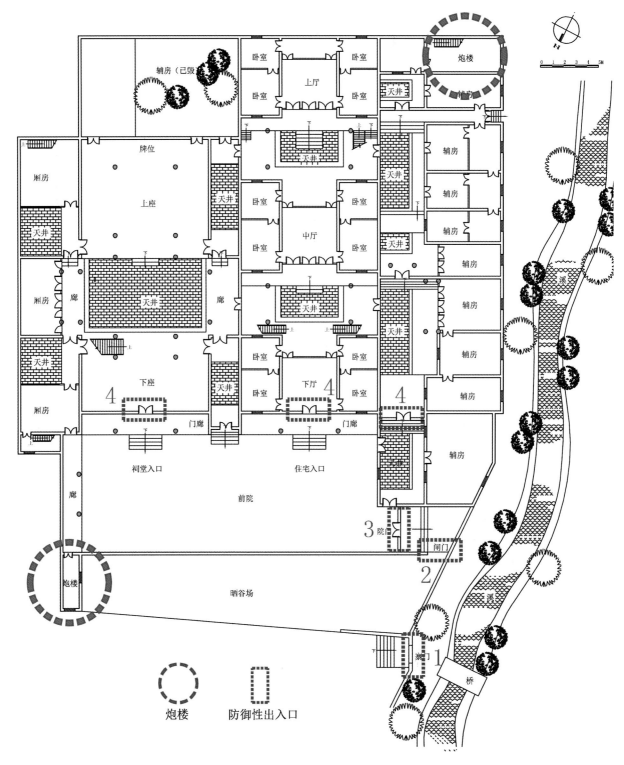

图6-1-35　瑞枝公祠、宅邸平面图及其防御性分析

门厅前的院落宽敞，绕以围墙，院落右侧为暗房、炮楼，暗房前设楼阁式前廊，并在墙上设伏击枪眼，增强防卫。院落地平面较墙外路面高出近2.3米。门厅坐落在高约1.2米的台基上，面阔三间，进深三间十三架，高约8米，抬梁式木构架，马头墙式硬山顶（图6-1-36）。门厅为前廊式，仅在金柱明间开石门仪大门。门厅前廊用鹤颈轩，挑檐部分也装饰半鹤颈轩棚。轩梁为略呈圆作月梁式，无梁肩、梁项，但在梁底端挖底约一寸，梁身阴刻花卉纹样，梁头拼接瑞兽透雕。圆作轩梁上以花板状梁承托轩桁，花板状梁下端刻有4个回纹，装坐斗。次间前檐柱间的檐枋为圆作木质"虾弓梁"，是受广府石质虾弓梁的影响。门厅后檐柱与后金柱间设素平木板天花，遮住其上的草架。后金柱与门墙间为彻上明造的抬梁木构架，梁架为圆作梁，以蜀柱支撑。其中除七架梁无装饰外，五架梁、三架梁的两端均阴刻回纹和鱼尾纹，并施以红、蓝、白三色，蜀柱则通身雕刻云纹，其色调与回纹同。三架梁上的檐帽呈大三角形衬托脊檩、环抱随脊枋，其上雕刻花纹。门厅两山则不使用木构柱梁，直接采用硬山搁檩的办法。此外，后檐柱间的檐枋上设透雕牡丹缠枝纹横批，门厅墙上沿施彩色画幅式墙楣画，分别绘乌鸦戏水、春燕衔泥、渔翁钓鲤等小品纹样。门厅内墙博脊墙楣画下饰有蝙蝠灰塑浮雕。

正厅坐落在高约40厘米的台基上，面阔三间，进深三间十五架，高约8.5米，马头墙式硬山顶（图6-1-37）。前金柱与前檐柱间设鹤颈轩，轩梁与门厅同，但轩梁上支撑轩桁的花板变成书卷形。明间梁架为抬梁式，形制与门厅同。不同之处在于，次间前檐柱的檐枋为扁作"虾弓梁"，枋身较门厅檐枋高；前金柱间饰以镂花横披，镂花样式为分幅八边回纹形，其间的小花板上雕刻瑞兽和花草（图6-1-38）。正厅后墙正中设祭台、牌位，两次间后墙各开一门通往后厅。后厅被火焚毁，仅余台基。

右路衬祠皆为两层，这在祠堂建筑中是比较少见的，其木隔扇、木窗、木栏杆均有精美的镂花。

图6-1-36 门厅及前院

图6-1-37 正厅及院落

图6-1-38 正厅内梁架

东北侧（门厅右侧）的衬祠通过向前伸出的楼阁式暗房与炮楼相接，并在外墙上设枪眼，具有防御意义。所以，据此推测，右路衬祠在特殊时期里应作防卫、宿兵之用，所以采用不同于一般祠堂的两层楼阁式。左路不另设衬祠或厢房，而是由一连串天井形成巷道，可直通后厅。

图6-1-39 祠堂及其周边环境远眺

2. 来宾市武宣县刁经明祠堂

刁经明祠堂位于武宣县金岗金榜村，占地约10余亩，根据被住户保护的"韬钤禀训"牌匾上的落款推测，该堂建于清光绪十七年（1891年）。祠堂始建者为刁经明。刁经明，字用廷，东乡金榜村人，性勇敢；后从戎，转战湘、鄂、皖、江淮，奏捷入觐，命操满汉官军，赏换花翎，毕什固巴图鲁，记名提督，历任平乐、浔州、肇庆、三江等协副将，署高州、琼州等镇总兵。诰赠振威将军。祠堂内现保存6块清代牌匾，落款时间分别为咸丰、同治、光绪三个时期。

该祠堂为较为典型的客家堂横式建筑，三进两横，共约40间房。整座堂横屋坐落于山环水抱的优美环境之中，村落总体布局由于其背后山形为南北走向的原因，所以为坐西朝东的布局。祠堂前有宽敞的禾坪，前面为一池半月塘，塘前面为开阔的稻田，视野极其开阔，可谓藏风纳气的风水宝地。整个祠堂形制是典型的以祠堂为中心，向两边横向展开的"三进两横"式院落布局，堂前为一湾月牙塘，高高的禾坪围墙，南面的圆拱顶砖柱大门，限定了祠堂的前部空间界线，（图6-1-39~图6-1-41）。

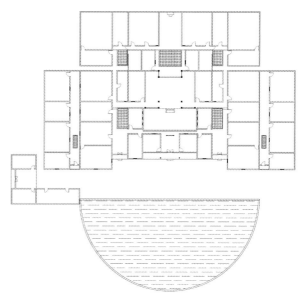

图6-1-40 祠堂平面测绘图

祠堂入口为宽敞的凹门廊，中间设有廊柱一对，门头上写着"振威第"，门前两根立在石鼓柱础上的楠木立柱端头承檩梁架，饰以夔龙纹木雕。门厅正面显著位置依次是三道直连瓦顶的大幅木雕屏风，第一道屏风上依次并排悬挂着"旨赏换花翎"、"旨诰授振威将军"、"毕什固巴图鲁"3块牌匾。门厅隔断门后是一个横向长13米，进深6米的

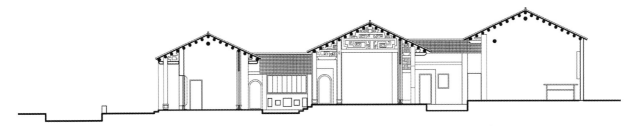

图6-1-41　祠堂剖面图

图6-1-42　祠堂二进议事大厅及其前院

图6-1-43　议事大厅梁架

天井，开敞宽阔（图6-1-42）。上4级台阶来到了议事大厅，议事大厅三间通阔，抬梁式结构，厅前的栏杆用完整的片石凿成形后，再刻以精致的龙凤、树木、花草、鱼、虫、人物等花纹，浮雕可以称得上艺术品（图6-1-43）。议事大厅后是一口横长7米，进深6米的天井，天井西侧为供奉祖先牌位的上厅（图6-1-44）。上厅两侧的侧房为长辈居所。和大部分的客家民居一样，该祠堂为青砖、三合土、石、木混合结构，屋顶造型亦为悬山式样。由于当地卵石资源丰富，部分墙体材料亦使用卵石混合灰浆垒叠，颇具地方特色。从建筑类型来看，刁经明祠堂属于祠宅一体的客家民居，之所以被称为祠堂，大概是因为后人多不在此居住，其祭祀功能要强于居住功能的原因。

3. 来宾市武宣县武魁堂

武魁堂位于武兰东约2公里，始建于清嘉庆六年（1801年），落成于清道光八年（1828年），堂屋坐北朝南，周边老屋相接，占地面积14785平方米，建筑面积3000多平方米（图6-1-45～图6-1-47）。堂前半圆形的池塘已经被填平成可站数百人的小广场，入口门屋上有写着"将军第"的牌匾，这意味

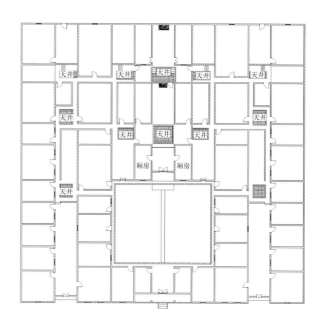

图6-1-44　祖厅及前天井

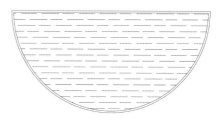

图6-1-46　武魁堂平面测绘图

图6-1-45　武魁堂正面外景

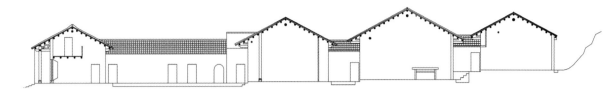

图6-1-47　武魁堂剖面图

图6-1-48　梁架结构

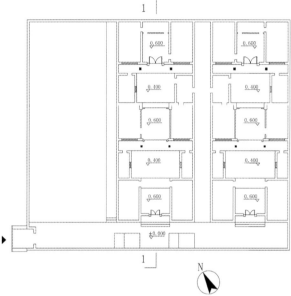

图6-1-49　颜宅平面测绘图（来自：高洪利、寇正）

着从清朝至民国，这里出了多位将军。两边是驻马石和2个安装旗杆的石座，堂前右边有8株古榕树，整体布局形态规整方正，工艺精巧，四周青山环抱，建筑与自然地形巧妙融为一体，前有案山，后有绵延山体作为屏障，堂屋选址落于龙穴之上，从景观格局来看，体现了中国天人合一的建筑理念。建筑进深7座，长157米，横屋5座，面宽94米，左边厢房2座，右边厢房3座。整座房屋相通连，形成院中有天井，天井之间有巷道连接的客家围屋式格局。墙体用采自田峒的鹅卵石与石灰砌成，小青瓦屋面，二层砖木硬山搁檩抬梁式结构（图6-1-48）。

4. 南宁市邕宁区北觥村颜氏古宅

北觥村距离邕宁区蒲庙镇3公里，坐落在邕江边上。该村村民多为壮族，村内现存较多清代古民居，从建筑风格来看属于较为典型的广府式民居。颜氏古宅是其中工艺最为精湛、保护得较好的一组

（图6-1-49、图6-1-50）。颜崇魁，字春宇，是北觥颜氏家族第十三代人，官至五品。适光绪甲申乙酉之交，法寇侵扰安南，应镇南关苏帅元春之聘，参赞戎机，运筹决策，卓著勤劳，后钦功蒙保授五品蓝翎同知职衔。颜氏古宅是颜崇魁卸甲回乡后按照当地建筑形式修建。

颜氏古宅坐西北朝东南，两座并联，占地约800平方米，两座中间隔以1.5米宽的巷道（图6-1-51）。古宅西侧原是院门，已毁。进入院门是一条3米宽的通道，两座宅子就面朝通道开门。两座古宅格局一致，均为三间三进的青砖硬山顶人字山墙的广府式民居。单座古宅宽约12米，深29米。第三进为门厅，前设深1米、宽4.6米的凹门廊。门厅后的天井宽约7.2米，深4米，天井两侧为宽约1.5米的厢房（图6-1-52）。天井后是三间通面开敞的客厅，采用广府式梁架承托屋顶。厅前设有檐

廊，檐柱木质，柱础为广府花瓶式。头进为祖厅和上房，天井比二进天井窄，两侧的厢房就较宽敞。颜氏古宅装饰讲究，门、窗、神楼、斗栱、屋檐、柱础等均雕塑花鸟虫鱼和龙、凤等主题，屋脊檐下亦饰以彩画，所有动、植物木雕、灰塑等立体感很强，工艺精湛，是南宁周边古民居中工艺最好的一组（图6-1-53）。

颜氏古宅主人虽然是壮族，但却采用汉族民居的传统做法，对研究南宁地区壮民族民居和文化的演变颇具价值。

5. 来宾市忻城县莫土司衙署

壮族土司制度经历了1000多年的历史，在广西和云南的壮族地区留下了许多遗迹，来宾市忻城县的莫土司衙署是其中保存较为完整的遗迹之一。

忻城莫土司衙署位于忻城县城关镇翠屏山北麓，始建于明万历十年（1582年），由忻城第八任

图6-1-50　剖面测绘图（来自：高洪利、寇正）

图6-1-51　两宅间巷道

图6-1-52　二进及后天井

图6-1-53　檐下木雕

图6-1-54 莫土司衙署鸟瞰（图片来源：网络）

土司莫镇威完成衙署主体建筑，后经历任土司先后拓建附属建筑，形成了规模宏大的土司衙署建筑群，主要由土司衙门、莫氏祠堂、土司官邸、大夫第、三界庙等主要建筑组成，总面积38.9万平方米，其中建筑占地面积4万平方米（图6-1-54）。

现存土司衙门坐南朝北，正面临街，纵深110米。土司衙门的前门照壁、大门、正堂、二堂、西花厅和长廊等建筑均为清道光十年（1830年）修建，衙门皆砖木结构，硬山翘脊，穿斗构架，构架纯系珍贵坚木——青冈木精制，尤其是正堂、二堂构架至今完好无损，仍保留明代建筑风貌。衙门整体布局严谨，各组房屋左右对称，主次分明，气势宏大。正堂森严肃穆，二堂、三堂庄重豪华，东、西花厅华贵高雅，后苑清幽静谧；朱漆梁柱，落地门式屏风，仿壮锦图案镂空花窗，彩绘浮雕，古色

古香，既有侯门贵胄府院甚至有宫廷气派，又有壮族干阑式建筑特征和壮族民间艺术风格（图6-1-55～图6-1-57）。

衙署建筑皆砖木结构，具有中原古典宫廷建筑的特点，气势宏大、格调典雅、古色古香。特别是那深幽的殿堂，精制的屋脊翘角、镂空花窗、浮雕图案，更具浓郁的民族特色，有较高的历史文化、艺术和科学价值，是研究土司制度不可多得的宝贵材料。

6. 百色市西林县那劳岑氏家族建筑群

岑氏家族建筑群位于今广西西林县那劳乡那劳村那劳屯南侧，由上林（今西林）土司岑密始建于明弘治年间，经其后裔数代人维修扩建形成。建筑群坐西向东，依山傍水，由宫保府、岑氏土司衙门、岑氏祠堂、南阳书院、将军庙、思子楼、围墙、炮楼等建、构筑物组成，整个建筑群占地面积

图6-1-55　莫土司衙署大门（图片来源：网络）

图6-1-56　正堂（图片来源：网络）

图6-1-57　衙署内游廊（图片来源：网络）

4万多平方米（图6-1-58）。这一古建筑群是桂西、桂西北壮族地区保存规模最大、延续时间最长、保留最为完整的土司建筑群，在广西乃至西南地区现存的土司府第衙署中有一定的影响。其演变历经明清两朝，反映了中国西南少数民族地区土司制度的

衰亡历程，具有很高的历史研究价值。

岑氏土司府为整个建筑群中历史最悠久者，位于建筑群的西北（图6-1-59）。该府始建于明弘治年间，为当时上林长官司岑密为抵御总府侵权，于弘治三年将其长官府迁至那劳所建。清康熙六年由

于"改土归流"废除土司制度,岑氏土司逐渐衰落。建筑主体为砖木结构,占地6000平方米,现存建筑面积820平方米,由府衙门、正殿、左右厢房、后院等组成,沿中轴线东西对称布置,正殿位于中轴线上,设前后两座,其间设有天井。前座面阔三间,宽9.57米,硬山式,明间通透设厅,两次间以木楼板分为上下两层;后座面阔三间,为岑氏古建筑群中唯一的明代建筑。

及至清末,岑氏家族涌现出三位重要的人物:云贵总督岑毓英、岑毓宝、两广总督岑春煊。一门三总督的出现,使那劳岑氏家族成为广西近代史上显赫一时的大家族,岑氏家族建筑群也得以扩充发展,宫保府、岑氏祠堂、南阳书院、荣禄第、增寿亭、思子楼等是其中保存较好且颇具艺术价值者。

宫保府位于建筑群南侧(图6-1-60、图6-1-61),始建于清光绪二年(1876年),光绪五年落成。因岑毓英戍边有功于朝廷,清同治十三年(1874年)年受封"太子太保"衔,岑毓英以尊称"岑宫保"而命名其宅第为"宫保府"。整坐宅邸坐西向东,依山傍水,为硬山搁檩砖木结构。建筑主体为面阔三间三进,四合院围合而成,有门厅、中堂、后堂三座主体建筑,门厅与中堂之间为大天井,中堂和后院为小天井,天井两侧围以厢房和廊房。宫保府现存建筑面积1800平方米,是整个建筑群中规模最大者。

荣禄第为岑毓英受朝廷封赏,其父亦受封"荣禄大夫",并拨银建府,于清光绪十八年建成,该府坐西向东,位于宫保府北侧约200米处,门前为田园,视野开阔,由前、中、后三座主体建筑及厢房组成四合院式建筑,现存建筑面积1700平方米(图6-1-62)。

南阳书院紧邻荣禄第,与其并排而建,占地面积1300平方米,为岑毓英之子两广总督岑春煊所建,由该书院剖面测绘图(图6-1-63)及其他建

图6-1-58 岑氏家族古建筑群复原图

图6-1-59 岑氏土司衙门

图6-1-60 宫保府外观

图6-1-61 宫保府梁架

图6-1-62 荣禄第内院

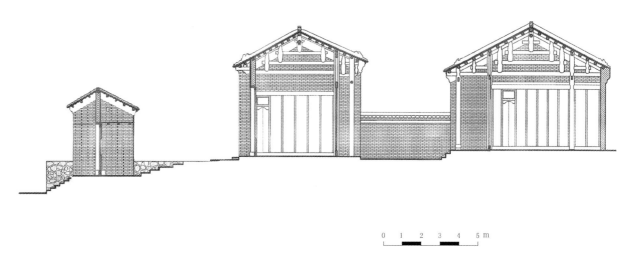

0 1 2 3 4 5m

图6-1-63 南阳书院剖面复原图

筑物的梁架照片可知,该古宅群的结构建造方式丰富,既保留了南部壮族干阑式木构的大叉手结构,又结合了广府式建筑的硬山搁檩沉式梁架结构,实为土汉结合的经典之作。建筑群落为面阔三间进深两进的砖木合院式建筑,大门上方悬挂岑春煊托人从广州送来的"南阳书院"匾额,院内原有孔子牌位和岑毓英撰写的《岑氏祖训》牌子,可见岑氏家族对子弟的严格教育。

增寿亭位于整个建筑群的中心,建于清光绪十年,八角攒尖顶,3层砖木楼阁式样(图6-1-64)。第一层为青砖墙孔门结构,第二、第三层为木梁架楼阁式,亭顶有龙形浮雕,亭内墙上饰以各类字体寿章和人物壁画。岑氏家族自认为族人寿短,故祈愿消灾,修建此亭以延绵香火。该亭总高11.8米,建筑面积230平方米。思子楼位于荣禄第东北10米处,为岑毓英四弟为其不幸夭折的儿子于光绪

图6-1-64 增寿亭外观

图6-1-65 祠堂内六角亭

三十四年所建的单体建筑，楼体长方形，共三层，砖木结构，层层后退造型独特。

岑氏祠堂由岑春煊建于清光绪三十二年，由前后两座和左右厢房构成，中为天井和六角"鹤亭"（图6-1-65）。该祠堂主要存放岑氏族人跟随岑毓英戍守边关抗法立功的勇士灵位，每年定期举行祭奠活动，以表怀念和弘扬民族精神。祠堂原规模较大，大门外有宽阔的走廊，两侧伸出八字墙，现存建筑占地面积1600平方米。

三、侗族的宅第

（一）侗族干阑式民居的空间特点

广西的少数民族中，侗族偏居于与湖南、贵州交接的桂北一隅，受汉文化影响较少。从平面空间布局的角度来说，山面设门的入口方式、开敞的亦廊亦厅的前廊空间、独立的火塘间、偶数的房屋开间等都显示其百越原生干阑的特点。同时，侗族的木构技术也最为发达，房屋层数多在3层以上，对空间的利用十分充分。

1. 山面设门的入宅方式

山面开门，应该是干阑建筑原型——巢居所使用的方式。原始的巢居，在树上的平台搭建人字棚，没有垂直于地面的墙壁，墙面和屋顶是连为一体的，因此剖面形态基本为一三角形，三角形的中央空间为最高，成为必然的入口之处。元代马端临在《文献通考》中说："僚蛮不辨姓氏……杆阑即夷人椰盘也，制略如楼，门由侧辟……"此处提到"门由侧辟"应是当时大多数干阑建筑入户的方式。张良皋先生对此也有大胆论断："山面开门是一切双坡屋顶建筑——包括干栏的天然趋势，在未接受窑洞建筑影响以前，中国建筑肯定会以山面为正面。"[5]虽然随着巢居朝现今的干阑建筑进行演变，墙体出现，层高增加，屋顶得以脱离地面，檐面的高度也早已满足开设大门的要求，但山面开门的方式依然保留下来，成为判断干阑建筑原生性的标志之一。

山面开门，楼梯就一定在山面。广西侗族干阑建筑的入户楼梯绝大部分都位于山面（图6-1-66、图6-1-67）。山面的楼梯根据其外形可以分为对外开敞与封闭两种。后者应该是侗民私有财产意识增加后对前者的改进，先是设置底部架空层的大门，然后将这一大门挪至入户楼梯以外，成为整座干阑建筑的总大门。因此，单纯从外表来看，现在的侗族干阑很难判断其楼梯的具体位置，至于二层起居部分的大门也有局部改变，位置仍然位于山面靠前檐口的部分，但有些侗居为了增加入户的层次，将原属于室外的楼梯入户平台部分封闭起来，大门转了90度，直接面对楼梯方向，室内也因此多出一个类似玄关的空间。楼梯位于山面，从平面和结构体系来看，是在整体结构上增设一小跨楼梯间，是附属于主体的空间，屋顶的悬山无法遮挡楼梯间的雨水，因此一般都会在山墙上部增设披檐。

2．以敞廊为过渡的室内布局

敞廊直接连接入户楼梯，是侗居二层生活起居的第一个空间。由于山面楼梯一般都导向前檐开门，所以敞廊通常都位于干阑正面前檐处，通面宽，一至两个柱跨的进深，是主要的迎客摆宴、休憩聊天、织布劳作的空间，也是晾晒衣物存储工具的场所。之所以称其为敞廊，是因为面向檐口的一面一般仅有栏杆而不设墙板封闭，空间似隔非隔，相对于室外空间来说界定得不很明确，既围合又通透，充分体现了侗民族开放性的特点。"开放性是侗族干阑式住宅的一大特色。干阑式住宅的开放性与村寨布局开放性有同构关系，鼓楼、风雨桥、款坪等公共建筑、公共空间形成的完整建筑群空间体系对居住在村寨中的人们来说，一方面为人们的室外活动提供了更多方便和更大可能，同时也是民族开放性性格特征的一个有力说明。侗民们至今仍保持着不掩户的纯朴民风，廊道作为半开放的起居室，对外人来说，同样是开放的空间，而入户门，大部分时候仅仅是起着心理上的界定作用。"⑥

规模较小的敞廊是通面阔的直线型空间，如三江马胖村杨宅（图6-1-66a）为三开间两柱进深。面宽较大的干阑，为了突出空间重点，在中间朝进深方向凹入局部扩大形成三面围合状态，如三江冠峒杨宅（图6-1-66c）与三江下南杨宅（图6-1-66b）。这种向内凹入的空间，大部分仅仅是为了方便聚会而将敞廊局部扩大，空间高度仅为一层，普遍没有祖先牌位和香火供奉，不具备汉族堂屋特征，三江独峒乡的高定、林略等村寨的敞廊均属于这种类型。另有一些邻近汉族聚居区的侗居，敞廊有向堂屋转化的痕迹。如三江守昌寨石宅（图6-1-67a），在敞廊扩大处再向内凹进一间，形成

两层通高的堂屋。再如龙胜平等乡广南寨的杨宅（图6-1-67b），三开间的布局，敞廊则演化为明间的厅堂。

敞廊是公共开放的空间，也是向火塘间、卧室等私密空间的过渡。根据敞廊、火塘间、卧室这三个基本生活空间联系方式的不同，可将侗居的空间组合分为串联式和并联式两种。

（1）串联式

串联式是指居室空间从敞廊—火塘间—卧室为串联关系。这种模式的干阑住宅，通常为两个以上亲缘关系较近的家庭合居，一个火塘就代表一个家庭，敞廊是家庭间所共用，而每个家庭都有属于自己的火塘间和卧室，它们之间呈嵌套式布局，火塘

(a) 三江马胖杨宅

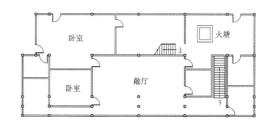

(b) 三江下南杨宅

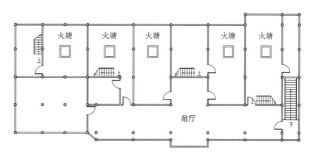

(c) 三江冠峒杨宅

图6-1-66　敞厅型的侗族干阑（图片来源：《广西民族传统建筑实录》编委会.广西民族传统建筑实录［M］.南宁：广西科学技术出版社，1991.）

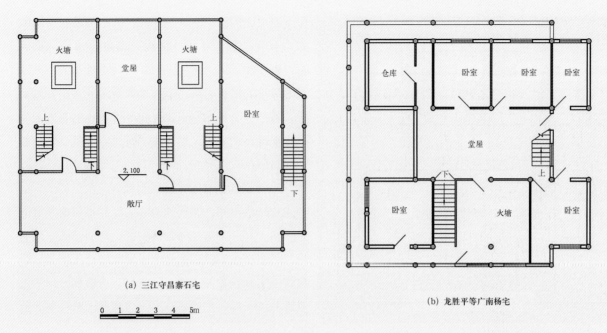

(a) 三江守昌寨石宅

0 1 2 3 4 5m

(b) 龙胜平等广南杨宅

图6-1-67 堂屋型的侗族干阑（图片来源：《广西民族传统建筑实录》编委会.广西民族传统建筑实录［M］.南宁：广西科学技术出版社，1991.）

间成为敞廊和卧室之间的中转枢纽。如三江守昌寨石宅（图6-1-67a），对外只有一部入户楼梯，但两个火塘内部都设有通向架空层和三层卧室、仓库的楼梯。三江马胖村杨宅（图6-1-66a）与三江冠峒杨宅（图6-1-66c）也属同种情况。

（2）并联式

如果一座干阑内部没有分家，干阑内部所有空间都属于私产，则不必坚持一定要经过火塘间才能到达卧室，敞廊、火塘间、卧室之间是一种并联关系。如龙胜平等乡广南寨蒙宅（图6-1-68）和同寨的杨宅（图6-1-67b），以及三江下南杨宅（图6-1-66b）等。很多情况下，兄弟分家，但由于经济情况无力新建房屋，会将原有干阑在内部用有效手段隔绝，将敞廊、火塘间、卧室等空间分为两套，两部入户楼梯也位于不同的山面，内部各空间的联系也和并联式一样。如三江皇朝寨吴宅（图6-1-69），为四开间两户共用，入户楼梯分别位于南、北两个山面。三江高定寨吴运红、吴妙堂两兄弟的联宅（图6-1-70），在中间将原有干阑一分为二。吴运红的一家有5口人，原有部分不敷使用，所以对原宅所加建。

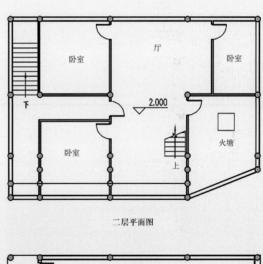

二层平面图

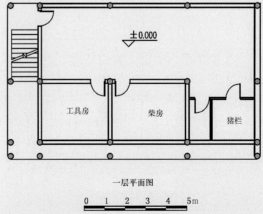

一层平面图

0 1 2 3 4 5m

图6-1-68 龙胜平等广南寨蒙宅（图片来源：《广西民族传统建筑实录》编委会.广西民族传统建筑实录［M］.南宁：广西科学技术出版社，1991.）

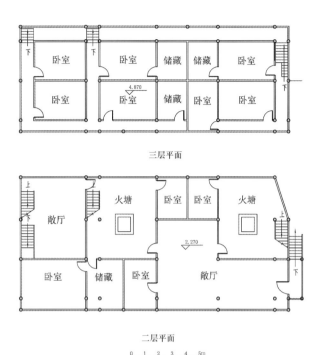

三层平面

二层平面

0 1 2 3 4 5m

图6-1-69 三江皇朝寨吴宅（图片来源：《广西民族传统建筑实录》编委会.广西民族传统建筑实录 [M].南宁：广西科学技术出版社，1991.）

原生的侗族干阑，敞廊向外的一面是没有隔断的，有些地区为了冬季保暖，会使用可拆卸的隔板，夏季还是完全向外开敞的，通透性很好。玻璃成为廉价的建材以后，敞廊檐面普遍安装平开玻璃窗，既能满足采光要求也可防风保暖，这自然是生活水平提高的象征，也喻示了侗民心理从开放开始走向封闭。

3. 利用充分的楼层空间

和壮族不同，侗居普遍将第三层也作为主要的生活层。在一些用地陡峭的山区，每层建筑占地有限，二层在布置敞廊和火塘间后空间已无富余，卧室就主要分布在第三层。同时侗居的敞廊、厅堂一般都只占一层高度，所以第三层空间十分完整。这种空间竖向分区布局的方式与现代住宅动静分区的原理是一样的，如高定寨某宅（图6-1-71），主体

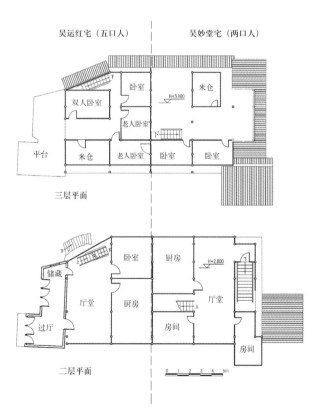

三层平面

二层平面

0 1 2 3 4 5m

图6-1-70 三江高定寨吴氏兄弟宅（广西大学建筑学2000级测绘图集，韦玉姣指导）

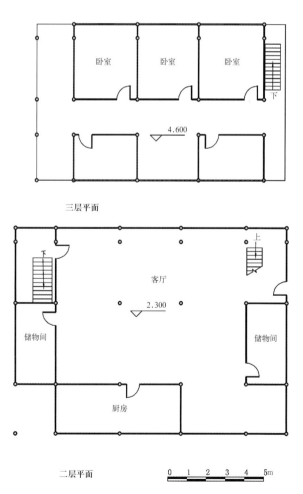

三层平面

二层平面

0 1 2 3 4 5m

图6-1-71 三江高定寨某宅（广西大学建筑学2000级测绘图集，韦玉姣指导）

部分进深仅为8米，二层全被敞厅占用，火塘间位于后部附加部分得以接地，卧室和粮仓都位于第三层。再如高定吴宅（图6-1-72），由于自然分家，原有一栋干阑式民居在中部设隔断被分为东西两个独立的家庭，分家后由于人口继续增加，原有的四层阁楼部分也被充分利用为卧室。

层高方面，架空层和第一层稍高，2.2～2.4米，第三层一般为2米左右，以人员进出不碰头为准，近年随着平均身高的增加和生活水平的提高，原有层高已不能满足要求，有加高的趋势。

（二）侗族的干阑式民居宅第

1. 柳州市三江县高定寨文化户宅

文化户宅位于广西柳州三江侗族自治县独侗乡高定寨，该寨始建于明朝初年，全寨560多户，是这一带有名的侗族大寨。文化户宅位于寨子中部的小河沟旁，坐北朝南，高4层，配合地形依次坐落在三个不同标高的台地上，各台高差在2.2～2.6米之间。该宅正面五开间（含两侧批厦），中间三跨面宽3.7～4米，批厦宽西侧1.7米，东侧1.2米，进深四开间，最南一跨宽3米，其余三跨均为2.5米，三层南面出挑0.7米。该宅是典型干阑民居，由于基地高差很大，一二层均做架空，一层进深仅一跨，作为柴房，从西面跨越河沟的小桥进入该层，并设置有通达上部楼层的石砌台阶。二层深三跨，主要作为储藏以及饲养牲畜之用，亦在西侧设置继续向上的楼梯。三层是主要的生活面，进深已达四跨，并在南面设置吊柱出挑了70厘米左右。该层前部为通间的厅堂，后部西侧集中布置厨房和火塘间，东侧设有直通室外地面的后门。通过西侧的楼梯继续向上爬至民居四楼，该层由中部一跨的通长过厅分为南北两个部分，均为卧室及部分储物空间。过厅中还设有通到上部夹层的简易木梯（图6-1-73）。

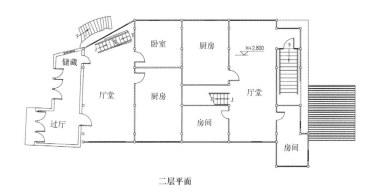

二层平面

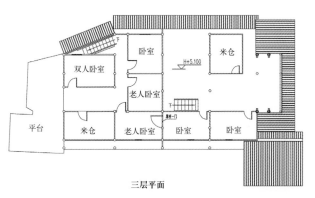

三层平面

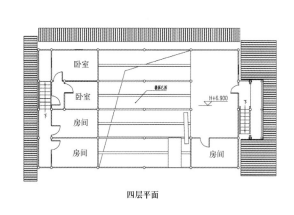

四层平面

图6-1-72　高定吴宅平面图

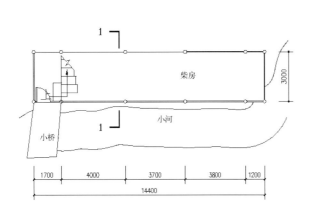

首层平面

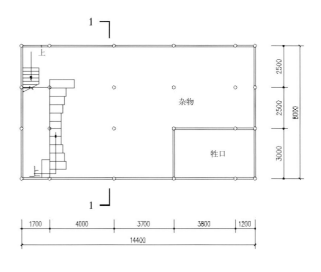

二层平面

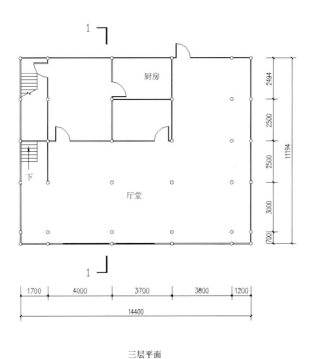

三层平面

四层平面

图6-1-73 文化户宅平面图（广西大学建筑学2000级测绘图集，韦玉姣指导）

　　建筑构架采用该地区常见的穿斗式木构架，每榀梁架五柱落地，中间两跨三步水，南北两跨各四步水。南面三层出挑处上方设披檐，东西两侧批厦在三层、四层处均设批檐（图6-1-74）。

　　立面上1～2层多用木板墙做不到顶的围合，较

为通透；3～4层亦以木板墙封闭围合，根据使用需求开设采光小窗。檐部穿枋挑出承檩，均设封檐板，吊柱柱头垂瓜做法别致。侗族民居层数较多，颇显高大，因为南面与东西两侧均有重檐做法，重重叠叠，气势不凡（图6-1-75）。

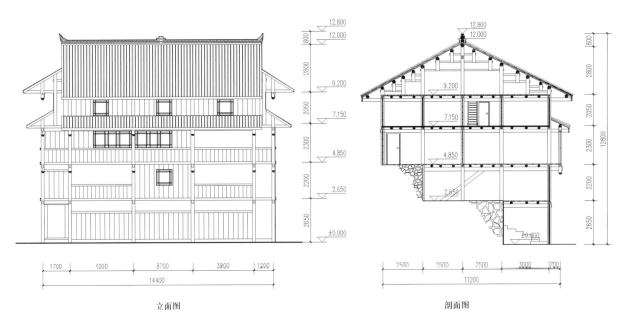

立面图   剖面图

图6-1-74　文化户宅立面及剖面图（广西大学建筑学2000级测绘图集，韦玉姣指导）

图6-1-75　文宅外观

2. 柳州市三江县南寨村杨开柱宅

杨开柱宅位于广西柳州三江侗族自治县良口乡南寨村，是该地区年代较久远保存较完善的侗族民居之一。杨开柱宅高3层，层高约为2.1~2.5米。三层层高较底下两层略低。该宅正面两开间，各间面宽3.3米，进深四开间，各间宽2.1米，前后均有吊柱，主入口朝东南向，两侧无偏厦。该宅是典型的侗族干阑民居，底层架空，堆放柴草杂物及饲养家禽并加设了厕所和洗澡间。楼上住人，通过正面侧上的楼梯进入二层堂屋，二层为家庭主要活动层，除堂屋外，火塘、卧室均在二层，二层平面在南北两侧通过吊柱各挑出0.9米，以此扩大该层使用空间，而东西两侧无挑出，顶层用作卧室和杂物间（图6-1-76、图6-1-77）。

建筑构架方式采用穿斗式木构架，每榀梁架五柱落地，各柱各瓜上直接承托檩条，南北两面于二层处设有披檐。屋面有起翘做法，屋脊亦有升起（图6-1-78）。

立面上底层多用木板墙做封闭围合；楼上层亦以木板墙围合，开窗较小，多为40厘米左右宽。檐部穿枋挑出承檩，设封檐板，吊柱柱头有装饰做法（图6-1-79）。

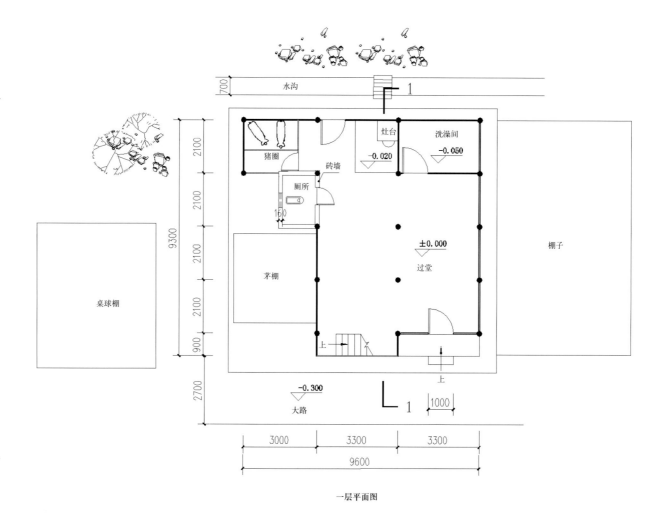

一层平面图

图6-1-76 杨开住宅一层平面图（广西大学建筑学2011级测绘图集，韦玉姣指导）

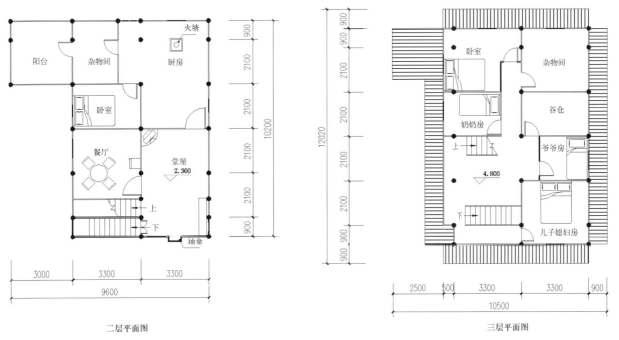

二层平面图

三层平面图

图6-1-77 杨开柱宅二三层平面图（广西大学建筑学2011级测绘图集，韦玉姣指导）

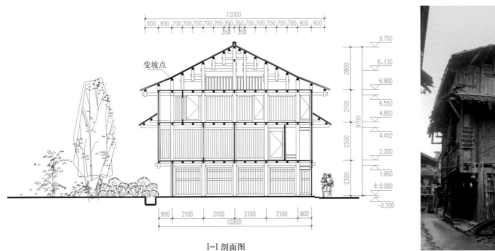

I-I 剖面图

图6-1-78 杨开柱宅剖面图（广西大学建筑学2011级测绘图集，韦玉姣指导）

图6-1-79 杨开柱宅外观

3. 柳州市三江县和里村曹建利宅

曹建利宅位于柳州三江县良口乡和里村，村寨民居因地制宜，较完整的保留了侗族传统建筑的特点。曹建利宅高3层，五开间，中间三开间面宽3.6米，左右两边各宽1.4米和2.1米，侧面进深两跨，宽均为3.5米，后因扩大一层使用空间，将原先墙面拆除，向南侧扩建了1米（图6-1-80～图6-1-

82）。民居坐北朝南，东西两侧分别加建有卫生间与杂物间。该宅是典型的侗族干阑建筑，底层全架空，用简易木墙围合，用于储物及饲养家禽，还设有卫生间。通过西面侧入的楼梯进入二层宽阔的敞廊部分（图6-1-83）。二层为家庭主要活动层，是典型的前堂后室格局。南侧为全开敞的厅堂，包含客厅与餐厅，东面有一间卧室，北侧三开间并排布

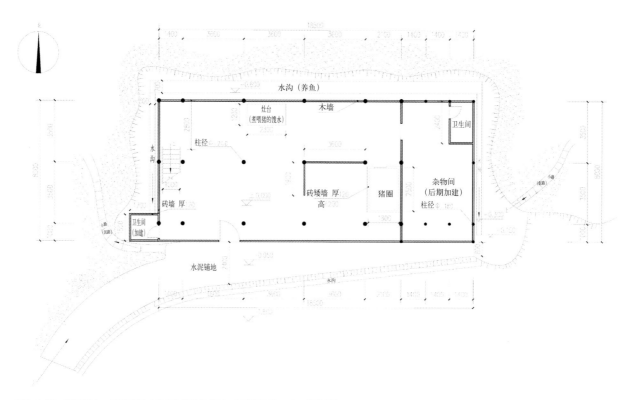

图6-1-80　曹建利宅一层平面图（广西大学建筑学2010级测绘图集，韦玉姣指导）

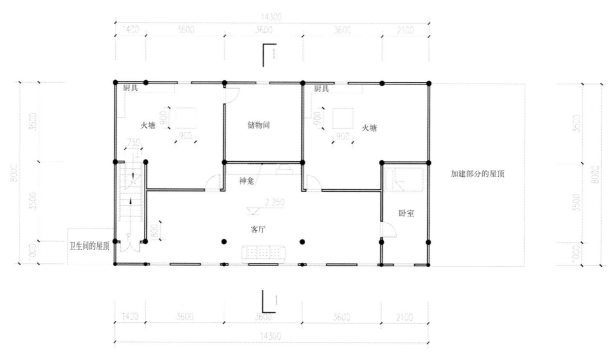

图6-1-81　曹建利宅二层平面图（广西大学建筑学2010级测绘图集，韦玉姣指导）

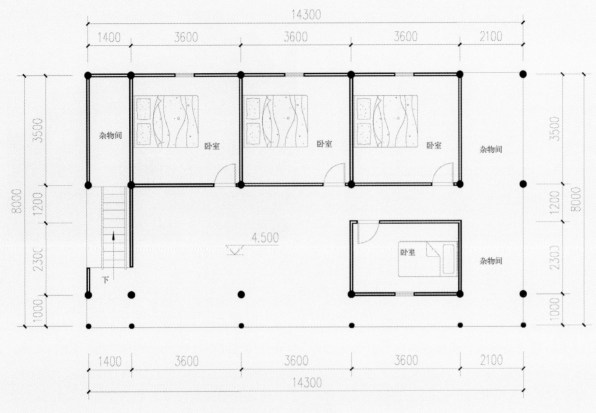

图6-1-82 曹建利宅三层平面图（广西大学建筑学2010级测绘图集，韦玉姣指导）

图6-1-83 曹建利宅二层敞廊

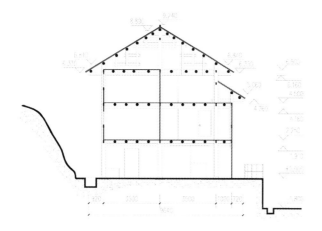

图6-1-84　曹建利宅剖面图（广西大学建筑学2010级测绘图集，韦玉姣指导）

图6-1-85　曹建利宅外观

置，两边为火塘间，中间为杂物间。二层平面在南侧通过吊柱挑出1米。三层北面为3间卧室依次排开，卧室两侧为杂物间。南侧自西向东依次为敞厅、卧室与杂物间。

建筑构架方式采用减枋跑马瓜形式的穿斗木构架（图6-1-84），每榀梁架三柱落地，各柱各瓜上直承檩条，南面因设有吊柱，上置批檐，在正面形成两重檐的效果（图6-1-85）。

四、其他少数民族宅第

（一）苗族民居

1. 柳州市融水县卜令屯杨宅

卜令杨宅位于广西柳州融水苗族自治县卜令屯，南北朝向，高3层，以干阑形式架设于平地之上。该宅正面五开间（含两侧批厦），中间三跨，面宽4.15米，东西披间面宽2.3米，进深四开间，最南一跨宽2.4米，其余三跨均为2米左右。该宅是典型的苗族干阑民居，首层整体架空，主要储藏及饲养牲畜，在东侧设有侧上的楼梯。二层是主要的生活面，面宽五间，前后均设有晒台。前部是开敞的望楼厅，中部凹入，形成退堂。中部北侧是两间卧室，这两间卧室左右各设置有一个火塘间，作为家中两代人分户生活的基础。火塘间东西侧的批厦内均设置有卧室及部分储物空间。通过望楼厅凹入处的楼梯可上达三层中部，该层以中部

通廊中分为南北两个部分，南面为卧室，北面在下部火塘间对应上来的空间通过铺设竹栅板，隔作两层作为储物之用，充分利用空间（图6-1-86、图6-1-87）。

建筑构架采用较为原始的穿斗木构结合大叉手，各柱不直接承檩，而是通过承托"人字"叉手，再由叉手承檩（图6-1-88）。仅二层部分设有批厦，进深方向中部三柱伸至三层，承托上部小批檐，形成山墙面双重批檐的效果。立面上一层架空不设围护，全敞开；二至三层均以木板墙围合，开设采光小窗，望楼厅部分设木栏板（图6-1-89）。

2. 百色市隆林县张家寨张宅

张家寨位于广西百色市隆林各族自治县德峨乡西南部，距隆林县城37公里，是一个单姓偏苗族村寨。张宅坐北朝南，高3层，一明两暗三开间，总宽13米左右，其中明间宽4.5米。进深四跨以中脊对称，总计7米，两边跨两步水1.5米，中间两跨三步水2米左右。明间向内退进一跨，形成凹廊入口，正对着堂屋。凹廊两侧各开一门，分别通向卧室和厨房。西南侧设有一杂物外廊，从外观和结构来看应该是后期加建（图6-1-90）。

该宅为隆林地区较为典型的干阑式民居，底层西侧开间和南面露台底层全架空，用于饲养家禽，明间和东侧次间底层为房屋石块基础，通过南面侧入石梯进入一层的外廊部分。一层为家庭的主要活

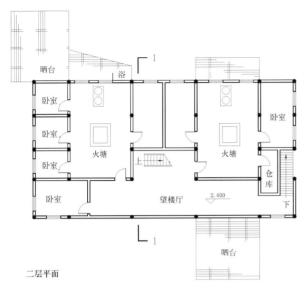

二层平面

图6-1-86 杨宅二层平面图（图片来源:《广西民族传统建筑实录》编委会.广西民族传统建筑实录［M］.南宁：广西科学技术出版社，1991.）

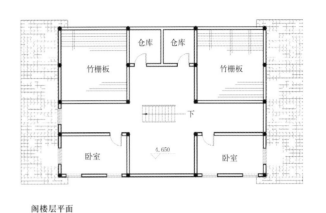

阁楼层平面

图6-1-87 杨宅阁楼层平面图（图片来源:《广西民族传统建筑实录》编委会.广西民族传统建筑实录［M］.南宁：广西科学技术出版社，1991.）

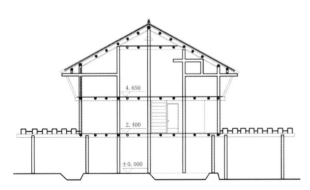

图6-1-88 杨宅剖面图（图片来源:《广西民族传统建筑实录》编委会.广西民族传统建筑实录［M］.南宁：广西科学技术出版社，1991.）

图6-1-89 杨宅外观（图片来源:《广西民族传统建筑实录》编委会.广西民族传统建筑实录［M］.南宁：广西科学技术出版社，1991.）

图6-1-90 张宅外观

动层，正中开大门，门的两侧各开一窗，中间位明间堂屋，不设阁楼，两层通高，后壁上安有神龛。东西两次间均设有阁楼，其中东侧部分下部为火塘间，阁楼用于储物（图6-1-91）。建筑构架采用满枋跑马瓜形式的穿斗式木构架，每榀梁架五柱落地，每瓜穿四枋，瓜柱承托人字大叉手斜梁，再在斜梁上搁置固定屋面檩条，是桂西地区较为典型的做法。值得注意的是该宅檐口吊柱下方还加设一根挑枋予以承托，这一处理在广西其他少数民族地区未曾见，同时，为了对整体结构予以加固，阁楼楼

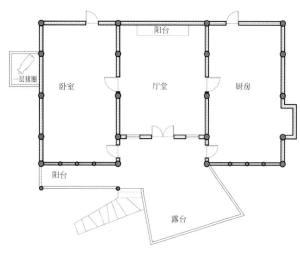

图6-1-91 张宅平面测绘图

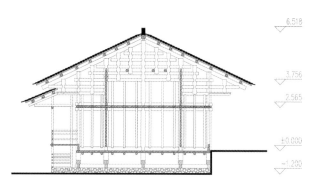

图6-1-92 张宅剖面图

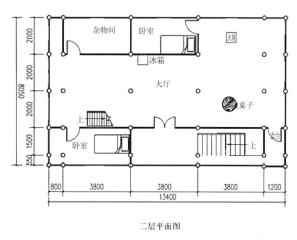

二层平面图

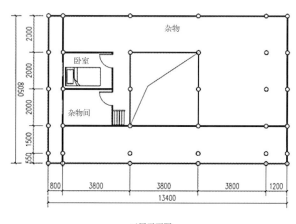

三层平面图

图6-1-93 潘宅平面图

板上下均设有枋条，大概是因为处于地震区的缘故（图6-1-92）。

（二）瑶族民居

1. 桂林市龙胜县黄洛瑶寨潘桂恩宅

潘桂恩宅位于桂林龙胜县的黄洛瑶寨，是该地区唯一的单姓红瑶村寨。潘宅高3层，三开间各间面宽3.8米，四进深，除南侧首跨深1.5米外，其余全为2米跨度，坐北朝南，两侧无偏厦。该宅是典型的瑶族干阑民居，底层全架空，用于储物及饲养家禽，还设有一个卫生间。通过正面侧入的楼梯进入二层敞廊部分，二层为家庭主要活动层，是典型的前堂后室格局。南侧为全开敞的厅堂，包含客厅

与餐厅，中间跨上部通高形成内部天井，上盖明瓦。北侧三个开间并排布置，自西向东依次为两间卧室与火塘间。二层平面在东西两侧通过吊柱各挑出0.8米和1.2米，南侧出挑0.55米，以此扩大该层使用空间。三层部分使用空间围绕中间跨的大堂上空部分展开，主要为储物空间，西侧设置有一间卧室（图6-1-93）。

建筑构架方式采用减枋跑马瓜形式的穿斗木构架，以保证三层部分空间通透。每榀梁架五柱落地，各柱各瓜上直接承托檩条，东西及南面设有吊柱，西侧出挑部分设有披檐（图6-1-94）。

立面上底层多透空或用石砌墙做简易围合；楼

上层除敞廊透空以外，其余以木板墙围合，檐部穿枋挑出承檩，无遮檐板，吊柱柱头亦无装饰做法（图6-1-95）。

该瑶族住宅与该地区其他少数民族（壮、侗、苗）民居颇为类似，盖因同地域各族之间相互影响、木构技术互通之故。

2. 来宾市金秀县六段屯某宅

该民居位于来宾市金秀瑶族自治县金秀镇六段屯（六段村）（图6-1-96）。六段屯始建于清朝，迄今已有150多年的历史，是"平地瑶"的重要分支"茶山瑶"所居仕的村落。该宅建于清朝末年，靠山而建，坐北朝南，为典型的地居街屋形式（图6-1-97）。民居高两层，正面单开间，面宽约4米，进深三跨，自南向北各跨依次为4.6米、6.6米、3.7米。一层是家庭生活起居的主要空间，从南至北依次是门厅、堂屋、仓库。堂屋与门厅之间设有狭小的卧室，仅宽1.6米。房屋一层西侧的部分为加建部分，设置了厕所、仓库和鸡圈。堂屋一端放置主人的传统木床，另一端为火塘，中间作为客厅。从门厅西侧的楼梯可通向二楼，二楼的房间一般是未出嫁的女儿的卧室，朝南的阳台是茶山瑶传统的吊楼。"爬吊楼"是茶山瑶男女青年的一种恋爱方式。当小伙子来找姑娘谈情说爱时，不走大门，而从门外爬上吊楼。"爬吊楼"一般在晚上进行，有单个爬的，也有多个人爬的，视楼里姑娘的人数而定。通过一层仓库的木梯可通向靠山台地上的二楼部分，设为卧室。该卧室与山上的茶园相连。每家每户都拥有自己的茶园，每天都会上山打理（图6-1-98）。

该宅为砖木混合结构，山墙为青砖砌筑，硬山搁檩。户与户之间隔墙比邻（图6-1-99）。

（三）仫佬族民居——柳州市罗城县石围屯银宅

银星月祖屋位于罗城县东南部的东山镇中石村石围屯内，距县城约4公里。据史料记载，石围屯始于明朝洪武二年（1369年）迁居至此，迄今已有640多年历史。屯中古民居现尚存古屋40多间，多数建于清代和民国时期，均为砖木结构，硬山搁檩

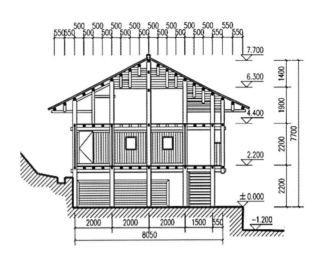

图6-1-94 潘宅剖面图

图6-1-95 潘宅外观

图6-1-96 六段屯俯瞰

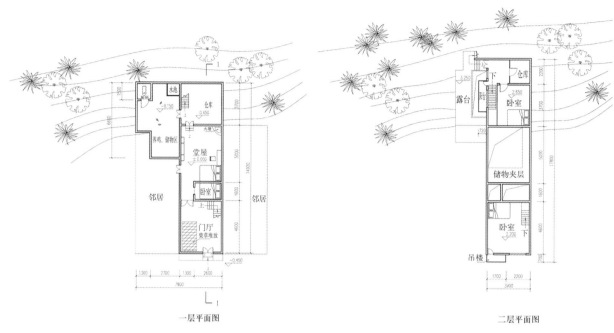

一层平面图　　　　　　　　　　　　　二层平面图

图6-1-97　六段屯茶山瑶某居民平面图

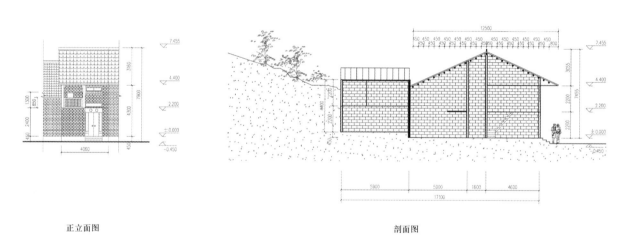

正立面图　　　　　　　　　　　　剖面图

图6-1-98　六段屯茶山瑶某居民立面及剖面图

图6-1-99　外观

建筑，屋檐与内墙壁画精细，花窗格式图案丰富，雕工精巧，是罗城古代仫佬族木雕工艺的精品代表。屯后有一条长70多米、部分用三合土拌浆砌筑的石墙，墙中设有枪眼和哨口，是罗城目前发现规模最大最完整的防御墙。屯边小河畔竖有一座2.4米高的方塔功德碑，是古代仫佬族地区民族团结和谐的历史见证。

银星月祖屋宽约9米，深14米，坐北朝南独门独院，四周以围墙与外界隔离。入户的门楼位于正面围墙与山面围墙交界处，朝向位于45度切角的方位，这是由于仫佬先人受汉族文化影响，笃信风水，为图吉利，门楼避免正对主屋方向。自门楼进入，先来到的是正屋前面的前院，院内北侧、西侧为院墙，东侧为一辅房，多作为谷仓等仓储用途，南面正对正屋。正屋三开间，为典型的一明两暗布局，正中为堂屋，凹入60厘米设通高木门，占据整个面宽，两侧是厢房。在东侧厢房与前院谷仓之间形成1米宽的狭窄通道，通道尽头是卫生间。堂屋正面墙奉有彭城堂字样的祖宗堂号，中隔一木板以设贡品，下部为八仙桌。正面墙左下为进入房屋后部的门洞。进入后部为一窄小过厅，右侧设有上达二楼夹层的楼梯。后墙正中设有后门，通达室外。左侧厢房为儿子儿媳居住，右侧厢房为老人居住，二房均设有储物夹层。整座房屋格局简单，居住空间有限，这与建造时的财力以及人口数量有关。整体布局上具有明显的汉族民居建筑的特点（图6-1-100）。

银氏祖屋屋顶样式为典型的桂北汉族民居硬山顶，屋面覆小青瓦，坡屋面几无升起与起翘，建筑工艺简朴，汉化比较彻底。墙体材料为火砖，色泽与常规的青砖相比多红黄杂色。这与仫佬山乡盛产煤炭有关，这些火砖，用煤矸石粉掺和白泥烧制，煤矸石在烧制过程中自燃，烧出的砖硬度大、结实

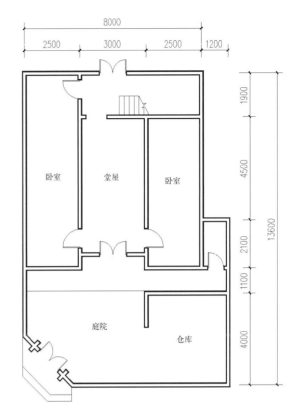

图6-1-100　银宅平面图

耐用，但色泽不够均匀（图6-1-101）。民居室内以石灰抹墙，内壁下方，以煤灰批荡一米多高，刻上砖纹。内壁上方和大门上壁，原本绘有花鸟鱼

图6-1-101　银宅外观

图6-1-102　银宅窗花装饰

虫、麒麟龙凤的彩绘，因年代久远已无迹可寻。房基高出地面60厘米左右形成地台，墙基以当地岩石砌筑。仫佬族民居的装饰特色主要体现在木雕上，银氏祖屋的正面顶梁满雕"凤穿牡丹"，西侧儿子儿媳房花窗雕"麒麟送子"，东侧老人房花窗雕"富贵花开"，庭院地面石板雕刻"四方来财，人丁兴旺"，雕工精细，寓意吉祥（图6-1-102）。

仫佬族民居的一个特点就是"户户相连"。虽是独家独院，但户与户之间都有侧门相通，出正屋后门，就是后邻家的天井，除有巷道相隔或独立建房者外，全屯数十户，几乎可以串通无阻。这一方面是为了方便邻里平日交往，更重要的原因是因为旧社会兵灾匪祸频繁，打家劫舍的事时有发生，家家有门相通，便于走避和互相救援，这反映了仫佬人团结互助、邻里和睦的优良品质。

（四）毛南族民居——河池市环江县南昌屯谭宅

谭宅位于河池市环江毛南族自治县南昌屯。民居高两层，面宽三开间，各开间等宽均为2.75米，进深也是三个开间，南面开间较深达到3.35米，形成"深前廊"。各开间尺寸均采用"5"的模数，盖因合"鲁班尺"尺长而为。民居首层还保留着干阑建筑的痕迹，主要用作饲养牲畜。过正面直入的楼梯可通向二楼，二楼正中是通面宽的堂屋，南面楼梯两侧是两间耳房，为客人及家中女儿居住，北面并排3间房，老人房居中，西侧为厨房，东侧是已婚儿房（图6-1-103）。

谭宅采用砖木混合结构，共四柱落地，中间两榀框架为木结构穿斗架，东西两侧采用青砖墙承重。位于房屋中心的四柱称"母柱"，直径达250毫米，其余柱子称为"子柱"，直径仅150毫米，这种四柱梁架式房屋是广西毛南民居的一大特色。进深方向的四柱中仅前三柱落达一层，后柱落在二层，俗称"半边楼"（图6-1-104）。

建筑立面首层采用当地岩石块垒砌而成，二层

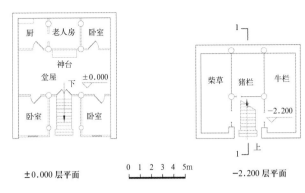

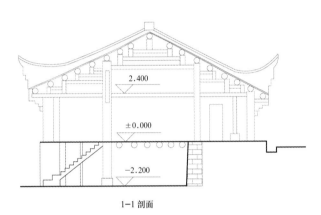

图6-1-103 谭宅平面图（图片来源：《广西民族传统建筑实录》编委会.广西民族传统建筑实录［M］.南宁：广西科学技术出版社，1991.）

图6-1-104 谭宅剖面图（图片来源：《广西民族传统建筑实录》编委会.广西民族传统建筑实录［M］.南宁：广西科学技术出版社，1991.）

图6-1-105 谭宅外观（图片来源：《广西民族传统建筑实录》编委会.广西民族传统建筑实录［M］.南宁：广西科学技术出版社，1991.）

以上两山墙及后墙采用青砖，正面为竖拼木板墙。山墙面阁楼处开有"囍"字纹镂花窗，下部左右各有一小窗（图6-1-105）。

第二节　汉族宗祠、宅第、园林

一、概述

（一）宗祠

宗族祠堂是汉族聚落的一个重要的社会与历史现象。受制于封建礼制，直至唐宋时期，祠堂仍只是"家祠"而非"宗祠"，明嘉靖十五年（1536年）礼部尚书夏言上《令臣民得祭始祖立家庙疏》曰："臣民不得祭其始祖、先祖，而庙制亦未有定制，天下之为孝子慈孙者，尚有未尽申之情，……乞诏天下臣民冬至日得祭始祖。……乞诏天下臣工立家庙。"夏疏突破了朱熹在《家礼》中制定的祠堂规制，作了民间祭祖礼制改革，才有了"联宗立庙"的习俗。

民间宗祠的解禁，改变了汉族聚落的面貌和总体格局，以宗祠、支祠为核心的聚落形态成为汉族村落最为突出的特征之一。祠堂则成为各姓氏奉祀其祖先神位、举行重大仪式、处理宗族事务、执行族规家法、教育本族子弟的重要场所。

祠堂一般位于聚落的最前列或中心。前者多见于珠三角梳式布局的广府村落，祠堂建在全村的最前列，面对半月形水塘，其余居住居民的前檐口均不得超出祠堂，高度也必须比祠堂低，以体现宗祠在整个村落中的地位。广西的广府式聚落也有此类布局者。如金秀龙腾屯，是较为典型的广府梳式布局村落，该村宗祠位于原古村第一排的正中心，面对村前广场，是全村最高大的建筑物，其余突出祠堂的民房据村中长辈描述均为礼制弱化的封建社会末期修建。湘赣式村落的祠堂，也是聚落的中心，但规制和布局没有广府那么讲究，现存桂北的湘赣式村落中，祠堂的位置居于村前、村中和村后山的都有，如月岭村的总祠位于村口，大房、五房的支祠分布在主要干道两旁，而四房支祠则位于整个村落的后山上。当然，月岭村经过数百年的发展，很难用现存的状态去评判原始的宗祠分布情况。兴安水源头的秦家大院村落体系则较为清晰，其宗祠位于聚落的正中央，前后均为居住民房，很明显没有广府式祠堂必须位列前排的要求，且祠堂规模和内部屋架及装修与一般民宅无异。广西客家的堂横式聚落，是祠宅合一的模式，祠堂一般位于中轴线上多进厅堂的最后一进，进深最大，高度也最高，统率整个建筑群。在客家的围堡式聚落中，常由多组堂横屋组成，祠堂则布置在中轴线正中的第一座内。

祠堂一般为中轴对称布局，沿中轴线方向由天井和院落组织两进或三进大厅。入口第一进为门厅，中进为"享堂"，也叫大堂、正厅等，是宗族长老们的议事之地和族人聚会、祭祖之处，后进为"寝堂"，奉祀祖先神位，非族中重要人物不得入内。宗祠由大门至最后一进，地面逐渐升高，既增加了宗祠的威仪，明确了空间的等级，又将不同功能的空间简单且灵活地加以分隔，形成连续的视觉界面。广府式的祠堂，大门前均有高大的凹门廊，

在主体建筑两旁一般对称性地附设有厢房，以供奉祖宗神位以外的其他崇拜对象，这一点与广西湘赣建筑文化区的祠堂殊为不同。

爱莲家祠（图6-2-1），是灵川江头村周氏的宗祠，也是典型的湘赣式聚落的祠堂。该祠始建于清光绪八年，以爱莲为名而建，是用先祖周敦颐名文《爱莲说》之意，宗祠的柱、梁、枋均着黑色，象征淤泥；四壁、楼面、窗棂着以红色，象征莲花。今保存三进，大门楼、兴宗门、文渊楼。其中文渊楼分为上、下两层，下层为寝堂，上层则是周氏子弟和附近生员读书的书塾。梅溪公祠（图6-2-2）也是湘赣式祠堂中较大的一座，是全州梅塘村纪念赵氏始祖的宗祠。该祠建于清嘉庆二年，坐西朝东而面向梅池，三进两天井构成，较有特点的是前天井以雨搭为中心，分为两小天井，小天井依靠当地得天独厚的地理条件，为两口天然水井。寝堂前的天井两旁有较长的廊道，已经具有庭院的特征。

恭城豸游村的周氏宗祠（图6-2-3），则为广

图6-2-1 江头村爱莲家祠

府式的祠堂。整个祠堂长32米、宽14米、高5米多，前有宽敞的前院与高大的照壁，主体建筑为两进大厅中间夹以天井，通过天井两侧雨廊的月门可通往两边的厢房和厨房。寝堂上空以穹隆式的藻井作重点装饰。

玉林高山村的绍德公祠（图6-2-4），是整个村落数座宗祠中最大的一座，共有四进厅堂，第三进为享堂，最后一进则为观音堂。按照该村的习俗，新婚夫妇结婚时都要在观音堂的左右耳房中居住一段时间，以便"观音送子"。灵山大芦村的劳

图6-2-2 梅溪公祠

图6-2-3 豸游村周氏宗祠

图6-2-4 高山村绍德公祠

克中公祠是整个村落唯一的一座祠堂，建于村口，享堂与中厅之间设有拜亭，是广西广府式祠堂中较为少有的实例。

（二）宅第

中原的汉族，自从秦始皇发兵征服岭南起，多次南下，在南下的过程中形成了汉族的五大民系：广府系、福佬系、吴越系、湘赣系、客家系。广西的汉族则主要分属广府、湘赣和客家三个民系，广西的汉族民居在体现这三个民系民居特色的同时，也反映出一定的地域特点。

1. 湘赣式宅第

湘赣式民居，是典型的南方天井式民居。余英在《中国东南系建筑区系类型研究》中总结了湘赣式民居的平面类型（图6-2-5）。郭谦在其著述中也将湘赣式民居的基本型分为"三合天井型"的"天井堂庑"、"天井堂厢"和"四合天井型"以及"中庭型"等。

根据我们在广西湘赣民系的主要分布区域桂东北的调研结果，广西的湘赣式民居，绝少有"中庭型"与"天井堂庑"型，"天井堂厢"和"四合天井"是最为常见的平面类型，大型的宅院也主要以这种类型组合而成。根据一进建筑中天井的个数，我们将广西湘赣式民居的基本平面分为一进一天井、一进双天井和在此基础上拼接组合三种模式。

（1）一进一天井型

桂林全州锦堂村的陆为志宅（图6-2-6）即是一进一天井型在广大桂东北农村的代表。围绕天井布置了正堂、厢房和正房等5个房间。在正堂后设有后堂，开门通向后正房。为了加大后堂和后正房的进深，后墙向后方平移，与后檐柱之间形成60厘米左右的距离，在屋面坡度相同的情况下，屋后的檐口较低，这样就形成"前高后低"的传统格局。该宅大门两座，分设于天井后正堂轩廊的左右两侧，分别通向外部巷道。另有小门两座，开在左右两个后正房上。这样就形成该区域典型的"四门一天井"格局。由于大门没有开在正面，天井空间完整，面向正堂的天井照壁成为装饰的重点。在调研中发现，厨房的设置似乎不是湘赣式民居平面功能考虑的重点，对于其位置的安排也没有特别的讲究，厢房、正房、后堂都可以进行炊事活动。由于

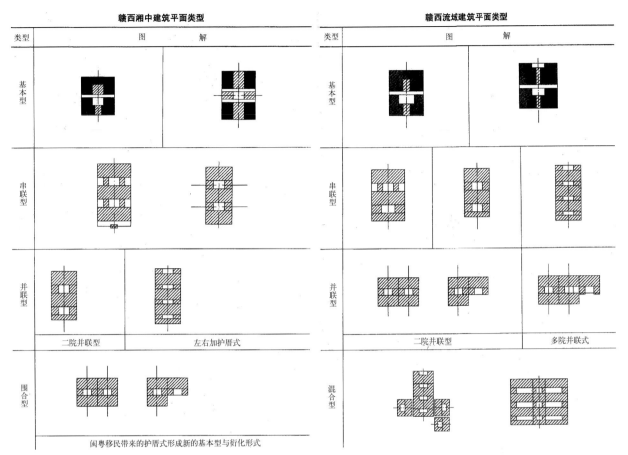

图6-2-5 湘赣式民居的平面类型

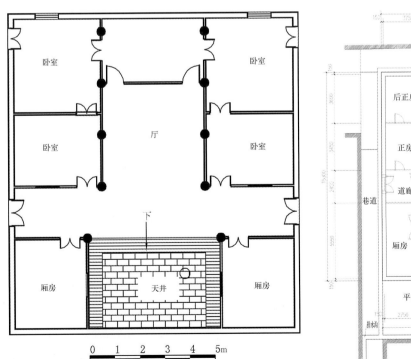

图6-2-6 全州锦堂村陆为志宅平面

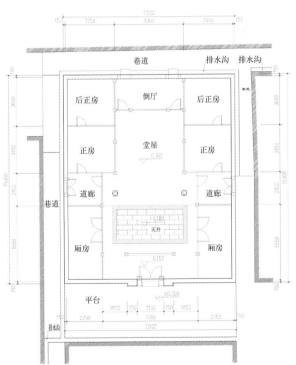

图6-2-7 月岭村吉美堂133号宅平面

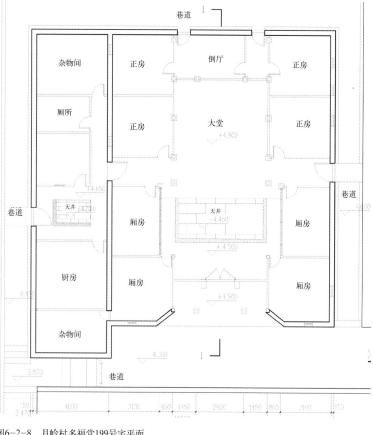

图6-2-8　月岭村多福堂199号宅平面

图6-2-9　江头村43号宅平面

兄弟分居，陆为志宅中有两个厨房，分别位于左右正房。厕所在宅内也没有设置，与牲畜圈一起布置在不远的池塘边。

　　灌阳月岭村吉美堂133号宅（图6-2-7），主入口则位于前方正中，门厅和天井之间有装饰精美的屏门，以防视线直接穿透。厢房和正堂等围绕天井布局，正堂的左右两边同样有侧门向屋外巷道开启，所不同的是正堂前的轩廊被隔开，在侧门入口处形成两个道廊，这样的空间区划将侧门和正房的出入口隐藏起来，同时也将有限的空间划分出更多的层次。

　　月岭村多福堂199号宅（图6-2-8），厨房、厕所和杂物房等附属建筑保存较好，可以看出古时的使用状态。其入口的八字形门廊颇具特色。

　　（2）一进双（三）天井型

　　同样以天井和堂屋作为空间组织的中心，与广西的广府式民居相比，广西的湘赣式民居普遍重视后堂与后正房的设置，这是这两种民居在平面布局上较大的一个区别。后堂和后正房是住户内眷起居活动和操持家务的主要空间，但一进一天井的模式很难解决后堂和后正房的采光问题，同时也对住宅内部通风不利，所以有些民居在一进一天井的基础上将后墙继续往后平移，在后堂贴近后墙处增设一窄长的天井，以改善后堂采光通风条件，同时建筑后檐的雨水也落入自家天井，满足"肥水不流外人田"的心理。这样，就形成了一进双天井的模式。

　　江头村的43号宅（图6-2-9），在天井前后设有两座建筑，分别由正堂、倒堂、厢廊、上正屋、下正屋、后堂和后正屋构成。为了留出宽敞的倒堂，大门在正面的左侧方向开启并内凹，形成广府式的门廊。正中天井的两侧没有设置厢房而代以厢廊，倒堂未设大门，直接面向天井敞开，这都使得天井周围的空间开阔而富于变化。正堂大门采用"六扇门"的格局，满足进深较大的正堂的采光要求。正中天井的右侧开侧门通向村内巷道。正堂后设后堂与后正房，面向狭长的后天井采光，在后天井的正中设有一后门与街巷相通。

广西湘赣式民居的后堂及后天井系统的规模，比江西民居来得小，通常只有左右两间后房和进深三步架约2.5米的后堂，天井则狭窄通长，两旁不设厢房。由于规模较小，兄弟分家后居住空间更显局促，在调研中发现大部分的后天井上空被封闭，隔断为房间使用。

恭城朗山村是瑶族聚居村，但民居建筑基本汉化，具有湘赣式民居的特点。该村的民宅，均为"四合天井型"的模式（图6-2-10），门屋的一座

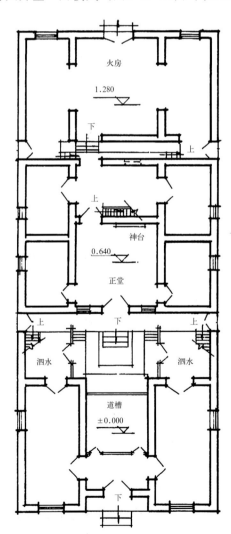

图6-2-10 朗山村民居平面

较深而天井空间显窄。与汉族地区不同的是，将厨房和杂物房独立出来，设置在后天井的后方。

后天井由于进深很浅，也被称为半天井。半天井并非都位于后堂，如全州香花村蒋光景宅（图6-2-11）。该宅为"四合天井型"，两个大门也为相对侧开，上下两座建筑围绕天井布置，总共有13个房间。在下座倒厅后有一通长的半天井，为满足下房的采光通风之用，这一实例较特殊，概为主人有特别要求导致，这也说明传统民居并非墨守成规，工匠在实际操作中多有自己的构思创造。无论位于建筑的前或后，半天井确实都起到中央主天井采光和通风的必要补充作用。

如将半天井同时设于建筑前后，则会产生一进三天井的情况。位于湘桂古商道上的灵川熊村18号宅（图6-2-12），原主人为医生。整个建筑的上下两座分插在三个天井中间，下座应为主人接待病人和会客的场所，因此面向商街在前天井正中开大门，前天井在此除了采光通风的作用外还能隔绝繁华街道的噪声，对稳定患者情绪和增添客厅情趣亦有帮助。上座则为家人日常起居的空间，同样设置半天井。这样，由中央的主天井统帅，前后两个半天井各司其职，内外功能分区明确。

（3）组合拼接型

一进一天井和一进一双天井的基本单元进行纵向的复制和排列组合，就能构成多进的平面，满足较大规模家庭聚居的要求。如兴安水源头村秦家大院茂兴堂（图6-2-13），为两进加一座门屋构成，最后一进的后堂和后天井均较宽。同一大院的爱日堂规模则较小，仅为两进且无门屋和后天井。

全州锡爵村的民居则采用另外一种方式拼接。如53号宅（图6-2-14），三进建筑横向拼接，左右两进将轴线旋转90度而朝向中心一进，中心一进不对外开门，从旁边两进出入，门楼按"以左为尊"的原则设在左边一进，是建筑群体的总出入口。旁边两进朝向中心拱卫，且中间一进独设后天井，这都凸显原居住在中心一进主人的尊崇，但明显牺牲了左右两进建筑物的朝向。该村的69号宅

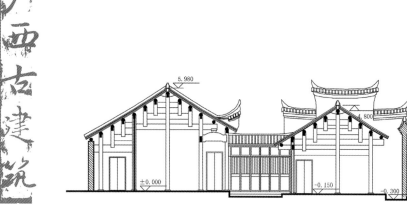

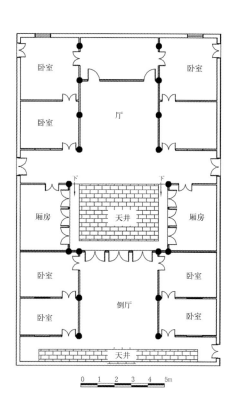

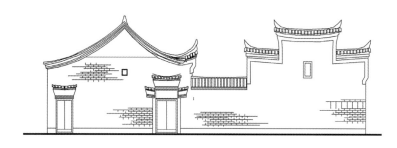

图6-2-11　全州香花村蒋光景宅测绘图

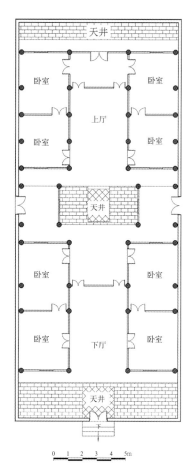

图6-2-12　灵川熊村18号宅

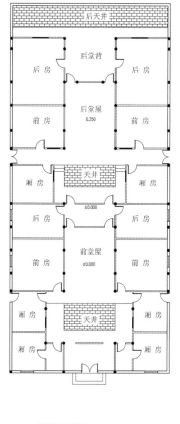

茂兴堂平面图

图6-2-13　秦家大院民居平面图

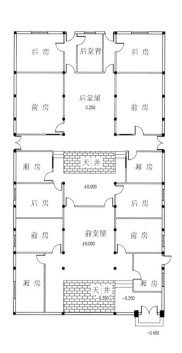

爱日堂平面图

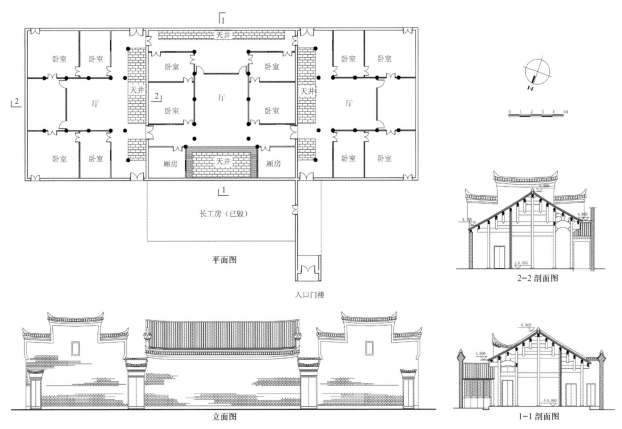

图6-2-14　全州锡爵村53号民居测绘图

（图6-2-15）则纵横两种叠加方式都有使用。纵向叠加后，前一进的后正房会被后一进的厢房遮挡而无法采光，因此后一进的厢房通常面宽较窄或干脆取消而代之以厢廊。在69号宅中我们看到另一做法，就是在前一进的后正房处隔出一个小天井，同时也可通过这一天井方便和右边侧进的联系。

灵川长岗岭村莫府大院（图6-2-16），在三进建筑纵向叠加形成一个单元的基础上，再横向三单元组合，构成大家族聚居的平面空间。相邻的两个单元在前后天井都设门相通，山墙亦共用分享。灵川江头村的民居组合方式（图6-2-17）亦属此种类型，但开放性更强，特别是厢房普遍被取消，天井被直接串连起来，犹如街巷。建筑群之间的横向联系比强调中轴层次的纵向联系明显得多，体现出江头村更加注重小单位家庭建设的特点。

单纯数进建筑纵横向的组合，满足主要房间的居住要求，但厨房、杂物房、牲畜圈养及长工房等仍无法在"进"屋中安排，"横"屋则应运而生。横屋亦被称为"护厝"、"护屋"、"排屋"，是纵向组合的联排式长条形房屋，也是日常生活居住系统的辅助性建筑，位于核心建筑的两侧，呈左右烘托之势。据余英的研究，"这种模式的护屋，一方面可能是西周岐山凤雏遗址中'厢房'形式的变体，另一方面也可能是东南土著排屋民居的影响"。[7]这一影响在闽粤地区尤甚，而江西的"护厝"模式则是受到明末清初闽粤移民的影响[8]，同时，护屋模式多分布在山区和移民通道尽端"边缘区"[9]。广西的汉族民居，特别是大中型的府第，无论广府式或湘赣式，普遍带有"护厝"。

阳朔龙潭村53号宅（图6-2-18），由前后两进组成，每一进都在东西两面设置了辅房，西面的辅房为典型的横屋模式，通过"厝巷"与主体联系。两进建筑均朝西开大门，在横屋处隔出一间做门斗，形成双重大门的格局，空间层次丰富，也更好地将主体建筑与附属建筑隔开。

卧室　卧室　厅　卧室　卧室

厢房　卧室　卧室　厢房　卧室　卧室　天井
天井　厅　天井　厅　长工房（已毁）
厢房　卧室　卧室　厢房　卧室　卧室

平面图

0 1 2 3 4 5m

7.850　7.500　5.500
-0.150　±0.000
剖面图

图6-2-15　全州锡爵村69号民居测绘图

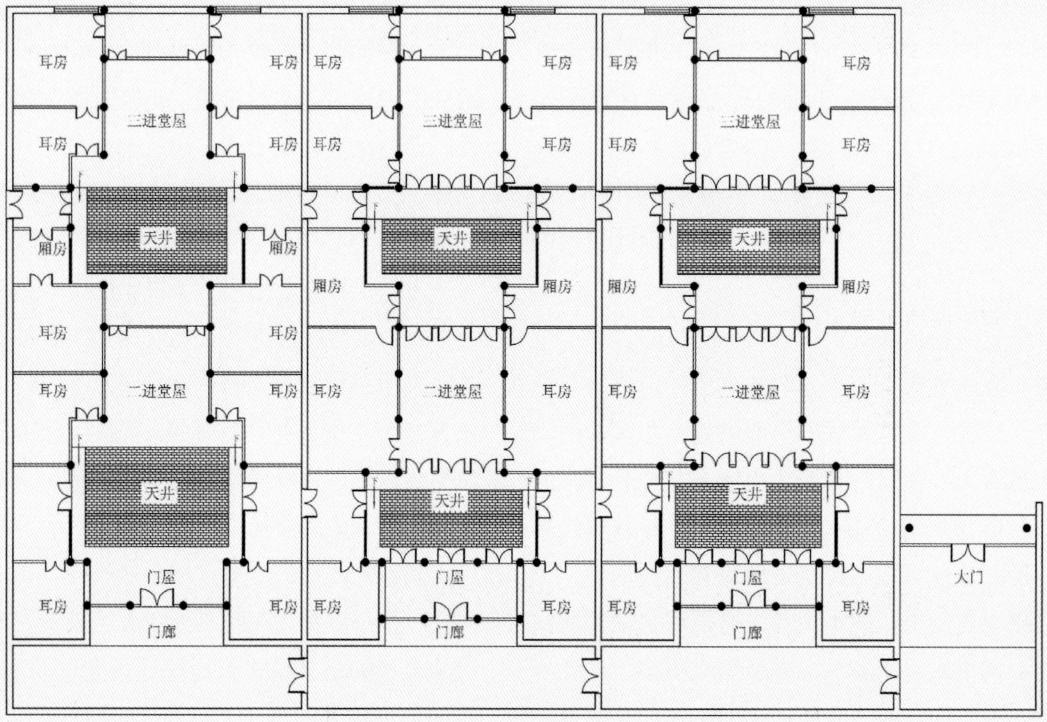

耳房　三进堂屋　耳房　耳房　三进堂屋　耳房　耳房　三进堂屋　耳房
耳房　耳房　耳房　耳房　耳房　耳房
天井　厢房　天井　厢房　天井　厢房
耳房　耳房　耳房　耳房　耳房　耳房
二进堂屋　二进堂屋　二进堂屋
耳房　耳房　耳房　耳房　耳房　耳房
天井　天井　天井
门屋　门屋　门屋　大门
耳房　门廊　耳房　耳房　门廊　耳房　耳房　门廊　耳房

0 1 2 3 4 5m

图6-2-16　长岗岭村莫府大院平面图

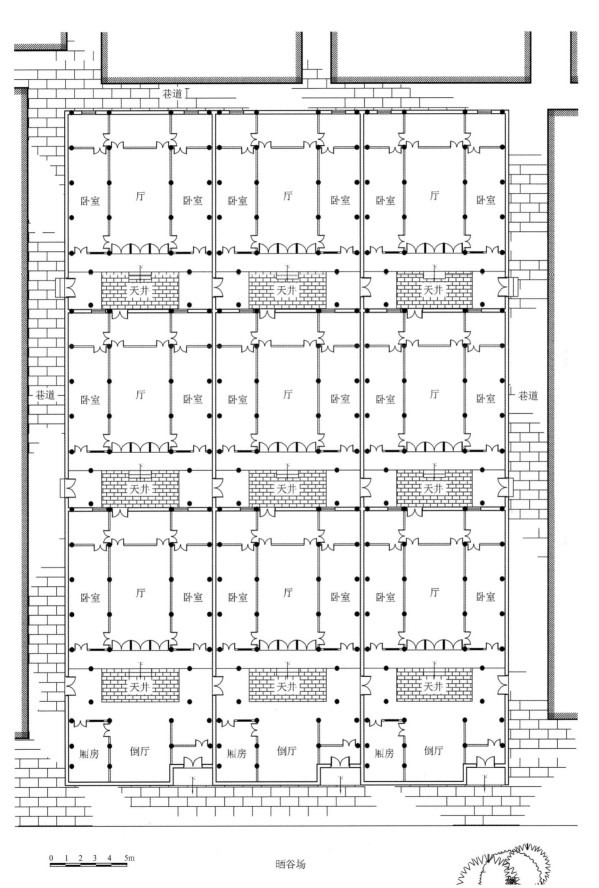

巷道

卧室　厅　卧室　卧室　厅　卧室　卧室　厅　卧室

天井　天井　天井

巷道　卧室　厅　卧室　卧室　厅　卧室　卧室　厅　卧室　巷道

天井　天井　天井

卧室　厅　卧室　卧室　厅　卧室　卧室　厅　卧室

天井　天井　天井

厢房　倒厅　厢房　倒厅　厢房　倒厅

0 1 2 3 4 5m

晒谷场

图6-2-17　灵川江头村民居组合平面图

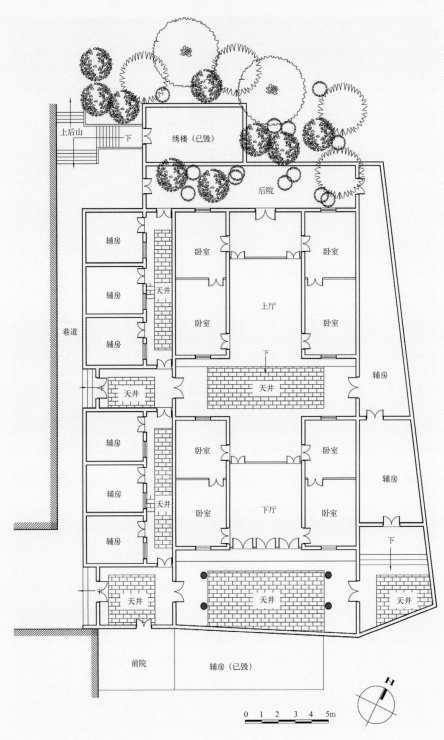

上后山

下

绣楼（已毁）

后院

巷道

辅房

辅房

辅房

天井

卧室

卧室

卧室

上厅

卧室

卧室

辅房

天井

天井

辅房

辅房

辅房

天井

卧室

卧室

卧室

下厅

卧室

辅房

下

天井

天井

天井

前院

辅房（已毁）

0 1 2 3 4 5m

图6-2-18 阳朔龙潭村53号宅平面图

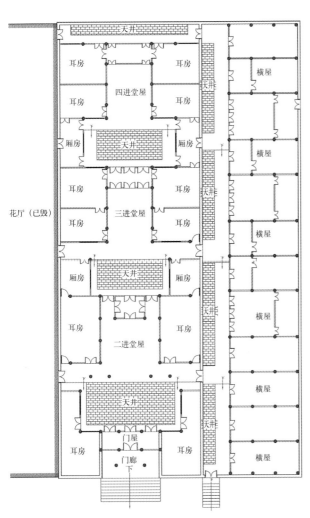

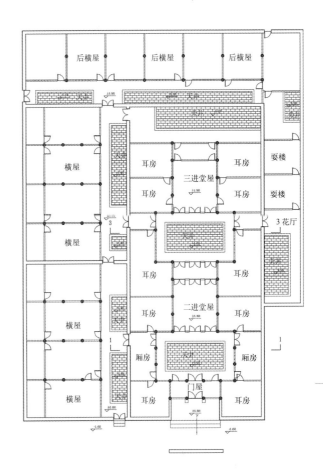

图6-2-19　长岗岭村卫守副府（左）、别驾第（右）平面图

灵川长岗岭村的卫守副府（图6-2-19），主体建筑为四进，位于中央，左侧为横屋，右侧为花厅（已毁）。中央的核心部分宽15米，深达50米。通过高大的9级台阶到达第一进门屋，门屋的明间被柱分为3间，使得整个建筑看起来有5间的感觉。第二进的堂屋最为宽大，其天井也比其余天井大一倍有余，堂屋前的轩廊立有4根粗大檐柱，并采用抬梁式屋架，这都显示出该进堂屋的豪华和重要性，应是主人的主要待客之所。第三、第四进是起居生活和拜祭祖先的场所，设有后天井。左侧的横屋与主体建筑之间隔以"厝巷"式的纵向天井，并设有直通屋外晒场的大门。横屋与主体建筑的天井均可相通，方便联系。同村的别驾第则除了纵向的横屋外还设有后横屋。

2. 广府式宅第

（1）三间两廊

与湘赣式民居的"三合天井式"一样，"三间两廊"也由"一明两暗"加以天井和两侧的厢房构成，在广府地区，这样的"三合天井式"民居被称为"三间两廊"。所谓三间，即明间的厅堂和两侧次间的居室，两侧厢房为廊，一般右廊开门与街道相通，为门房，左廊则多用作厨房。三间两廊的模式在粤中农村广为流行，是广府式民居建筑的基本形制。粤中地区由于人口密度较大，且封建社会后期广府地区较早接纳了西方资本主义的商品经济意识，大家庭普遍解体，儿子成年即分家，核心家庭成为社会的基层细胞[⑩]。因此，粤中地区的三间两廊多居住单个家庭，其单元规模比湘赣式民居的三合天井要小，有些地区天井的深度甚至只有1米左右，更像是堂屋里采光用的天窗，正堂当然也就无需对天井设门。粤中地区的三间两廊通常只有4间房，而湘赣民居的三合天井一般都有6~7间居室，适合三代同堂。

广西的广府式民居，聚落的结构也多不像梳式布局那么严整，空间的发散性也表现得相当明显。大多数聚落不再采用梳式布局，而是采取了更为适应自然环境的布置方式。因而，与粤中典型聚落相比，广西广府民系聚落的布局更为自由，空间的处理和组织也更加灵活。作为聚落基本单位的三间两廊，其规模也显得较大。如玉林高山村民居（图6-2-20），再如金秀龙腾村92号宅（图6-2-21），为两兄弟连宅。前后两进三间两廊均侧面朝东开门，与大门隔天井相对的是厨房。正堂前有较深的凹入式门斗，这样两侧的卧室得以朝门斗开窗采光。由于进深较大，两侧间得以分为4个房间，据该村长者介绍，东南角的一间为长子专用，老人则多住在靠近神台的左右两间。

三间两廊在天井前加建前屋，就构成四合天井式，这样的模式更加适合农具、杂物较多的农村地区。如同是龙腾屯的40号宅（图6-2-22），在天井前设置有门屋，大门开在正中，两侧除了厢房外还有两间杂物房。

在四合天井的基础上横向添加辅助性房屋，则能满足更多加工、储藏和居住等方面的功能需求。如大芦村某宅（图6-2-23），在主体四合天井东、南两侧安排了辅房和两个天井，宅院的前后门都开在辅房上，避免了对核心居住区域的干扰。玉林庞村的156号宅（图6-2-24）则在主体西侧增建4间辅房和小院，仪式性的主入口仍然开在主体轴线的正中。值得一提的是，该宅为了改善正房的采光条件，在厢房处隔出空间加设了两个小天井，一方面解决了正房的采光问题，同时也丰富了居室的空间层次。

（2）大型宅院府第

三间两廊式的平面布局虽然广为流传，但满足

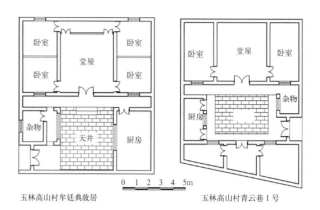

玉林高山村牟廷典故居 　　　　玉林高山村青云巷1号

图6-2-20　玉林高山村民居平面图

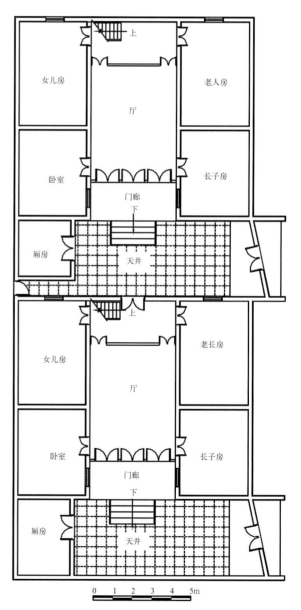

图6-2-21　金秀龙腾村92号宅平面图

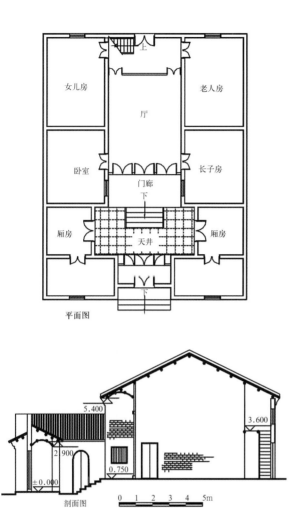

图6-2-22 金秀龙腾村40号宅平面图及剖面图

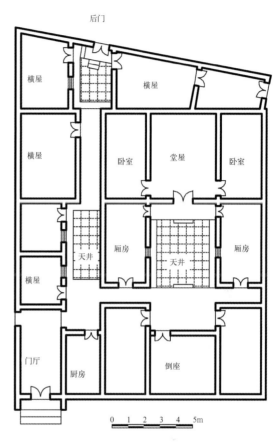

图6-2-23 灵山大芦村某宅平面图

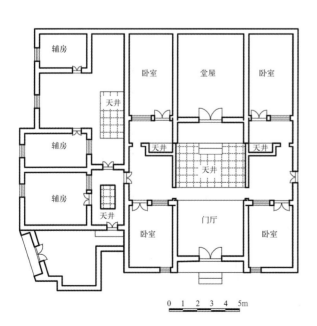

图6-2-24 兴业庞村156号宅平面图（广西大学建筑学2000级测绘图集，韦玉姣指导）

不了富商巨贾和大户人家的需要，因此在清末礼制松弛、禁令松懈之后，多开间平面的民居多了起来。开间的增加势必带来采光和通风的问题。一种办法是加宽天井，但这样处理会使得空间狭长而尺度不尽如人意，所以更多的是增加采光天井的个数来改善居住条件。

如玉林庞村的163号宅（图6-2-25），虽然开间数增加到5间，但仍然沿用上文提到的方式，在卧室前加设天井，整个宅院的天井数达到了9个之多。同村的147号宅（图6-2-26）为三进七开间，前两进为门厅、客厅、佣人和客人的卧室，后进为家人起居场所，整座宅院宽度达到28米，是所见广西汉族民居中开间数最多者。如果仅采用在卧室前加设天井这一种手法则会显得过于单调，因此中间

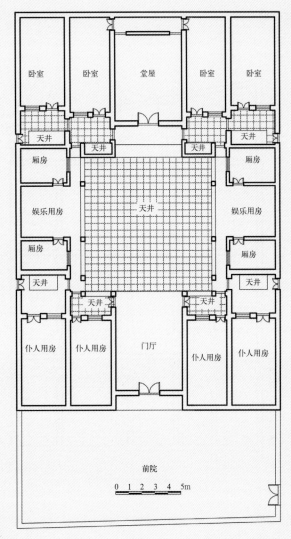

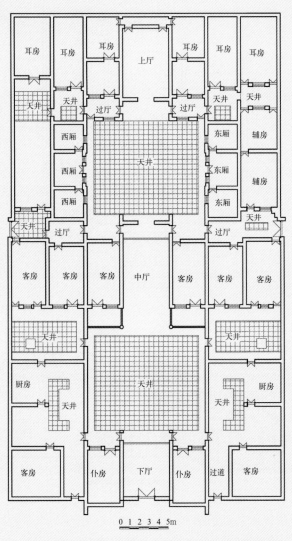

图6-2-25 兴业庞村163号宅平面图（广西大学建筑学2010级测绘图集，韦玉姣指导）

图6-2-26 兴业庞村147号宅平面图（广西大学建筑学2010级测绘图集，韦玉姣指导）

的两个主天井被扩至三间宽度，局部居室前的小天井也被合二为一形成中型天井。大芦村的桂香堂（图6-2-27），主体为三进五开间模式，东西两侧设有横屋。中厅前空间开阔，天井周围还围以柱廊以凸显隆重豪华的气氛。后进前的天井则被对称的厢房分为3个，厢房中间被通道分开以联系左右。该宅入口位于一侧，既留出了使用面积，又使得宅院内部空间变得丰富生动。

另一类型的大型宅院府第则多带有横屋。带护屋的大宅第模式多分布在山区和移民通道尽端"边缘区"，广西的广府式府第多设有横屋。

贺州是广西客家聚居较密集的地区，该区域的广府式民居也多受到客家居住模式的影响。如桂岭镇的陶家大院（图6-2-28），该院由东西两侧长达70米的横屋夹着两组主体建筑组成。全院由南至北分为三部分，南部为宽阔的前院，东面横屋上开口形成整个内院的大门；中部是三进堂屋，中厅和上厅的进深很大，气氛森严，中轴线上除了上厅的厢房外没有开门者，日常居住和其他的使用房间都朝两侧的厝巷开门，因此堂屋的空间显得十分纯净，疑似为祭祀的祠堂；北部为后院，中轴线上是主人的住屋，原为5层，现已毁。

金秀龙腾村的梁书科宅（图6-2-29），也是设有横屋的三进宅第，所不同的是分属三兄弟的主体

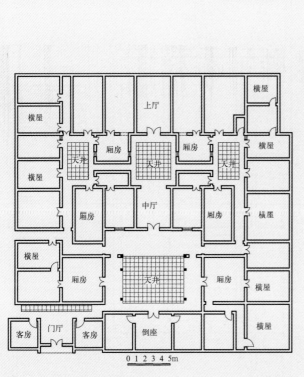

图6-2-27 灵山大芦村桂香堂平面图（广西大学建筑学1998级测绘图集,
韦玉姣指导）

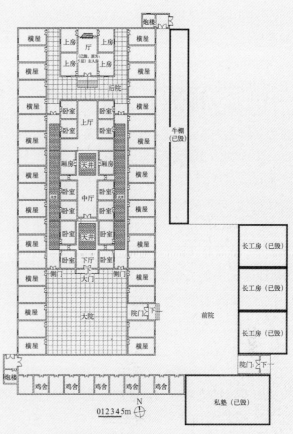

图6-2-28 桂岭镇陶家大院平面图

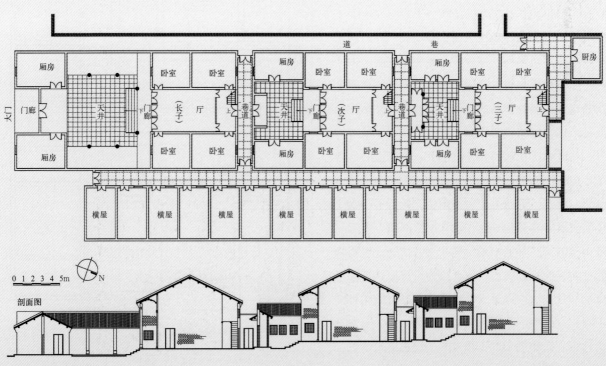

图6-2-29 金秀龙腾村梁书科宅平面图

三进建筑并非紧贴相连，而是通过每两进之间的巷道相连，这使得每进宅第都拥有前后大门和门廊等建筑空间，显示出封建社会后期大家族趋向解体而更加重视单个家庭的完整性。

钦州灵山苏村的刘氏古建筑群始建于清初康熙年间，主要由祠堂、司马第、大夫第、尹第、司训第、二尹第和贡元第等7座广府式宅院组成，司马第（图6-2-30）为四进加东横屋的模式。第一进大厅为门厅，二进厅是客厅，由于未设厢房，它们之间的天井达到三开间宽度，亦可称为前院。中天井和后天井的尺度均较小，与前天井形成鲜明对比，加之建筑层数达到3层，主体外墙材料大量使用花岗石饰面，墙体厚重敦实而门窗洞口皆小，显得空间氛围十分冷峻森严，感觉不到融洽和谐的生活气氛。

大芦村的宅院则基本上都由进厅加横屋构成，祖屋镬耳楼（图6-2-31）就十分典型。其平面的主体由两座五进宅邸间插4排纵向横屋和一排后横屋构成，并由此形成贯穿南北的5条主巷道。西侧的一座为待客、处理公务、祭祖和长子居住的场所，东面的一座则为次子以下和内眷起居生活之处，被中间的横屋分开，实现内外功能分区。整座宅院南面中部内凹，形成主入口门楼的前院，门楼侧向朝东开启，山墙为镬耳式，该宅院的名称亦由此而来。进入门楼就是西侧一座的前庭院，被戏台、马厩、门房等附属建筑围合。第二进为官厅，与宽敞的前天井之间未设门隔断，大气而豪华。第三、第四进即所谓内宅，是长子、嫡孙的居室，和耳房一起被设计成套间式，内房是少爷卧室，耳房则是配房丫头的住处，中间的过渡空间是洗澡房。第五进为祭祖厅，被隔成三部分，居中设置大芦村劳氏始祖劳经的神主牌位，两侧的依男左女右，按辈分分级安放其列祖列宗的神主牌。东边的一座主要用于生活起居，第二、三、四进基本上是西侧主屋内

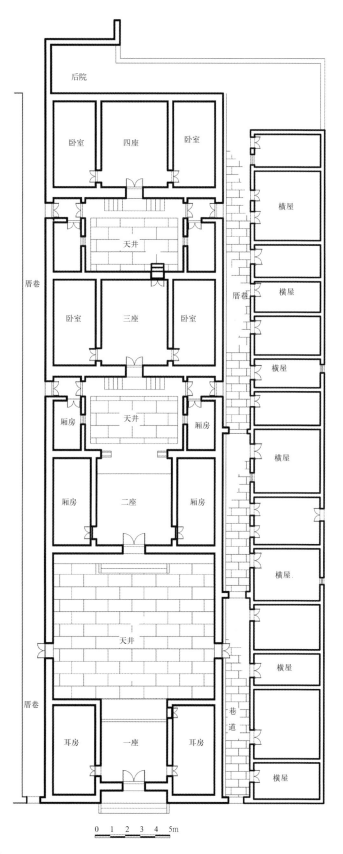

图6-2-30 苏村刘氏大宅司马第平面图（广西大学建筑学2001级测绘图集，韦玉姣指导）

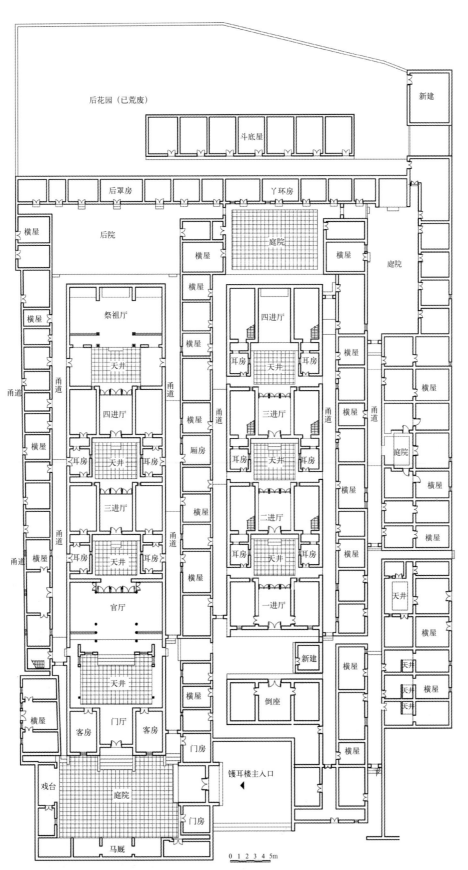

图6-2-31　大芦村镬耳楼平面图（广西大学建筑学1998级测绘图集，韦玉姣指导）

宅的翻版，次子以下兄弟按长幼之序居住，因此房间稍多，而空间尺度相对也显得平易近人。

大型家族聚居的院落，为满足主人、家属、管家、仆役的居住和储藏、杂物、炊事诸项功能的需要，上述的所有平面模式都得以运用，如大芦村的东园别墅（图6-2-32），由劳氏第八代孙劳自荣建于榕树塘东侧，围墙内的主体建筑由单侧横屋的老四座、双侧横屋的新四座、双横屋五开间的桂香堂构成，周边围以三间两廊和四合天井式的辅房，形成占地面积7500平方米的大庄园。

3. 客家式宅第

（1）堂横屋

堂横屋是广西客家建筑最为常见的类型，也是其他类型客家建筑的基本组成单位。最小规模的堂横屋为两堂两横，两堂式的布局，门堂与祖堂遥相呼应，空间变化不大，两旁横屋的居住空间的私密性也不是很强，但整体空间的内聚合向心性得到强调。

在两堂两横的基础上纵向增加堂屋或横向加设横屋就会形成两堂四横、三堂六横等类型。柳州凉水屯的刘氏围屋则为三堂两横（图6-2-33）。大门

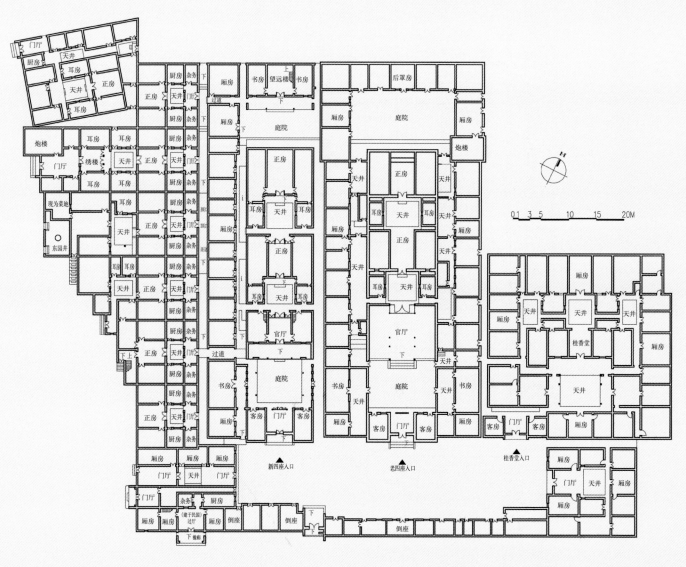

图6-2-32　大芦村东园别墅平面图（广西大学建筑学1998级测绘图集，韦玉姣指导）

前有柱廊，形成凹门廊，门厅左右两侧设耳房面向门廊开窗采光。中厅为三开间开敞式布局，两侧的房间很深，被称为"长房"，是主人的卧室。正中的屏门没有采用通常的平开，而是类似于中悬方式上下旋转开启，这样打开时还可以成为谷物的晒台。第三进为祖堂，客厅则位于祖堂前方的天井两侧。横屋对称设在两侧，每一排横屋的最后一进都有高起的炮楼。

贺州莲塘镇江氏围屋（图6-2-34），是广西现存堂横屋中保存得最好的。建于清乾隆末年的江氏围屋为四堂六横，总面宽达到87米。主屋前设宽阔的半圆形禾坪，满足客家农耕为主的生产要求。禾

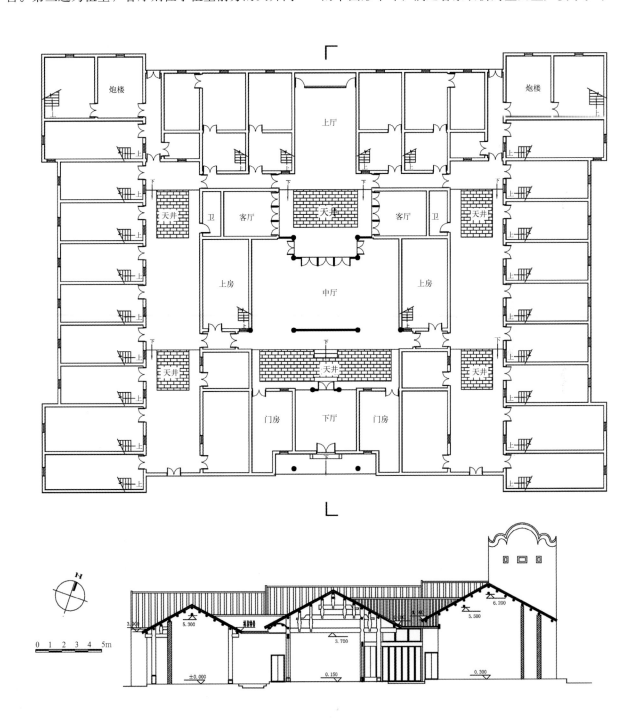

图6-2-33　柳州凉水屯刘氏围屋平面图及剖面图

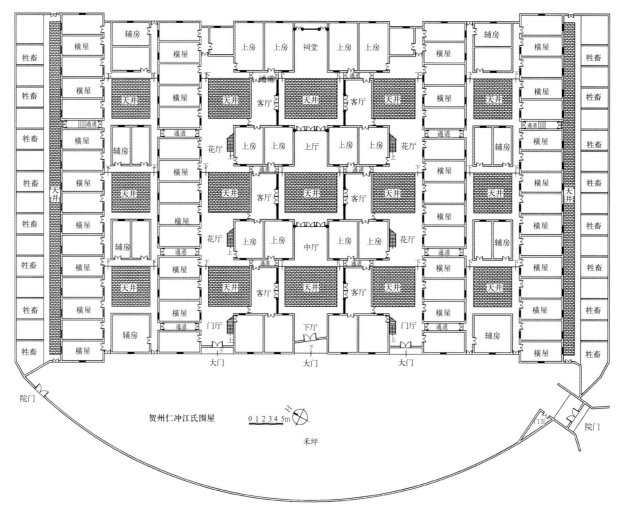

图6-2-34 贺州莲塘镇江氏围屋平面图

坪被两米高的围墙包围起来,在其南北两侧设有院门,其中南侧的一个为主门。四进堂屋被3个天井相隔,形成四暗三明的主空间序列,从入口的门厅开始,每进堂屋都抬高一级踏步约10厘米,堂屋的层高又相应递增1米,因此到祖堂一进,其屋脊的檩条高度已达到将近9米,加上进深比其他厅堂多出1米,祖堂地位的重要性在这一空间序列的烘托下得以充分体现。两侧的横屋则通过3条横向次轴线上的通道与堂屋相连,由于客家的横屋是主要的生活起居空间,因此其空间比其他汉族建筑的横屋空间要宽敞舒适,"厝巷"空间扩大后形成3个天井和面向天井开敞的大厅,通透明亮,生活气氛浓厚。主次轴线上的厅堂、天井空间层次丰富又互相渗透,连廊纵横交错,余味无穷。主体部分的四堂

四横均为两层,最外围的两条横屋高一层,是牲畜圈养之处。玉林博白是广西客家人分布较多的地区,其乡间建筑也多为堂横屋式,如博白的白面山堂,是所见堂横屋规模最大者,达到四堂八横(图6-2-35)。但论及历史性、艺术性和保存度,则无出江氏围屋其右者。

(2)围垅屋

广西现存的围垅屋较少,典型的有玉林朱砂垌和金玉庄两处(图6-2-36)。朱砂垌围垅屋位于玉林市玉州区内,由祖籍广东梅州的黄正昌建于清乾隆时期,黄正昌在清乾隆、嘉庆、道光三朝为官,官至五品,死后道光赐"奉直大夫",故该宅亦称为"大夫第"。朱砂垌围垅屋坐东北向西南,背靠山坡,依势而建,围屋门前正对风胫岭的园岭,是

图6-2-35 博白白面山堂

图6-2-36 玉林朱砂峒围垅屋

为朝山，左有高庙岭龙形高起，右有陈屋背狮岭围护。整个围屋占地15000多平方米，以祠堂为中心呈三堂十横布局，两道围垅由西南向东北依地势高起，祠堂后部地形朝正中隆起。西南面为与建筑主体同宽，直径100米的巨大半月池。该围垅屋防御性的特点十分突出，仅设有南北两个出入口，且都设有瓮城。以最外围横屋围墙构成的城墙厚将近1米，高6米，墙体上遍布枪眼。沿着马蹄形的围墙均匀分布7座炮楼，名曰"七星伴月"。南部围墙外由于地势较低，设有护城河。围内各巷设有栅门，户户楼上楼下相通，巷巷相连，全寨相通。内沿城墙搭盖瓦房，用于防止强盗等搭梯攻城，能防能守。为防围困，围内还曾置设多处粮仓，左右两边大巷内亦各有防困水井一口。金玉庄距朱砂峒3公里左右，是由分家出去的黄氏同族人模仿朱砂峒所建。

（3）围堡

围堡式的客家围屋，中间部分仍为基本的堂横式布局，四周或三边围以附属用房和围墙，角部设置炮楼，防御性较强。潘安在《客家聚居建筑研究》中总结了客家建筑的防卫体系的外墙抵御、内部组织结构和生活供给系统三个层次：外墙抵御手段的重点在于大门的防卫措施、墙体构造、火力的组织配合及檐口的处理等；内部组织结构则为房间使用功能的布局及临时交通枢纽的运转；生活供给系统则解决了水源、食物和污物排除几个问题[11]。围堡式的围屋由于其更为重视防御，因此这三个层次的防卫体系体现得较为鲜明。

北海曲樟的围堡（图6-2-37、图6-2-38），由陈氏十五代祖陈瑞甫从福建迁至合浦县曲樟乡而建，由"老城"、"新城"两部分构成。"老城"建于清光绪八年（1883年），"新城"建于光绪廿一年（1896年），总面积6000多平方米。"老城"为两堂两横，"新城"为两堂四横。两座围堡四周均围以厚实围墙，在堂屋前留出禾坪晒场。围墙高7米、厚近1米，由石灰、黄泥、河沙、食用红糖（2∶2∶1∶0.1）夯打而成，枪炮眼口星罗棋布于

围墙之上。城垣的四大转角处及城门上面都设有炮楼，炮楼多数都高出围墙一层，堡体落地。内墙半腰筑有跑马道，将整座城墙、四角的炮楼及门楼紧密联系起来。大门处则设有版门、闸门、便门、栅栏门等3道5层，连环防卫。

昭平樟木林的城堡式围屋（图6-2-39），当地人称为"石城围"、"石城寨"、田洋围屋、田洋寨等。围屋始建者叶纪华、叶纪珍兄弟在清嘉庆年间自广东揭西迁至广西樟木林，至清道光年间，以广东先祖居宅的构造建造了这座围堡。该围堡坐东向西，背靠海拔800米以上的连绵群山，总长90多米，宽60多米，占地面积5500多平方米。由于该围屋部分损毁，该平面图为结合村民描述绘制，力图反映原貌。

围屋的主体部分是两排共9座两堂两横的堂横屋，每一座基本都是"上五下五"的布局。其中第一排面对大门正中的一座为祠堂。四面由围墙、辅房包围，东面一排的基本单元为"三合天井"式，其余南、北、西面均为排屋。西面中轴对称设置3个入口，正中者为大门。后部东面原有两个炮楼，现已毁。外围墙上的窗户为后开，原来为完全封

图6-2-37 合浦曲樟客家围城

图6-2-38 合浦曲樟围城马道

图6-2-39 昭平樟木林"石城围"鸟瞰

闭，设有枪眼。整座围屋以中轴线为界，左边划分给兄长叶纪华及其族系，右边划分给弟弟叶纪珍及其族系。从现存的状况来看，左边的面积稍大，房屋也较多，右边的部分房间则使用了青砖砌筑，装修也更为讲究，印证了村民"纪华公多子、纪珍公多财"的说法。围屋前有较大的禾坪，但无明显水系。据当地老人介绍，屋前原有名为马河的小河，但由于河流改道，现距离围屋已有1里。

客家人的聚居模式对周边其他汉人有较大影响，如贺州桂岭的于氏"四方营"（图6-2-40）就是模仿客家的围堡所建。"四方营"建于清末，南北朝向，总面宽约50米，深40米，主体为6座"四合天井"式的堂横屋，分前后两排布局，东、西、南面由辅房围墙围合。南面两角设置门楼，东侧为主门楼，略转一角度朝向屋前水池。围屋边上曾建有瞭望防御之用的炮楼，现已毁。宗祠亦为私塾，紧贴围墙，位于围屋外。

二、桂北的宗祠、宅第、园林

（一）桂北的宗祠

1. 桂林市恭城豸游周氏宗祠

豸游村的周氏宗祠建于清光绪六年（1880年），为三路一进三开间的祠堂，整座建筑坐西朝东，中路由东至西依次布置照壁、门厅（下座）、正厅（上座），左右路为衬祠，开月亮门与中路相通（图6-2-41）。三路祠堂是广府地区清中、晚期常见的一种平面布局模式，这种平面布局的祠堂在广西是较少见的，至今仅发现豸游周氏宗祠、朗梓瑞枝公祠两例，广西其他祠堂多为一路。考其原因，发现恭城是清代西江流域将货物从广州—梧州—衡阳—汉口—开封—北京路线上的重要一站，隶属府江通道，"东连富川、贺县，而北抵恭城；西岸连修仁、荔浦，而南抵永安"，商人来往与两广间，受广府文化影响颇深，因此在建筑上渗入广府建筑元素也在情理之中。因此，豸游周氏宗祠在平面、山墙、墙楣画方面都反映出一定的广府特色就可以理解了。

祠堂门厅正对一照壁，照壁高5米余，以青砖砌筑，其屋檐上设女儿墙。照壁两侧与院墙相连接，在左右院墙处开月亮门进入门厅前院。门厅坐落在高约70厘米的台基上，于明间设5级青石台阶登临。门厅为硬山顶、门廊式建筑，面阔三间，进深三间十七架（约7.2米），高约7.7米，金柱明间开石门仪大门（石门仪即石质框边，由石梁、石边框、石门槛、石门枕石组成）（图6-2-42）。梁架为抬梁式木构架，其中门厅前廊用一支香轩，挑檐部分也装饰素平天花。轩梁为扁作隐刻月梁，梁

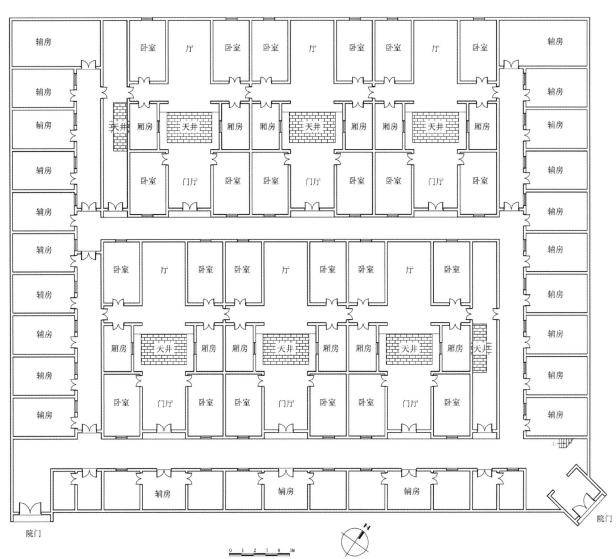

图6-2-40　贺州桂岭于氏"四方营"平面

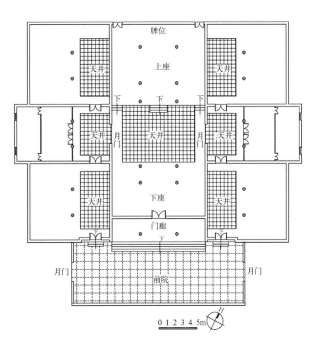

图6-2-41　豸游村周氏宗祠平面图

图6-2-42　前院及门厅

肩、梁项皆隐刻而成，梁底端挖底约一寸，形若茶壶把。轩梁上以花状异形驼峰及坐斗承托轩桁，轩梁伸出檐柱衬托挑檐部分天花的枋子。檐柱间的檐枋为扁作隐刻月梁式，明间檐枋上设两块矩形透雕麒麟花板，次间檐枋上设木雕镂空横批，檐枋下（与山墙斜街处）设雀替。门墙后的梁架为彻上明造的抬梁式木构架，金柱与门墙间的九架梁为扁作月梁式，七架梁斩凿成回首麒麟状，七架梁与九架梁间的柁墩做成麒麟脚；五架梁梁端斩凿成龙首状，其下的柁墩刻成浮云，象征着双龙腾飞；其上的平梁和脊檩檐帽一起形成三角形的花板，支撑脊檩及其左右的檩条。后金柱与后檐柱间的造型与此相类似，除了底层的五架梁为扁作月梁外，其上的柁墩梁架形成头朝门外的麒麟状（图6-2-43）。

门厅装饰华丽，除了梁架雕刻麒麟、龙纹、繁花纹外，墙上沿施彩色画幅式墙楣画，分别绘"鸿门宴"、"苏秦六国封相"、"林冲误入白虎堂"等民间故事纹样，约50幅。门厅内墙脊檩下饰有约80厘米长的蝙蝠石刻浮雕，红色的蝙蝠头寓意福到。门厅两山垂脊为广府式直带垂脊，垂脊交汇处有灰塑浮雕，中段有红色夔龙纹灰塑浮雕，端部有同心结纹样，博风部分为黑地白纹，可惜久经风雨其上的白纹已模糊不清。但周氏祠堂的垂脊与广府直带式垂脊相左的是，以叠涩线脚取代排山沟滴，这使垂脊看起来多了一份柔和。此外，山墙墀头、转角石、门枕石及门槛都有精美石雕，石质檐柱上镌刻

着楷书楹联："一脉衍青齐，十余世光前裕后；两房新祖庙，亿万年肇祀明。"

正厅坐落在高约70厘米的台基上，面阔三间，进深三间十七架，马头墙式硬山顶。前金柱与前檐柱间设一支香轩，挑檐部分装饰素平天花。轩梁、阑额均为扁作隐刻月梁，轩梁上以花状异形驼峰及坐斗承托轩桁，阑额上均设木雕镂空横批。明间金柱间设斗八藻井，藻井高约1.5米、直径约3米，分两层向上收缩，上层用鹤颈状弯曲的覆水椽及井壁木板，形似向下绽放的喇叭花（这是桂北地区藻井常用的形式），藻井正中设一倒挂瑞兽，口衔子孙绳（图6-2-44）。正厅次间及明间后金柱与后檐柱部分以素平天花遮掩其上的草架。明间后墙正中设砖砌须弥座祭台，次间后墙分别设一门通往后院。

正厅前天井有精美的鹅卵石铺地，两侧设月亮门通往左右两路，月亮门之上设三架轩棚式挑廊，连接门厅与正厅，以避风雨、日晒。挑廊封檐板纹样繁复、精美，与门厅、正厅的封檐板相呼应。左右两路分别设3座面阔三间、坐北朝南或坐南朝北的衬祠，衬祠间以墙相隔，设随墙门相通。其中靠东头的衬祠设拱形墙门与门厅前院相连。此外，两路衬祠皆为硬山顶，但中间及西侧的衬祠用直式垂带脊，东侧的衬祠用镬耳式山墙，在祠堂中形成等级依次升高的镬耳—直式垂带脊—马头墙式山墙，丰富了的屋顶的轮廓线。

图6-2-43　门厅梁架

图6-2-44　正厅藻井

总体而言，豸游周氏宗祠，是桂北建筑与广府建筑相融合的典范，其墙楣画、屋脊、平面反映了广府建筑文化的影响，但其梁架、藻井、轩棚、柱础、纹样等木构主体部分依然展现了桂北传统建筑的特色，其做工之精美堪称桂北祠堂建筑的代表。

2. 桂林市永福县桃城乡四合村木村屯莫氏宗祠

永福县桃城乡四合村木村屯莫氏一族原籍河池南丹州桥头村，后迁居柳州，明隆庆二年（1568年）其祖随当时的柳州提督平定龙腾苗族叛乱，三年凯旋，授以梧州副将之职，无奈年事已高，告老归田，途经木村发现此处水美土肥，遂定居于此，繁衍至今。莫氏宗祠建于清同治年间，由于戏台后墙坍塌、一层柱子糟朽，于1997年进行修葺，木构架主体仍然保持清后期原状。

莫氏宗祠（图6-2-45、图6-2-46）位于小山包上，坐西北向东南，为一路一进三开间建筑，由正厅及其对面的戏台组成，正厅前两侧设两层高的回廊，供观演之用。正厅面阔三间，进深四间十九架，高约6.1米，人字墙硬山屋顶，用典型的穿斗式木构架。其中正厅前金柱与前檐柱间设扁作月

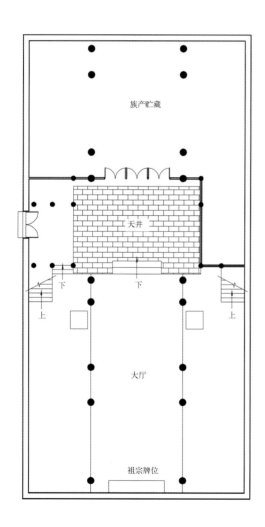

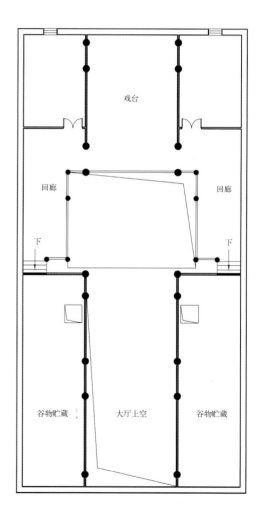

0 1 2 3 4 5m

图6-2-45　莫氏宗祠平面图

图6-2-46　山墙及入口

图6-2-47　戏台梁架

梁，从前金柱始，穿过前檐柱衬托挑檐檩。月梁无梁项，梁下端向上斩凿约一寸（呈弧形），梁上端隆起，依势在梁身做扇形画框，使扁作月梁具有了江南一带的荷包梁的意味，画框中雕刻麒麟。月梁上设莲花状平盘斗，平盘斗上设瓮形蜀柱支撑桁条，蜀柱周围以花板包裹，类似檐帽。

正厅对面的戏台为一面观镜框式干阑建筑，面阔三间，进深三间十二架，深约5.7米，镶耳式硬山顶。戏台总高5.4米，其中台基高2.5米，台基至檐口高1.8米，台口很低，不利于表演。戏台梁架明间梁架为插梁式木构架，其前金柱与前檐柱间使用弯曲弧度很大的扁作月梁，月梁上置一大坐斗承托支撑桁条的荷花状驼峰（图6-2-47）。前后金柱间的梁架为扁作琴面梁，除七架梁无雕刻装饰外，其上的梁架两端均刻舒展的卷草纹，衬托梁架的柁墩则斩凿成瑞兽形态。梁并不直接承托桁条，而是在梁之上，桁条之下设异形半驼峰衬托，承托脊桁及随脊枋的是雕花檐帽。为了与梁端承托桁条的半驼峰相呼应，还在直接衬托桁条的前檐柱、金柱上端两侧设状似驼峰的花板，花板无结构意义，但添加了梁架的装饰意味。后金柱与后檐柱间为穿斗式，直接以蜀柱承托桁条，不再设驼峰、坐斗。戏台二层后墙对外开拱窗，屋顶用明瓦采光。

3．全州梅塘村梅溪公祠

梅塘村自第一代始祖赵琼，于北宋皇佑三年（1051年）由浙江华府兰溪县竹简村迁来，湘江支流白沙河距村约560米，梅溪从村中祠堂的南侧流过。梅溪公祠是纪念该村始祖的宗祠，建于清嘉庆二年，坐西北朝东南，面向梅池，一路二进两三开间，是湘赣式祠堂中较大的一座（图6-2-48、图6-2-49）。

门厅为前廊式，面阔三间，进深三间十三架，高约6.3米，在金柱设木门框开木板门。门厅明间前廊用鹤颈轩，明间挑檐部分也装饰半鹤颈轩棚，在前檐空间形成波浪形（图6-2-50）。轩梁为扁作月梁式，梁身中部略隆起，梁底端挖底寸余，梁身依梁身隆起之势及梁底的"一"部分形成扇形图框，其中饰压地隐起纹样，东侧梁架为凤穿牡丹，寓意富贵，西侧梁架刻绶带鸟、代代花、寿石，寓意代代寿仙。为月梁找平，轩梁上置云纹垫板，板上置坐斗承托蝙蝠梁。轩梁伸出檐柱部分依卷棚弯曲之势，形成图框，其中东侧月梁前框架压地隐起公鸡及鸡冠花，寓意官上加官，西侧雕刻羊、鸟、花，寓意吉祥。次间设挑廊，为了保证挑廊的高度，不设轩棚，仅在明间轩梁下距地2.6米的位置，设穿枋承托门厅前廊次间的挑廊，其中伸出前檐柱的部分雕刻成鳌鱼状，挑廊绕以一圈漂亮的木构栏杆。门厅正立面的两个挑廊，在仪式活动中具有戏台的功能。挑廊与门厅次间阁楼相连，后者相当于扮演房，此外明间两金柱间亦设阁楼，与次间阁楼相通，形成凹字形戏台。

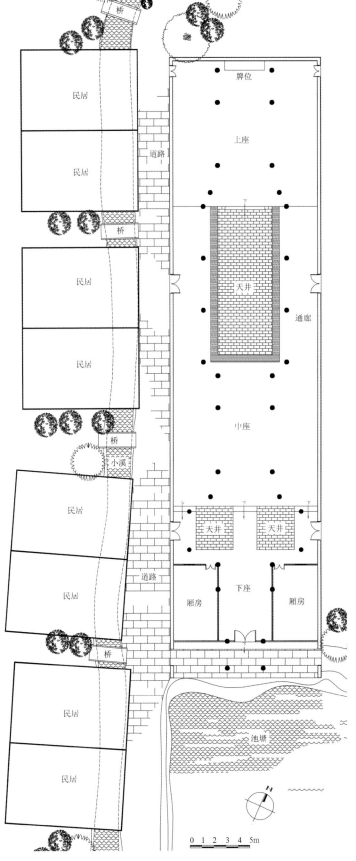

图6-2-48 梅溪公祠平面图

图6-2-49 梅溪公祠鸟瞰

图6-2-50 梅溪公祠门厅前檐

门厅后檐柱梁架使用扁作月梁，但相对朴素，仅在四架月梁的上端及下端两侧雕刻云纹，与前檐轩梁呼应。四架月梁伸出檐柱直接承托两步挑檐桁，不设轩棚。此外，四架梁上承托坐三架月梁的斗，其上承托桁条的荷花状异形驼峰，以及檐柱端头类似合踏的都具有一定装饰意味，并反映了《营造法式》余韵在岭南的影响。

中厅在明间设雨棚与门厅相连，形成"工"字形殿样式（图6-2-51），相应的在其下设通道连通两厅，将第一进天井分为两个小天井，小天井依靠当地得天独厚的地理条件，形成两口天然水井。天井侧还设廊子连接两厅，廊子的穿枋不但承托自身的挑檐檩，也承托门厅、中厅的挑檐檩，交接简洁、实用。

中厅面阔三间，进深三间十三架，高约6.9米，运用向两侧移前檐柱的方式，形成"八"字形的入口空间，使明间更开阔，这是桂北全州地区民居、祠堂中常见的处理方式。中厅前檐轩及梁架形式与门厅前檐同，但月梁上的雕刻已经剥落，半月形荷包梁刻瓜瓞绵绵纹样，其中瓜取代坐斗成为荷包梁的支撑，月梁下设卷草雀替。金柱间的梁架为扁作直梁，广厚比为2∶1，直梁下的随梁枋也做成扁作直梁式，与其上的七架梁同。七架梁上置麒麟衔灵芝式驼墩支撑五架梁，寓意麒麟献瑞。五架梁上的平梁与脊檩侧的檐帽一体，其上雕刻极为精彩的瑞

兽图文，东侧为双龙，西侧为双凤，取龙凤呈祥之意，龙、凤尾化作"Z"形祥云、卷草驼墩。脊檩下有较粗的随檩枋，随檩枋两端设替木，其他檩条下的随檩枋较小一些，但无替木。此外，金柱间的直梁梁身朝向明间的一面以及梁底部，通身装饰夔龙纹串缠枝纹，相当华丽。中厅后檐梁架简洁、朴素，以素平穿枋支撑蜀柱承托檩条，但在挑檐部分设木板天花遮住挑檐檩。

梅溪公祠第二进院落较为狭长，深约12米，两侧设面阔三间的廊子连接中厅和正厅（图6-2-52）。廊子用穿斗形木构架，挑檐用半轩棚，底层穿枋穿过檐柱后转成向上弯曲的缠枝牡丹样，以承托其上伸出檐柱的穿枋，起牛角或丁字栱的作用。廊子的脊檩则用雕刻花草纹样的檐帽承托，与厅相呼应。

正厅面阔三间，进深十四架，柱网布局模式、梁架形式均与中厅接近，同样使用移柱法、前檐轩棚、扁作直梁等，不同之处在于明间后金柱与后檐柱间使用鹤颈轩，在神龛前形成具有一定装饰意味的神圣空间（图6-2-53）。在装饰上，正殿突出子孙繁衍的主题，不再使用龙凤，替之以瓜瓞绵绵纹样及蝙蝠式檐帽。屋顶正脊、檐口与门厅、中厅一样做升起，用硬山顶，但门厅使用跌落两次的马头墙，中厅、正厅则使用金字山墙，金字山墙前高后低，在前端用砖将脊角垫高，青瓦垒叠高高翘起。

图6-2-51 梅溪公祠中厅前天井

图6-2-52 梅溪公祠二进院落

图6-2-53 梅溪公祠正厅梁架

　　总体而言，梅溪公祠是桂北遗存较大、较好的一座清后期祠堂，其山墙、移柱方式、构架特点、梁柱形式，都显示了与湖南建筑间的联系。其狭长开阔的第二进天井在桂北祠堂中颇为少见，精美而富含吉祥寓意的雕刻也是此区的代表之一。

　　4. 桂林市灵川江头村爱莲家祠

　　爱莲家祠，是灵川江头村周氏的宗祠，是祠塾合一的代表，集敬祖修身为一体。该祠始建于清光绪八年，今仅余一路两进五开间，是桂北地区唯一的一座五开间的祠堂，规制超越了仪典中对庶民祠堂的规定。祠堂在南北中轴线上依次布局门厅（大门楼）、天井、中厅（兴宗门）、大天井、上厅（文渊楼）、半天井（图6-2-54）。

　　爱莲家祠的门厅（大门楼）面阔五间，进深三间，镬耳硬山顶，屋宇式大门形制，运用中柱启三门的高规制，其等级相当于《清会典》中的亲王府大门（图6-2-55）。此外，虽然门厅的三个门都是用木门仪木门板，但明间使用四颗门簪、次间使用两颗门簪，都超越了《清会典》对一般祠堂的规定，是逾制的做法。逾制的做法之所以会出现，一方面由于清末内忧外患，清政府自顾不暇；另一方面由于灵川地处偏远，远离皇城，所以逾制之作尚可理解。但就广西现今遗存的祠堂而言，这种大胆的、远超规格的逾制做法，尚属首例。

　　门厅的木构架采用穿斗式，但穿枋使用圆作梁形式，中柱与檐柱间不设轩棚或天花，直接将木屋架暴露，仅在挑檐部分用素平木板天花，天花施以蓝色，显示清末民国初的手法习惯。檐枋为圆枋形式，枋底饰以花草，其中后檐柱的檐枋之上设镂花板进行装饰。

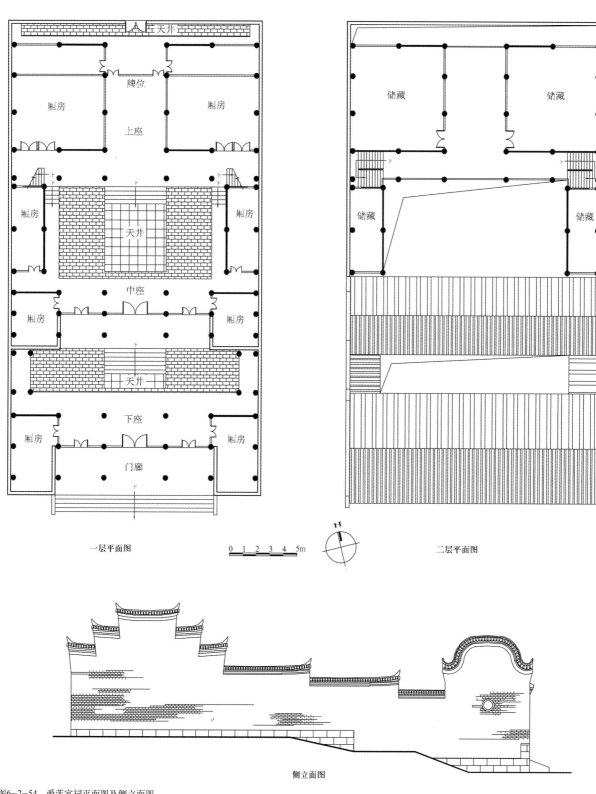

一层平面图　　0 1 2 3 4 5m　　二层平面图

图6-2-54　爱莲家祠平面图及侧立面图

侧立面图

图6-2-55　爱莲家祠正面

中厅（图6-2-56）（兴宗门）面阔五间，进深三间，硬山屋顶，台基顺应地形抬高约1.5米。中厅的柱网布局、开门方式、木构架、装饰等与门厅类似，不同之处在于，明间不再使用四颗门簪，改用两颗。前檐枋也如门厅后檐枋一样，其上置镂空花板。两侧垫房则作厨房之用。

上厅（文渊楼）面阔五间，进深四间十四架，高两层，下层为寝堂，上层则是周氏子弟和附近生员读书的书塾，左右设木梯通达。正厅前设左右厢房，亦高两层，采用非常有特色的文字隔扇窗户，突出诗书传家的议题。正厅后设半天井，增加了正厅的通风和采光，为周氏子弟读书创造良好的环境。梁架依然采用穿斗式木构架，用通柱，为了增强横向梁架间的拉牵，每条檩下都有随檩枋，其中脊檩的随檩枋尤大，并在其下在设一道牵枋，加强联系。正厅的装饰主要体现在窗户及栏杆上，其中最具特色的是它的木栏杆，在一层栏杆上约20厘米的位置，再设一道形制相似，但高仅有20厘米的迷你栏杆栏板，使正厅的正立面变得独特，并与门厅、中厅檐枋上的花板相呼应。（图6-2-57）

此外，爱莲家祠的彩绘颜色也有讲究，其柱、梁、枋均着黑色，象征淤泥；四壁、楼面、窗棂着以红色，象征莲花。以这种色彩的配搭突显爱莲的主题，也是对先祖周敦颐名文《爱莲说》的诠释。

（二）桂北的宅第

1. 桂林市灵川县灵田乡长岗岭村卫守副府

长岗岭村位于灵川县灵田乡东北10公里，地处兴安界首镇至灵川大圩古镇中央，是经漓江通往梧州、广州最便捷的通道。长岗岭古村陈落陈、莫、刘三姓居民的先祖均为山东青州府益都县人，他们于南宋理宗年间迁居至灵田大村和阳旭头村，明末清初迁居至长岗岭村。作为明朝将领的族裔，他们世代耕读经商，不尊科举。陈姓自清康熙初年十四世祖陈仕显到梧州和广东经营食盐后财源大发，

图6-2-56　爱莲家祠正厅前院

图6-2-57　爱莲家祠正厅梁架

十五世祖陈焕猷继父志继续经营食盐成为巨富；十六世祖陈大彪历任卫守副府、卫守府，晋赠奉政大夫；十八世祖陈凤鸣以皇清太学生例授同知。卫守副府就是16世祖陈大彪于乾隆末年以武生职授卫千总后而称名。

　　该建筑前后四进，前两进始建于清康熙初年，后两进始建于清乾隆末年，两侧分立横屋横天井，左侧横屋供仆人生火、下厨、居住等，右侧横屋已毁，是陈府主人读书、赏花的场所（图6-2-58）。主屋宽15米，深47米，屋前为宽敞的晒坪。第四进为入口大门门厅，前有9级条石台阶和晒坪相连，门厅前设3米深、6米宽的凹门廊，门廊左右各有一根木质门柱，将宽大的门廊分为3部分，门廊吊顶为圆弧卷棚状，大门宽约1.5米，门楣以上悬挂"卫守副府"木质牌匾（图6-2-59）。大门后的门屋尺度较小，仅1.8米深，为玄关之用。通过门屋后的6扇木质雕花大门可达宽敞的前天井。天井两侧为厢房，和门屋两侧的门房连为一体。天井地面下沉30厘米左右，正中设宽约1.5米的走道，将前天井分为对称的两部分。前天井的正对面是第三进的前檐廊，深约1.3米，廊前檐下悬挂"德昌燕翼"牌匾（图6-2-60）。三进明间为官厅，官厅的正中悬挂"燕翼宛彰"牌匾。官厅开间达到6.4米，为了保证其整体刚度，在明间内加设两榀七架梁，其前端直接搭在关口梁上，后端则支撑在金柱上（图6-2-61）。这两榀梁架是室内空间的焦点，处理得

十分讲究：大梁均由栌斗承托，檩条则搁在梁上向两侧伸出的插栱上，造型大气而不繁复。有意思的是为了不使过于高大的空间失去尺度感，两根前檐柱被分为4根，这样官厅的前檐看起来就像是五开间，但檐柱因此很难与主体柱网对位，给结构处理带来麻烦。这应该是为了避免逾制又要显示豪门气派不得已而为之的权宜之计。官厅两侧设耳房，并不向厅堂开门，而是开向前檐廊并与后部天井两侧的厢房一起形成套间。

　　二进和头进是起居生活和拜祭祖先之所，尺度和格局类似，均为明间厅堂，两侧正房，厅堂后均设玄关（后堂背），北面的后正房均朝向后堂背开门。与很多空间讲究的桂北湘赣式民居相似的，头进厅后还设有后天井（半天井），该天井通面阔，保证头进两侧北向的后房也有良好的采光通风。正房左侧为厨房、储藏、下人居住的横屋，与正房以天井相隔。横屋南面有独立于正房的出入口。正房的每一进均可通过该进的前檐廊与横屋相通以保证联系。

　　承重结构方面，卫守副府的正房采用中部木穿斗梁架，两侧山墙硬山搁檩的方式；横屋则都为木穿斗梁架承重，外墙仅作围护结构之用，这两种方式在桂北湘赣式民居中都较为常见。山墙样式则为桂北常见的马头墙与人字墙。卫守副府格局开敞大气，建筑工艺讲究精湛（图6-2-62），是桂北湘赣式民居的精品代表之作。

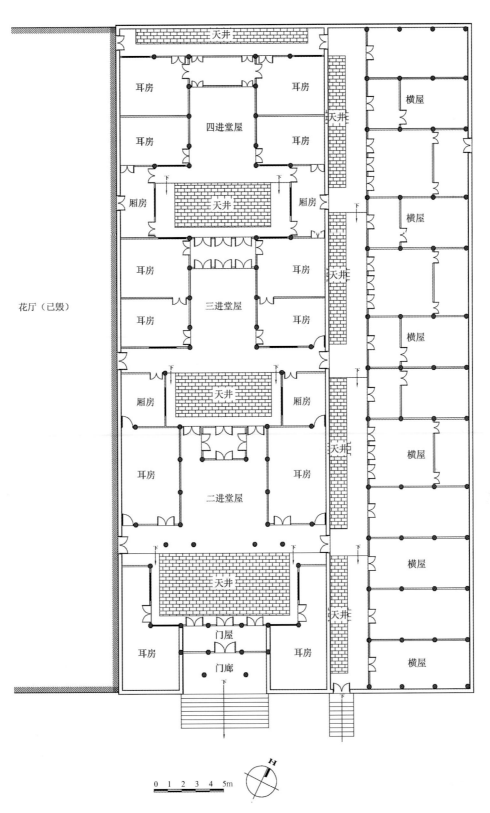

图6-2-58 卫守副府平面图

图6-2-59　卫守副府门廊

图6-2-60　卫守副府前院

图6-2-61　卫守副府官厅梁架

图6-2-62　卫守副府装饰

2. 桂林市兴安县水源头村秦家大院茂兴堂

秦家大院位于广西兴安县白石乡水源头村。其先祖秦氏为官,在明洪武年间被贬至桂北地区,经过多年繁衍,渐成规模。在后笼山下,依山势拾级而建成了成片的大宅院。秦家大院坐西北朝东南,门楼位于南面正中偏西,三开间,三级马头墙硬山搁檩,大门正中挂"文魁"、"武魁"牌匾。门楼两侧为一层高辅房,似围墙般将宅院包裹在内。进入门楼是一东西走向的长方形广场,广场的尽端是东、西花厅,为整个大院待客、教书育人的场所。6座古宅分为两排整齐排列于大院中部,西南角的一座已因火灾被毁。祠堂位于北面一排的中部,并不像其他汉族村寨将祠堂列于村头,观其形制装饰亦与周边民宅无异,疑为由民宅改建而来。这6座古宅周边分布其他民居,其朝向或平行或垂直,轴线关系均与中部宅院一致。大院北面偏中部设有宽大广场,是日常活动和晒谷之用,晒场东侧设戏台(已毁)(图6-2-63)。

茂兴堂(图6-2-64、图6-2-65)位于祠堂西侧,与祠堂平行间隔以一条两米宽左右的巷道。该宅平面形制为三进三开间,宽15米,深33米。第一进正中为门厅,门头为两级砖叠跌涩牌坊式,门厅两侧为厢房,由于进深较大,东西厢房都被划分为前后两部分,总计4间,和门厅一起围绕着第一进的天井。后两进房屋均为中部设堂屋,两侧为侧房,侧房进深较大,被分为前后两部分,分别称为前、后房。二进堂屋为前堂屋,为日常待客之所,三进堂屋为后堂屋,供奉祖先灵位,是家庭内眷日常起居生活之处。二三进房屋的天井两侧设有厢房,为厨房、储物之用。与其他地区汉族民居不同的是,堂屋所在的中间这一间开间尺寸比两侧房间略小。该宅除了中部围绕有房屋的两个天井之外,在最后一进后侧还设置一深约2米通面阔的后天井,与后堂屋后的后堂背形成一处较为开阔的空间,这一做法在桂北湘赣式民居中较为常见,坡屋顶的雨水均落在自家天井中,取"肥水不流外人田"之意。从物理通风的角度进行分析,3个大小不等的

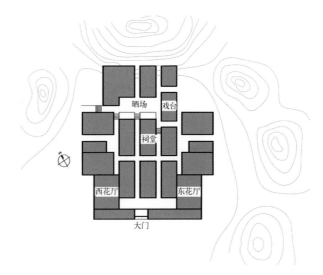

图6-2-63　秦家大院总平面示意图

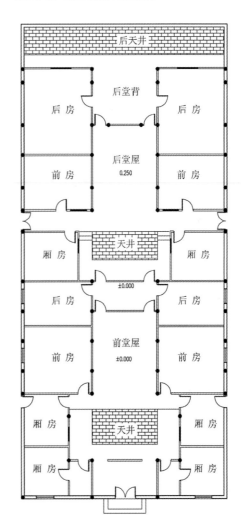

图6-2-64　秦家大院茂兴堂平面图

天井在阳光的照射下容易形成温度差，后凉而前温，由此产生前后天井的风压差并形成良好的自然通风环境（图6-2-66）。

结构方面，茂兴堂采用全木承重而非硬山搁檩，东西两侧亦以木柱承托屋面重量，两侧的山墙仅仅起到围护结构的作用，这一做法在桂北清代早期湘赣式民居中较为常见。每一进的主房均为三间五架穿斗式，进深方向每架设三檩条形成三步架。和秦家大院的其他民居一样，茂兴堂为典型的桂北湘赣式，山墙为一字或人字马头墙，墙体开窗面积较小，并以厚实的青石方墩为基，砌上1米多后，改用青砖砌至屋顶，敦实厚重。

3. 桂林市永福县罗锦镇崇山村李吉寿故居

罗锦镇崇山村位于永福县城东北部20公里，2010年入选第一批广西历史文化名村。崇山村人才辈出，文化底蕴深厚。其中的李氏家族从清代乾隆年间（1768年）李树桥中举后至1902年李增华止，科举不断，有14人中举，贡生5名，李熙垣之六子李吉寿一家5人均中举，有"一门三进士，父子五登科"之称。李熙垣为山水画家，李氏绘画祖师，其画雄奇浑厚，别具风格。其子李吉寿的墨梅独树一帜，被誉为"梅花圣手"。李家世代书画，在清代广西画坛占有重要的地位。其后人均擅长画山水花卉，人才辈出，世称"画笔如林"。

崇山村保留较为完整的李氏家族旧居始建于清代乾隆年间，由两组大型宅院沿北一字排开，坐西朝东，南北宽600米，东西深约750米，宅院之间隔以巷道。每座宅院均由纵向三或四进深，横向多个单元并联成为一个聚落空间（图6-2-67）。

李氏家族旧居最南端为清代著名画家李吉寿故

图6-2-65 茂兴堂鸟瞰

图6-2-66 茂兴堂内院

图6-2-67 崇山村李家大宅全景（左为李吉寿故居）

居（图6-2-68、图6-2-69），由横向两单元并联组成，以山墙相隔，设有一小天井连接两个单元。左侧第一单元主体建筑由四进院落组成，每进院落均设有堂屋和耳房。在主体建筑左侧毗连有一排三进单间房屋与耳房共用山墙，形成四开间的平面格局。其天井与堂屋前的天井相连，但以墙体相隔，中间设有门洞连接，天井左侧也设有侧门与外部巷道相连。这组偏房的主要功能基本为厨房、库房等辅助用房，但与常见的"护厝式组合"中的排屋设置不同，无纵向天井。第二单元格局基本同第一单元相似，也为四开间平面形式。整栋建筑中的一进院落堂屋地位应该较为重要，设有两檐柱，并在横墙上均设有门洞，使两个单元完全连通（图6-2-70）。左侧第一单元的二进院落天井中还设有一圆形月门，与两单元之间的小天井相连。除第二、第三进院落外，其余院落规模稍小。整栋建筑逐级抬高，从大门到最后一进建筑约有2米的高差。

李吉寿故居结构形式多采用砖墙承重硬山搁檩的结构体系（不排除木构损毁后采用砖重新砌筑），但院落的堂屋结构也有采用木构的。左侧单元二进院落堂屋建筑结构采用穿斗式（图6-2-71），檐柱和金柱之间穿枋做成月梁状。月梁上部设精美菊花形檐撑与上部檩条相连。右侧单元的二进院落堂屋木构以矮瓜柱承托檩条，类似于广府建筑的沉式梁架结构，耐人寻味（图6-2-72）。挑檐下部保留有轩，轩下与枋连接处设雕刻精美的木构件。

图6-2-68 李吉寿故居平面图

图6-2-69　李吉寿故居剖面图

图6-2-70　二进堂屋前院

图6-2-71　梁架结构一

图6-2-72　梁架结构二

整个住宅外观基本为青灰色，无多余色彩。在造型及内部装饰上相对较为朴实，没有过多的精美木雕等建筑艺术保留。住宅院门仅为随墙门，外墙突出约40厘米形成小门斗。住宅山墙处理简单，无彩绘、泥雕或装饰带处理，基本以人字山墙为主，且人字顶部呈平滑弧线高出屋脊约0.5～0.8米不等。采用的马头墙造型平实，仅在靠近端部的部分略有起翘。

4．桂林市恭城县朗山村2号宅第

朗山古民居因背靠朗山而得名，建于清光绪八年（1882年）。古民居群北向紧邻入口门楼的2号住宅在平面与空间布局上极富特色。该建筑前为整个古民居群的前导空间，其设置极富变化：从偏于一侧的二层门楼进入，再经过前院大门的曲折巷道进入主体住宅，3个大门均错位布置，保证了空间的私密。入口巷道墙壁上端布满精美彩绘（图6-2-73）。

该住宅平面规整，形体高大，宽约16米，长约27米，高约10米。为三开间二进院落，顺地形而逐级升高（图6-2-74、图6-2-75）。第一进入口为门楼，高度约6.7米。大门处墙体内凹，两侧为耳房。墙体端部均施以精美的淡色彩绘，主入口处的屋顶檐部设蓝色卷棚造型的木构吊顶。一进天井两侧为厢房，天井正对正房，中为堂屋、香火台，两侧是耳房。穿过堂屋后为二进，主要是厨房和牲畜圈（估计为后期加建），设一横向天井，天井较窄，主要是为解决第一进与第二进屋面排水而设。

2号住宅的主体建筑皆为2层，耳房、厢房、堂屋的高度各不相同。堂屋层高较高，一层层高3.8米，二层至屋顶最高处约5.5米。因为一层堂屋正面较封闭，以砖墙为主，因此二层楼板正中开有2

图6-2-73　朗山村古民居入口门楼

图6-2-74　2号住宅立面

米×2米的洞口，四周围以木质栏杆，满足一层堂屋的采光。堂屋两侧耳房高度较矮，一层层高仅2.6米。堂屋背后设楼梯间，上至二楼。天井两侧的厢房高度也较矮，二层层高均约3米。因此一进院落形成了"中间高两边矮"的空间格局（图6-2-76）。二号住宅的屋顶形式采用马头墙和人字山墙结合，顺应地形，前低后高，体量较大，高度分别为8米和10米，端部起翘明显。为保证一二层房间的采光通风，山墙面（南北面）均开设了窗户。

　2号住宅与广西常见的木构穿斗式结构不同，采用的是砖墙承重硬山搁檩的结构体系，整栋建筑内部不设木柱。横向墙体上设木构檩条，上铺椽子及灰瓦。檩条下设木梁与横墙相连，或在一层顶部设木梁，上铺木板形成楼面。

　建筑内部主要门窗、栏杆均为木构，雕刻极其精美，在屋顶檐部，也设有精美的木雕挂落（图6-2-77）。

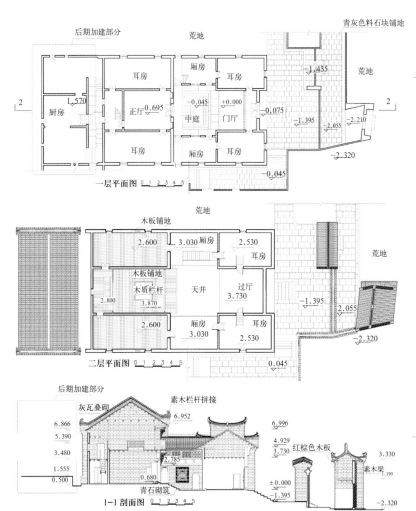

图6-2-75　2号住宅测绘图

图6-2-76　2号住宅第一进天井

图6-2-77　2号住宅正房檐口下木挂落

5. 桂林市灵川县江头村按察使府第

按察使府第是江头村人周培正故居。周培正清乾隆年间（1766年）年贡生，历任浙江衢州府常山县、四川梁山县知县。在任期间，政务求实，操守清廉，后晋升直隶按察使，并被赠"文林郎"匾，诰封"通奉大夫"。

按察使府第始建于清乾隆年间，为典型的四进三开间四合院落式，严格按轴线纵向布局（图6-2-78）。大门位于建筑东北角，外墙内凹1.7米形成门斗，门斗上设木梁，上部以连接构件支撑屋顶，下部设雀替与砖墙相连。其上均有精美木构雕花，并施以红、蓝等色（图6-2-79）。大门旁设有倒座。第一进天井一侧设厢房，正中为堂屋。堂屋面阔约4.5米，上设神龛，采用穿斗式结构形式，五柱落地，前后的檐柱与金柱之间设一瓜柱为二架梁，其余落地柱之间均设二瓜柱，形成三架梁。两侧设耳房各两间。第二、第三进堂屋格局相似，顺

地形逐级抬高，五柱落地，柱间均设二瓜柱。在天井东侧均设偏门与巷道相通。第二进天井体量较大，堂屋上挂有文林郎牌匾（图6-2-80）。第四进院落天井狭长，西面设一小偏屋，最后一进建筑地坪抬高1米，内部未做墙面分隔，开间约12米，进深约4米，二柱七架梁。在建筑东北角一侧设4级台阶而上。估计为戏台或其他非居住功能用房。

该建筑外墙青砖砌筑，门屋及前二进为人字屋面，第四进采用五花山墙，最后以一单坡屋顶作为结束。整座建筑形体优美，山墙起翘高挑。建筑内部门窗木雕，雕刻精美，图案丰富保存完好。

6. 桂林市灌阳县月岭村多福堂

清道光年间（1821—1851年），广西灌阳县月岭村村民唐虞琮为其6个儿子分别在村中不同位置同时开工修建6栋居住宅院。依年龄顺序取名为"翠德堂"、"宏远堂"、"继美堂"、"多福堂"、"文明堂"、"锡嘏堂"。其中多福堂保存最完整。

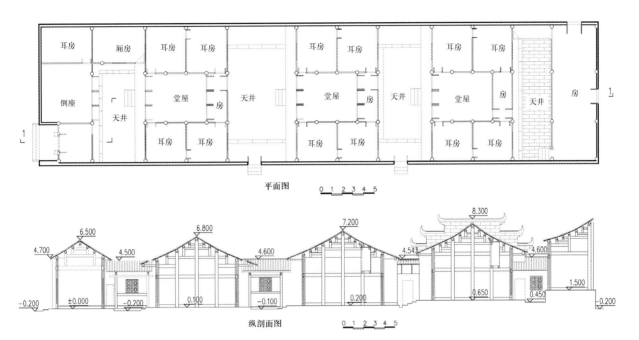

平面图　0 1 2 3 4 5

纵剖面图　0 1 2 3 4 5

图6-2-78　按察使府第测绘图

图6-2-79　按察使府第大门

图6-2-80　第二进院落

多福堂是唐虞琮为其四子唐世模所建，整个堂院由10栋主房组成，内设"天一"井和书房，占地约10000平方米（图6-2-81）。

多福堂入口平面格局为：从村内的道路到达多福堂入口大门（图6-2-82），门前设影壁。大门正面五开间，中间为门洞，两边为耳房，耳房墙体向外倾斜呈八字。木构采用穿斗式，在其大门朝内一侧的顶棚设置了弧形的吊顶天花。大门后为一狭长形封闭空间，设有一门楼，抬高约900厘米，门楼上写有"翠德重荣"四字，檐口施以精美雕刻。门楼后依次排列着多福堂的主体建筑。门楼与主体建筑之间形成约3.8米的前巷空间。

多福堂现保存较完整的是"翠德重荣"门楼后199号住宅及右向与之并列的159号、160号宅。这3栋建筑体量都较大，199号住宅虽仅为一进院落，但主体部分面阔五开间，入口大门气势雄伟，宽约5.6米，高约3.7米，内凹2.6米，采用八字门廊，门前设2根木柱，其上设梁与屋顶相连，梁上设有雀替。厅堂宽约5.5米，高约7米，内部去掉2根柱子，空间较为开阔，设有檐柱。主体建筑旁设一纵向排屋，内为厨房、杂物间等附属用房。以门与之相连，并设一小天井（图6-2-83、图6-2-84）。

159号住宅（图6-2-85、图6-2-86）也为主体建筑加附属建筑的平面格局，均为二进院落。主体建筑面阔五开间，大门位于中部，入口设门罩，上有写实植物精美灰雕。内部一进、二进院落布局相似，均设有厅堂、耳房、厢房。但二进院落规模较大，且依地形逐级抬高。附属建筑高度较低，大门位于一侧，仍设门罩，门罩上部起翘舒展。内部第一进无堂屋，仅在左侧设2间厢房，并有一小偏井与主体建筑相连。最后一进，犹如旋转了90度，堂屋设在右侧，有门与主体建筑相连。此进院落房间设有夹层，设楼梯可上内部。

第三栋建筑160号为面阔五开间，约13米，二进院落，形制与前两栋基本相似，但无附属用房，第一进厅堂空间开阔，以木板壁与二进相隔。二进院落应为主要居住用房。整栋建筑主要房间均设夹层，

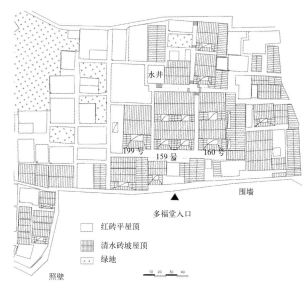

图6-2-81 多福堂建筑群总平面图

图6-2-82 多福堂大门

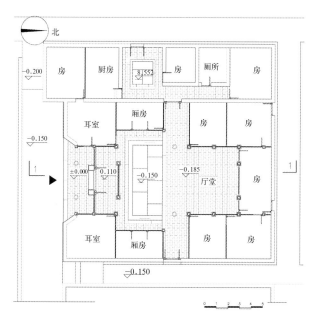

图6-2-83 199号住宅平面图

图6-2-84 199号住宅外观

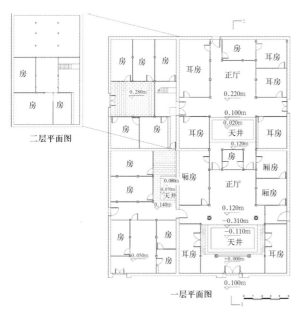

二层平面图

一层平面图

图6-2-85 159号住宅平面图

图6-2-86 159号住宅内院

设上人口，通过楼梯可上至内部（图6-2-87）。

　　这3栋建筑形制规整，彼此之间形成笔直巷道，均采用人字山墙。山墙上段有植物形状的泥雕，施以色彩，非常精美。建筑内部门窗木构雕花保存较好。

　　上书房为六房支祠，但损毁严重，现改造成旅馆。

（三）桂北的汉族园林——桂林市雁山园

　　公园位于桂林市南郊的雁山镇，距桂林市24公里。其园址南北长约500米，东西宽330米，占地约15公顷。公园内有真山真水、天然岩洞、繁茂树木、古雅建筑，是一座具有桂林地方特色的近代中国古典园林，曾被誉为"自然与人工相结合的佳作"和"岭南古典园林的精品"。

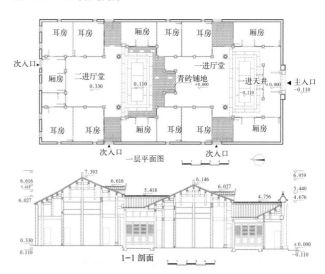

图6-2-87 160号住宅测绘图

雁山公园（图6-2-88）创建于1869年到1911年，为桂林大埠乡官僚地主唐岳所有，时称"雁山别墅"。1911年前后，大官僚岑春煊购得，稍事经营后，将雁山别墅改名为"西林公园"。1929年岑春煊将此园捐献给政府，这时，别墅已由私园过渡为开放性的公共园林，更名"雁山公园"。新中国成立后这里曾为广西师专、广西大学、广西农学院、桂林农校等单位使用。现经过修茸，恢复了部分景区与景点。

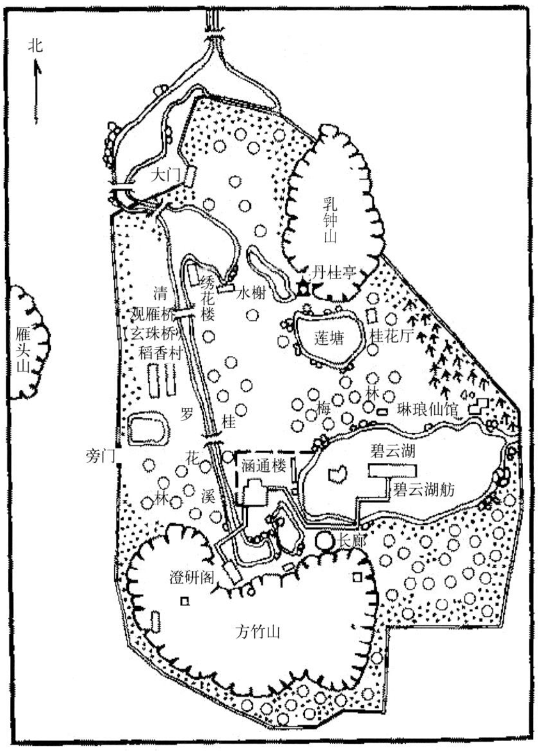

园地地质结构属桂林喀斯特溶岩。园外视野开阔，近处田园风光秀美，远处青山叠嶂。园内石山平地兀起，屹立奇秀。漓江支流相思江从园外东侧流过，园内方竹山山脚有泉眼数口，发源青罗溪，清澈溪水悠悠，窄时为溪宽则为湖。两岸青竹桂丛神樟荫盖，山清水碧，景致天然。园外小孤峰和水源岭一带的土岭，山形重叠，犹如大雁从天而降，正收羽落地，栩栩如生，故雁山镇和公园亦由此得名（图6-2-89）。

公园可分为入口区、稻香村区、涵通楼碧云湖区、方竹南区和乳钟山区等部分。

公园入口区。此区的组景以"欲扬先抑"为手法。一座小吊桥引人渡入大门前小庭。大门、假山、乳钟山依次展开。大门为三开间穿斗式木构建筑，前廊后楼，门额上书"雁山别墅"，左右楹联为"春秋多佳日，林园无俗情"。入园右转忽见水面，豁然开朗之感。湖畔建有一座别致的小楼，曾由唐岳的儿子居住，俗称"公子楼"。

稻香区。稻香区位于园林的中西部，有稻田菜地、荷花池和稻香村，青罗溪自南而北蜿蜒而过，一派畅朗明快的荷菜红、菜花黄、稻浪香的自然田

图6-2-88　雁山公园总平面图

图6-2-89　雁山园鸟瞰图

园风光，具有浓馥的村野生活气息。玄珠桥又称观雁桥或虹桥，是观"雁落平沙"的妙景之处。

涵通楼碧云湖区。此区为全园的主要景区，有涵通楼、澄研阁、碧云湖舫、水榭、长廊、亭台等。一条两层长廊把碧云湖舫和澄研阁连接成一组庞大的以高大的方竹山为背景的建筑群。整组园林建筑构图完整，形式多样，空间组织开合得体，布置因地制宜。涵通楼是全园的主体建筑，为两层歇山顶楼阁，雕梁画栋，地位重要，统领全局（图6-2-90）。楼前设戏台，楼东临碧云湖，向北则有桂花林、绣花楼、莲塘、乳钟山之景，楼后有"澄潭"。澄潭的潭水甘洌，源出与涵通楼隔水相望的"桃源洞"（图6-2-91）。潭上有巨石与青罗溪分隔，但水底下二者相连。潭中还有一组散石，上置一八角亭曰"钓鱼亭"，可拂水垂钓。涵通楼西南为依山面水的二层楼阁"澄研阁"，阁有两层长廊跨水与涵通楼相连。廊边有石阶小道，可登至方竹山顶方亭，鸟瞰全园。澄研阁南的靠山崖上出一巨石，上筑六角形"棋亭"，可悠然饮酒对弈。方竹山有溶洞与涵通楼隔水而望。此洞分两层，上为"相思洞"，相思洞内有奇形怪状钟乳石、名人字刻；下为"桃源洞"，出甘泉，为青罗溪源头。溶洞穿山而过，到达方竹山南。相思洞东边有一高大的红豆树，树下有一小筑曰"红豆院"。此处为涵

图6-2-91　桃源洞

通楼与方竹山之间的一个林泉意趣浓烈的别有洞天的园林空间。

九曲廊道东出碧云湖，湖中设一船楼，谓之"碧云湖舫"（图6-2-92）。碧云湖东北角设缀石种竹相衬造型清雅之"琳琅仙馆"。涵通楼、碧云湖舫、琳琅仙馆隔水相望，互为因借，相对成景。

方竹山南区。此区为一狭长地带，主要由花神祠、桃源洞、桃李林组成。此区桃李争春，古藤方竹，奇岩异洞，清旷静谧，林茂风生。从桃源洞穿洞而来，豁然开朗，宛如世外桃源。

乳钟山区。乳钟山区包括乳钟山、丹桂亭、桂花厅、水榭、绣花楼、莲塘等。入园后沿乳钟山东行，有大小水塘各一，小者名为"莲塘"，大者为"白鹅潭"，与青罗溪相连。莲塘中石出水面，古木横斜，塘内植红莲和白莲，塘边有水榭和绣花楼，凭栏赏荷观鱼，平湖倒影，别有情趣。白鹅潭与碧云湖相连，春秋集水成潭。莲塘与白鹅潭之间乳钟山腰有一遍植丹桂的"丹桂台"，建"丹桂亭"，与

图6-2-90　涵通楼

图6-2-92　碧云湖坊

涵通楼遥相对望。丹桂亭西，有一洞"蛇岩"，旁有一栋两进建筑，原名临水楼，环植桂花、翠竹，又称"桂花厅"。

三、桂东、桂东南的宗祠、宅第、园林

（一）桂东、桂东南的宗祠

1. 玉林市玉州高山村牟绍德祠

牟绍德祠位于玉林市高山村较为中心的区域，是该村大族牟氏后裔为牟春芳（玉林牟氏第七代孙）所建造，是该族安放历代女姣妣先亲牌位的地方，也是该族子孙办理娶亲、祝寿、礼拜、议事的场所。该祠建于清雍正乙卯年（1735年），成于清乾隆戊午年（1738年）。占地面积900平方米，建筑面积850平方米（图6-2-93）。

该祠为广府式硬山搁檩结构，三间四进，带有右侧衬祠（局部已毁）。第四进为门厅，门前设2米深凹门廊，门廊正中为宽约1.8米的祠门，祠门两

道，外门为趟龙门，内为两扇赭石色的木门。门旁对联一副："绍光先烈""德裕后昆"（图6-2-94）。门厅后是中门，平时关闭，从左右两旁进出。门的两旁是左右门房。绕过中门便是一个宽9米、深8米的大天井，天井两侧设有开敞的檐廊，檐廊用青砖砌筑，外立面呈券柱式，上设女墙，通墙遍布花、鱼、鸟、兽主题的浮雕装饰，生动逼真（图6-2-95）。第三进是宽阔明亮的议事大厅，深12.9米，宽9.7米，三间四进，前檐廊柱为石质方柱，典型的广府式做法，其余均为木柱，梁架做法也为广府沉式梁架设葫芦形瓜柱（图6-2-96）。后檐采用砖墙承重，正中设与明间同宽的1.2米深凹门斗，门斗正中是一幅大屏风门，高约5米，宽约4米。屏风分两截，上半截约2米高，用方木组成的方格，下半截约3米高，木雕花屏风门，平时把中门关闭，从两旁开门出入。屏风顶上挂着一幅高约1米，宽40厘米书"钦点内阁中书"四个字的官匾。厅两旁墙

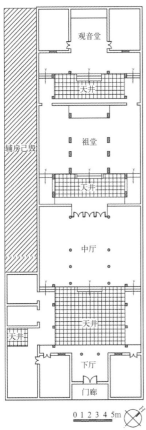

图6-2-93 牟绍德祠平面测绘图

图6-2-94 牟绍德祠大门

图6-2-95 牟绍德祠三进前院落

图6-2-96 议事大厅

图6-2-97 二进神厅

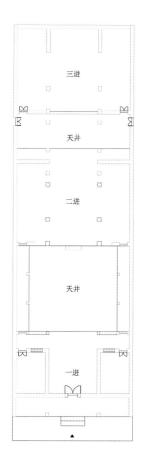

图6-2-98 梁氏宗祠平面图
（广西大学建筑学2000级测绘图集，韦玉姣指导）

壁挂着两排进士、文魁牌匾，檐下彩画十分精美。大厅后的天井较浅，仅3米，两侧走廊面向天井的一面做成镂空的砖雕花格照壁，女儿墙上亦有精致的装饰浮雕。天井后为二进祖堂，进深8米，宽9.7米，该厅三间连通，不设木柱，采用砖墙和砖柱承重，明间两侧的砖柱也为券柱式样。厅中后墙是十多级的神龛，神龛上有次序地立着该族历代姥妣先亲的神主牌（图6-2-97）。祖堂两侧间中部设券门通向后天井两侧廊道，后天井尺度和廊道做法均与前一天井仿佛。头进为设有前檐廊的观音堂，意在"观音送子"。前檐柱为青砖砌就的方柱，明间供奉观音神像，两侧为两间大房，新中国成立前，该族裔孙谁家婚娶，新郎和新娘都在该房住上三晚，然后才搬回家，这是高山村特有的风俗习惯。

2. 玉林市兴业县庞村梁氏宗祠

梁氏宗祠位于兴业县城东石南镇的庞村，距离县城约1公里。该村始建于清乾隆四十一年（1776年），清嘉年间大规模扩建，至晚清基本定型。现存祠堂及民居群基本为梁姓族人所建，共34幢，保存完好的尚存17座。宗祠为梁氏子孙为纪念其先祖梁标文所建，朝向东南，位于整个村落的最前排。

梁氏宗祠宽12米，深38米，平面形制为三进三间（图6-2-98、图6-2-99）。第一进是门厅，前设深2米左右的前檐廊，檐下封檐板高约50厘米，雕有花鸟鱼虫，十分精美。檐廊石柱一对，截面为正方形，石质花瓶柱础，典型广府式做法。前廊檩条下木构架和驼墩被雕刻成博古架、卷云和花盆状，饰以精美木雕（图6-2-100）。石柱和两侧山墙以木质虾弓梁相连。大门开在正中，宽约1.6米，墙顶檐下有山川、人物故事主题彩画，正中为"梁氏祖祠"楷体大字（图6-2-101）。大门后为门厅，两侧设门房，门房和门厅前有后檐廊。整个第一进为硬山搁檩式结构，人字山墙，墙顶和屋檐均饰以厚重的博古脊饰。一进和二进之间为一宽大的天井，9米见方，天井两侧设1.2米宽走廊，单坡屋檐坡向中部天井。二进大厅为全开敞中部无墙，深9.6米，屋脊处高8.8米，三间进深，前部第一进设弧形轩廊。梁架左右两侧支撑在山墙上，中间为了创造宽敞的空间采用插梁式结构，梁枋宽厚，瓜柱为广府式梁架典型的葫芦式样（图6-2-102）。二三进之间亦设天井，尺寸较小，5米见方。天井

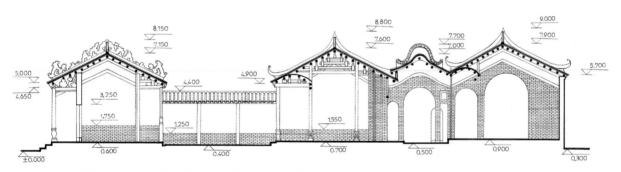

图6-2-99 梁氏宗祠剖面图（广西大学建筑学1998级测绘图集，韦玉姣指导）

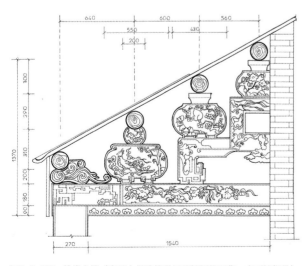

图6-2-100 檐廊木雕（广西大学建筑学1998级测绘图集，韦玉姣指导）

图6-2-101 梁氏宗祠大门

图6-2-102　二进中厅梁架

图6-2-103　并排而立的两座祠堂

图6-2-104　老宗祠大门

图6-2-105　上厅梁架

两侧亦设廊，较宽，各有大门通向祠堂外巷道。该廊屋顶为与主屋同一方向的双坡，屋檐叠在前后两进主屋的屋檐上，将二三进连为一体。两侧山墙为镬耳式。三进为祖厅，屋脊处高9米，供奉梁氏祖先牌位。祖厅檩条在两侧亦直接支在山墙上，与前两进不同的是，其中部梁架采用沉式梁架和砖墙的混合承重，两道横墙从后墙伸出约2.4米，形成供奉祖先灵位的龛，木梁架就支承在墙肢和中部的木柱上，既满足了使用功能的需要又不至于过度耗费木材。梁氏宗祠室内外檐下均绘有精美彩画，祖厅和天井两侧走廊的侧墙上的洞口和通向祖厅两侧的门洞过梁均用青砖砌成拱形，工艺精湛。二三进主屋均采用人字山墙并饰以龙舟脊，这也是较为典型的广府式建筑的装饰做法。

3. 贵港木格镇云垌村桅杆城黎氏祠堂

贵港木格镇桅杆城内有两座黎氏老祠堂，围城背靠龙肩山，而祠堂选址正好为龙头所在（图6-2-103）。新城畅记城内的老祠堂是"两进四合式"，入口为下厅（图6-2-104），后面为上厅（图6-2-105），中间有方形天井将两个厅分隔。上厅两边为正上房，天井两边为厢房，下厅两边为下正房。老城内的祠堂采用的是"三进"，分别有上、中、下三个厅，上、下两个天井；在三个厅的两边，分别有左、右正房，左、右中房，左、右下房；在两个天井的两边，分别有左、右下厢房，左、右上厢房。再外延伸展出去就是左、右横房，左、右外横房了。中厅有木屏风，三门四柱，中间大折门对开，两边小门单开。中间两条立柱上刻有金漆对联："光前须种书中粟，裕后还耕心上田。"各间厅屋之间均有廊道连接。客家习惯通过祠堂中的楹联记载自己家族的历史业绩，左老祠堂门口上书楹联为"京开新气象，兆将烈三台"，楹额为"京兆第"。右老祠堂楹联为"祖德永吉庆，祠彰福寿长"，楹额为"京兆第"。外大宅门楹联为"文章华国，经术传家"，楹额为"大夫第"。

4. 梧州藤县濛江镇双底村朱氏宗祠

濛江镇朱氏始祖名登，字荣命。朱登世居广东翁源县翁邑城周陂，时因翁邑盗匪土寇作乱，朱登即策计西行，初居藤州，经商谋生，逐之于白沙、太平、和平、金坡、古湾置产卜居。经多方辗转，最后定居濛江双底安居乐业，现历300余年。朱氏宗祠（图6-2-106）坐西朝东，分为主座和副座两部分，进深方向34米，面阔24米。主座位于北侧，为两进三开间四合天井式。主座前为开敞宽阔的前院，由围墙围合，院门并不开在东面正中，而是在南北两侧对称式开设条石拱门。一进为门厅，前设2米深通长前檐廊（图6-2-107），一对红色砂岩石柱将其分为对称的三部分，石柱上刻"祖宗胚显学有紫阳驾周程张陆诸子以齐名宇宙文章流剑水，家国重光军兴洪武继隋唐宋元历代而承运英雄勋业起濠州"，表明朱氏的悠久历史和荣耀。石柱与两侧

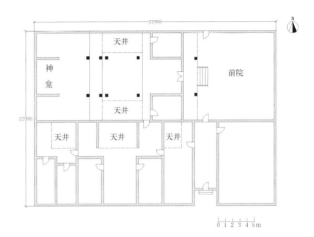

图6-2-106 朱氏宗祠平面图

图6-2-107 朱氏宗祠正面

宗祠、宅第、园林

图6-2-108　拜亭和祖堂

图6-2-109　祖堂梁架

山墙相连的虾弓梁亦为红色砂岩材质。檐口封檐板雕刻精美，正中有官员人物雕刻，上书"状元府"三字，据悉是为宣扬朱氏迁居濛江双德村的300多年前后产生的12位文武状元。前檐廊后墙正中开设正门，门楣上方石刻"朱氏宗祠"。门厅两侧设耳房，门厅正中为中门，上题"加官晋爵"四个大字。中门后为通面阔的天井，天井正中设5米见方的拜厅（图6-2-108）。拜厅四坡屋顶，由4根高5米的石柱支撑，水瓶式柱础。拜厅后紧接祠堂二进祖厅。祖厅在进深方向分为三部分，前部为祖厅和拜亭之间的轩廊，上设弧形卷棚式吊顶装饰，檐廊两侧的山墙内侧绘制人物故事彩画，右侧墙上，依次挂着濛江朱氏始祖朱登、明太祖朱元璋、朱氏先祖朱熹的画像。祖厅的后部被两道2米深的砖墙分为三部分，形成三格神龛，供奉朱氏各代灵位，正中一格墙中悬挂双凤朝阳木雕。祖厅内部梁架结构为典型的广府沉式梁架（图6-2-109）。副座占地与主座相近，紧贴于主座右侧，内部设三个天井，围绕天井有数个房间，用于储藏、厨房等，为祭祀拜祖的附属用房。

5. 北海市合浦县曲樟乡璋嘉陈氏宗祠

璋嘉村是广西北海市合浦县曲樟乡东北部较为偏僻的一个山村，与玉林市和钦州市交界，濒临旺盛江水库，属丘陵地带。该村辖6个自然村，即老屋、老屋场、坑尾、新尾场、新门楼、歧山背（爱国将领陈铭枢故居）等，全村共有400多户2000多人。6个自然村主要姓陈，其次姓潘。

璋嘉陈姓宗族是清代早中期迁来此地定居的，族人以务农经商为生。陈氏宗祠即为璋嘉村陈姓宗族的公共祠堂，坐落于歧山背村内，建于清嘉庆十九年（1814年）。该宗祠坐落于一座山坡的西南面，面向开阔的六湖垌湖面（图6-2-110）。祠堂之前有长方形晒场，由泥土夯筑而成，面积约500平方米，地面低于祠堂约1米，为宗族的公共晒场（图6-2-111）。晒场之前为半月形池塘，是规划建设宗祠之时所挖。紧贴于晒场边缘的砖壁，低于晒场约2米，水面约有2亩，半月形弯曲向内，颇具客家特点。池塘、晒场、祠堂三部分依山势由低向高递次而进，每一进均筑高台、阶梯。

该宗祠为悬山顶三间四进形制（图6-2-112），第四进为门厅，设凹门斗，大门上方的门额书写红底金字、笔力苍劲的"陈氏宗祠"四个大字，两旁有门联"家声传颍水，庙貌壮廉湖"，是清咸丰三年（1853年）中进士、"出使西洋第一人"的广东吴川人陈兰彬于清朝同治丙寅季夏到璋嘉时所题。檐下绘有花草和人物故事彩画。悬山顶两侧和屋脊饰以龙舟脊，是桂东南客家重要厅堂建筑常用的装饰手法。门厅后设屏风，悬挂三块功德牌匾，左右两块分别为"翰林院庶吉士"、"赏换花翎"，中间一块为最大，上刻"上将第"，是为纪念民国36年

图6-2-110　璋嘉陈氏宗祠

图6-2-111　宗祠前晒场

国民党政府授予上将军衔的陈铭枢（图6-2-113）。门厅两侧设耳房，后为5米×6米见方的天井，天井两侧是开敞的廊道。经过天井可达第三进，第三进大门上方悬挂着一块红底金字的大匾额，上书"骑尉第"。其后通过六扇中门可达与第二进之间的天井。二进大厅面朝天井的一面完全通透开敞，梁上方悬挂有两块青底凸金字的功德牌匾，为清光绪二十年八月十六日光绪皇帝赐制。二三进两侧亦都有耳房，但不向厅堂开门，而是与天井两侧的厢房连通形成三间式的套间。头进为祖厅，陈列

图6-2-113　门厅

着陈氏家族的历代祖先牌位。祖厅两侧耳房亦不向厅开门而是直接对外通向祠堂外巷道并和厢房一起连通。

陈氏宗祠基本采用砖墙承托檩条，基本不设木质梁架，中轴线上的厅堂空间序列完整肃穆，为典型的客家民间宗祠建筑，集中体现了"姓各有宗祠统之"的中华民族几千年的传统观念和客家文化，是研究广西北部湾地区客家建筑和历史的文物样本。

（二）桂东、桂东南的宅第

1. 贺州市仁义镇陶家大院（静安庄）

静安庄位于贺州八步区仁义镇保福村象角寨，始建于清朝乾隆年间，院内居民为陶姓，据称其先祖是从广东珠玑巷迁徙而来。静安庄占地约10亩，坐北朝南略向西偏5度，整个庄子分为内外两部分。外院位于东侧和南侧略呈"L"形围绕内院（图6-2-114）。外院入口门楼朝东开，是整座庄子的大门，门楼宽约4米，高两层，广府式镬耳山墙颇具气势，大门上方书"静安庄"三个颜体大字。进入门楼即为宽18米、深30米的敞院，并从此敞院北侧和西侧有巷道通向庄子西南角和东北角的侧门，这两个侧门均为两层高的炮楼，可俯瞰兼顾到整个大院。敞院周围原建有牛棚、长工房、私塾等，现均已毁，仅留有南面的鸡舍。

内院部分为日常起居生活和祭祖之所，占地30米宽、70米深，为一方形"围屋"。内院大门亦朝

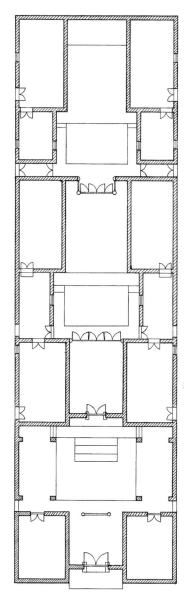

图6-2-112　璋嘉陈氏宗祠平面图

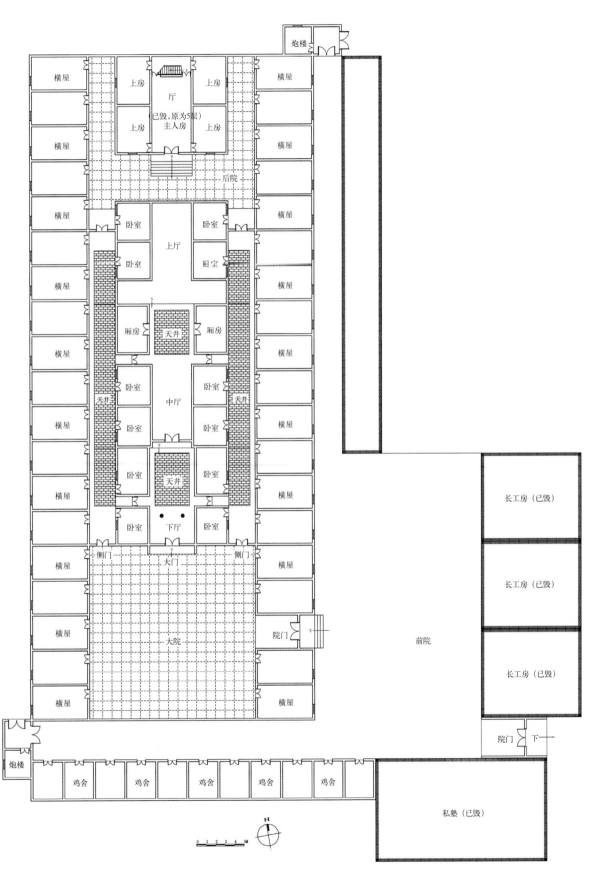

图6-2-114　陶家大院平面图

图6-2-115　外院及内院门楼

东，面向外敞院开启，为两层式的门楼（图6-2-
115）。进入院门即为一18米见方的正方形前院，前
院南侧是通高围墙，将内外院区分开来，北侧正中
为兼作祠堂的正房，左右两侧对称地排列两条通长
横屋。正房为三间三进式布局，面阔12米，正中设
凸出90厘米左右、高出两侧屋檐1.5米的门龛，形
成严整对称的正立面。中部门龛顶部为悬山式，两
侧为一字墙，顶部均为龙舟脊装饰。门龛中部为条
石砌筑的大门，门上方的实墙上设3幅镂空砖雕花
窗。进入大门为门厅，门厅后部设两根木柱，将其
分为三部分，形成三开间的样式。门厅后为深6米
的天井，它们之间设横向窄巷通向主屋和横屋之间
的长天井。中厅深达8米，南面设有和门厅大门相
同尺度的条石大门，北面完全开敞面向和祖厅之
间的天井，天井两侧设厢房，用于存储祭祀相关用
品。祖厅亦不设门，供奉祖先灵位，通面开敞面向
天井（图6-2-116）。三进厅堂两侧均对称地设有
正房，有意思的是这些正房均不从厅堂或厢房横廊
进入，而是将大门和窗户开向正房与横屋之间的天

图6-2-116　祖堂及前天井

井，这一做法将祠堂的祭祀流线和日常起居流线完全区分开来，更加容易形成庄严肃穆的祭祀空间序列。正房后为后院，在中轴线的正中原建有5层高的小楼，是庄主主要的日常生活起居场所，可惜毁于战乱。横屋对称列于正房两侧，中间隔以宽3米、深30米的长天井（厝巷）。

从建筑风格上来看，镬耳山墙、龙舟脊、檐下彩画、硬山搁檩构架（图6-2-117）等都使得静安庄带有较强的广府式民居的特点，但堂横屋的布局模式、悬山样式的屋顶又属于客家式民居的典型做法。这种建筑风格杂糅的现象在贺州、玉林、钦州等桂东南区域普遍存在，反映了这一区域广府、客家人杂居交融的现实社会状况。

2. 贺州市莲塘镇仁冲村江氏围屋

江氏围屋位于桂东贺州市莲塘镇仁冲村。江氏先祖原籍河南淮阳，为躲避战乱在宋代举家南迁。先是定居广东长乐，清道光年间，江家先人江浚辗转广西谋生，在仁冲村、白花村一带种田种蔗、做小生意，家境渐渐殷实。清光绪年间，江家在定居于贺县后的第三代江海清手中发家。清光绪十一年（1885年），江海清在镇南关大捷中因战功显赫，晋升为三品朝官，出任云南省盐检道台，受赏巨额白银及"万宝来朝"牌匾，成为云南、广西贺县一带远近闻名的"江百万"。此时的江家有钱有势，声名显赫，人丁繁盛。原有老屋不敷居住，由江海清出资，在仁冲村老屋东南面另建新围屋，就是现在的江氏围屋。围屋占地20余亩，现今仍聚族居住着32户近200口人。

江氏围屋是较为典型的客家堂横屋，四堂六横格局，坐东北朝向西南，秉承客家民居"天圆地方"的布局传统，呈后方前圆形（图6-2-118、图6-2-119）。方形部分是建筑主体，宽87米，深50米许，建筑物前有弧形高墙围合起来的巨大晒坪，弧顶深约20米。围屋的大门位于弧形围墙的南侧，门楼高约7米，大门位于门楼正中央，大门正上方书"淮阳第"三字，左右为"淮阳源远、世代流芳"的楹联，体现客家人迁地不忘本的性格。四

图6-2-117 硬山搁檩梁架结构

进堂屋均为五开间结构，正中设大门，沿中轴线由西向东依次布置，分别为下厅、中厅、上厅和祠堂（图6-2-120），祠堂在上，建筑由上至下从高至低依次排列，主次分明。四进堂屋均宽23米左右，除第一进祠堂正房深7.3米外，其余进的正房进深均为5.2米左右，各进天井尺寸也较为平均，天井两旁的厢房大小也一致。厅堂两侧的耳房均为主人的起居卧室，在其分配上严格遵照先长后幼的尊卑次序来安排。依照中原传统习惯，以东为尊，以西为卑。如江海清之父，娶有一妻一妾，各育三子，右侧正房为其妻及三子居所，自长至幼顺序居住；左侧正房为其妾及三子居所，亦按长幼依次居住。其后，所生各子再分别向外围及楼上住所延伸。总之，辈分越大，住所位置越靠近厅堂乃至上厅；辈分小的，则分住在靠近下厅的位置乃至外围。

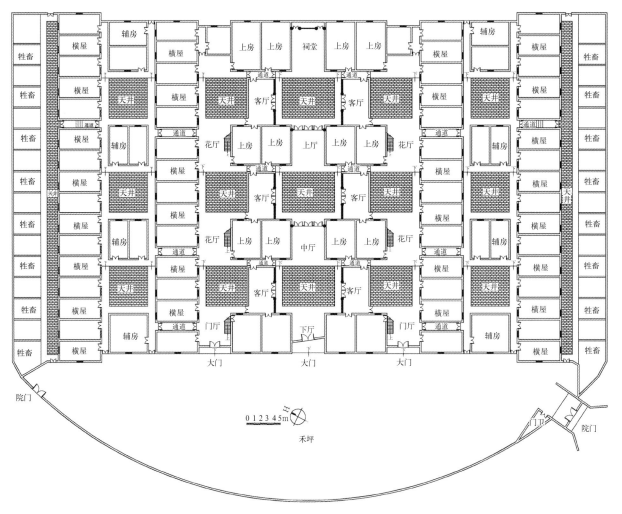

图6-2-118　江氏围屋平面图

图6-2-119　江氏围屋鸟瞰

图6-2-120 祖厅

图6-2-121 围屋大门

图6-2-122 内院

图6-2-123 花厅

　　围屋的正大门开设在下厅正中，为了避免直对门前高山，向左略偏一角度，朝向前方的"笔架山"（图6-2-121）。堂屋与左右两侧的第一排横屋之间各设有一个侧大门，与正大门通向各个厅堂和正中天井相对应（图6-2-122）。侧大门后则是两列共8个被天井相隔的花厅（图6-2-123），是平时活动和宴客的场所，花厅内均设通向二楼的开敞楼梯，和中轴线上各进堂屋严肃的空间气氛不同，花厅和各个天井之间不设分隔，空间通透流畅，十分具有现代韵律感。横屋之间以天井和落廒相连，横屋用于住人，而落廒则为厨房等辅助空间。横屋开门方向均面向中轴线，窗户则两面墙上都有，形成良好的通风效果。左右两侧的最后一列横屋均为畜棚，与中间一列的横屋隔以通长的天井。整个江氏围屋规划严整有序，屋宇、厅堂、房井、回廊布局合理，形成一体，厅与廊通，廊与房接，上下相通。

　　夯土和土坯砖是客家民居的常用建材，江氏围屋的墙体窗台以下为夯土，以上为土砖，只是在厅堂等重要场所的重要部位采用条石和青砖，显示出客家人勤俭朴素的性格。建筑造型上也是强调整体气势而不拘泥于局部的精雕细琢，为了防止雨水侵蚀泥砖墙面，多采用悬山，各列横屋则为歇山式屋顶。

江氏围屋格局考究、保存完整，是广西地区不多见的客家围屋文物范本。

3. 梧州市昭平樟木林乡叶氏围屋

叶氏围屋（图6-2-124）位于梧州昭平樟木林乡新华村，当地人称之为"石城围"、"石城寨"、"田洋围屋"、"田洋寨"等。围屋里住的全是叶姓人家，最多时住有50多户400多人。围屋始建者为叶纪华、叶纪珍。清嘉庆乙丑年（1805年），叶纪华、叶纪珍兄弟自广东揭西西迁樟木林。积蓄了一笔财富后，时至清道光年间，即以广东先祖居宅的构造，用附近石山的青石块和田峒中的泥土为主要建筑材料，雇用上百名湖南民工建起了石城围屋。

该围屋背靠海拔800米以上的连绵群山，坐落于樟木林田峒中央，坐东向西，总长90多米，宽60多米，呈长方形，占地面积5500多平方米（图6-2-125）。围屋的南、北、西三面围墙均用石块砌筑，并依托围墙修筑排屋，排屋平时用于储藏和圈养牲畜，战乱时期则居住围屋外的族人。西面排

屋中轴线中心正面建大门（图6-2-126），趟龙门样式，门楣上悬挂着一块红色牌匾，上书"国望堂"三个大字，两边还有一副对联"宗源远溯，奕业长荣"。西面两边离侧墙7.35米处各有一个中门，东面的一排则为"三合天井"式排列的住屋。整座围屋外墙四周没有一扇窗户（现外墙窗户为近年安装），只有40多个防御枪眼。这样，围屋的四面都被基本封闭起来，再结合后方东部的两座炮楼（已毁），防御性较强。

两排共9座两堂两横的堂横屋位于中央，是围屋的主体部分，每一座基本都是占地15米见方的两进五开间"上五下五"四合天井式的布局。所谓"上五下五"，指的是上厅、下厅、上四房、下四房、一个天井和两间厢房。下厅为门厅，上厅为堂屋，两侧正房居住，天井两旁的厢房用作厨房等。各座堂横屋基本都用泥砖夯土修筑，悬山双坡屋顶。第一排正中正对大门的是祠堂，也是两进布局，供奉叶氏先祖的牌位和土地、财神、门神等

图6-2-124 叶氏围屋鸟瞰

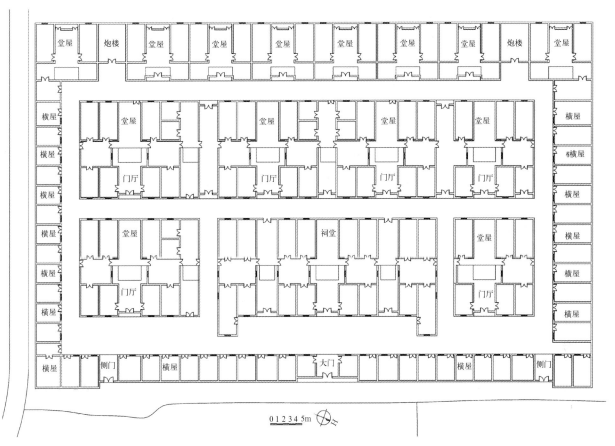

图6-2-125 叶氏围屋平面图

图6-2-126 叶氏围屋大门

图6-2-127 祠堂内院

（图6-2-127）。祠堂两侧的两座的两翼耳房向前凸出3米左右，略呈三面围合的格局，形成大门后祠堂前的长方形小广场。整座围屋以中轴线为界，左边划分给兄长叶纪华及其族系，右边划分给弟弟叶纪珍及其族系。从现存的状况来看，左边的面积稍大、房屋也较多，右边的局部房间则使用了青砖砌筑，装修也更为讲究，印证了村民"纪华公多子、纪珍公多财"的说法。

一般来说客家围屋前均有水系以备水饮和灭火，叶氏围屋却仅设晒坪。据了解，现距离围屋前1里远的唤作马河的小河原来就是由围屋的左边流经屋前，距离围屋不过20多米，后河流改道，离围屋越来越远。围屋里的所有巷道路面满铺鹅卵石，道旁条石封边设有明沟（图6-2-128）。各户门前的铺石具有独特的古韵，有的门前铺成八卦形、有的门前铺成金钱形，寓意颇佳。

4．玉林市玉州区硃砂峒客家围垅屋

朱砂峒围垅屋位于玉林市玉州区内南江镇岭塘村内，距离玉林市区3公里。因其附近盛产朱砂而得名。该围垅屋由祖籍广东梅州的黄正昌建于清乾隆时期，黄正昌清乾隆、嘉庆、道光三朝为官，官至五品，死后道光赐"奉直大夫"，故该宅亦被称为"大夫第"。

朱砂峒围垅屋坐东北向西南，背靠山坡，依势而建，围屋门前正对风胫岭的园岭，是为朝山，左有高庙岭龙形高起，右有陈屋背狮岭围护（图6-2-129）。整个围屋占地15000多平方米，由中部的长方形围屋主体、后部的半圆形围垅化胎、屋前的半月池三部分组成，该围垅屋的整体形制十分完整，是广西现存为数不多的客家围垅屋之一。

围屋的主体是一座三堂十横的堂横屋，被依中轴线对称分布的4条纵向通道分为5个部分（图6-2-130），中央部分是包括祠堂在内的三堂四横屋，两侧是两列成组布局的横屋，最外围的两列横屋为家畜屋舍。中央的三堂四横屋总宽约55米，深47米，正面呈层层后退三面围合的太师椅造型，空出堂屋前的大晒场。晒场正中是三间三进的祠堂，下厅设凹门斗，悬山双坡，屋脊为龙舟脊样式，门斗上悬挂"大夫第"牌匾。门厅后的厢房为敞廊式，架锅设灶，是宗族聚会时的杂物房。中厅十分气派，宽5.5米，深8.5米，清一色青砖砌筑，正中悬挂"文魁"字样牌匾。中厅两侧墙上均对称开设3个拱形门洞，和两侧间的联系十分方便，利于宗族聚会开席摆宴（图6-2-131）。第三进为祖厅，供奉黄氏祖先牌位。祖厅空间稍高，但在用材上反而不如中厅，墙基约3米为夯土，以上为土砖。两侧的横屋和堂屋之间、横屋之间均以天井和花厅相隔，并设有侧门通向屋前晒坪。正中的三堂四横屋

图6-2-128　围屋内巷道

图6 2 129 朱砂塍围垅屋正面全景

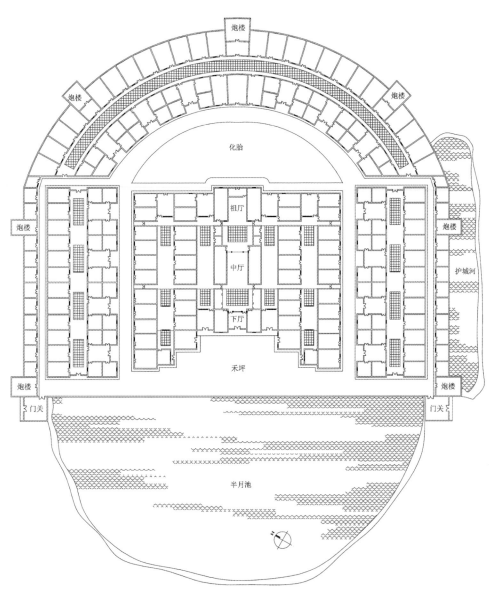

图6-2-130 朱砂塍围垅屋平面图（局部损毁，据资料描述推测）

图6-2-131 三进院落

图6-2-132 残存的围墙

图6-2-133 南侧入口大门、炮楼和护城河

图6-2-134 入口瓮城

和两侧的横屋之间留有4米宽的纵向巷道，两侧的横屋两列为一组，靠近中央的一列横屋稍宽，7.5米左右，被划分成数个三开间式的住屋，中间为厅堂，两侧分列前后两个居住正房。外面的一列横屋则为一溜6米深、4米宽的房间。

朱砂垌围垅屋的围墙呈半圆马蹄形环绕一圈，正面面对半月池的是1.6米高的透空式直线矮墙，余三围为6米高、70厘米厚的夯黏砂土围墙（图6-2-132），周长400余米的墙体遍布射击孔，紧贴围墙建有家畜屋舍和其他辅助性用房。绕马蹄形围墙分设7个可作瞭望、射击用的炮楼，名曰"七星伴月"。围墙左右两侧为各占地约1000平方米的护城河。整座围屋仅设有南北两个出入口（图6-2-133），且都设有"关门打狗"的瓮城（图6-2-134），防卫森严可见一斑。围内各巷设有栅门，户

户楼上楼下相通，巷巷相连，全寨相通。内沿城墙搭盖瓦房，用于防止强盗等搭梯攻城，能防能守。为防围困，围内还曾置设多处粮仓，左右两边大巷内亦各有防困水井一口。

朱砂垌围垅屋是广西现存一座最大、最完整、最典型的客家围垅屋，它对于研究广西客家历史、文化、民俗风情、建筑艺术、宗教法礼制等具有十分重要的价值。

5. 钦州市钦州镇刘永福故居（三宣堂）

刘永福（1837–1917年），字渊亭，广西防城港市那良人，雇工出身。1857年，在太平天国运动影响下参加天地会起义军。1864年在归顺州（今靖西）安德组织黑旗军。在中法战争中，率领黑旗军抗击法国侵略者，先后取得罗池大捷、纸桥大捷等，还抗旨保台，打击日寇，是著名的爱国将士。

刘永福在越南抗法战争中屡立战功，被越南王封为三宣提督，其故居则据此命名。三宣堂位于钦州市板桂街10号，建于清光绪十七年（1891年），占地约2.3万平方米，建筑面积5622平方米，有大小楼房119间（图6-2-135）。除主座外，有头门、二门、仓库、书房、伙房、佣人房、马房等一批附属建筑，以及戏台、花园、菜圃、鱼塘、晒场等设施，四周围以高达4米的坚实围墙。头门临江向东，有醒目的"三宣堂"大字匾额，门两边的对联是"枝栖古越，派衍彭城"。进头门，经过30多米的过道，便是一座两层楼房的二门。门顶上原来悬挂着"建威第"的金字大匾，配以"恩承北阙、春满南天"的对联。二门内是开阔的广场。广场南面是一个高4米、宽24米的巨大照壁，上书"卿云丽日"。

三宣堂就在坐落在照壁的北面（图6-2-136），分为主座和主座左侧的附属谷仓杂院两部分。主座类似于客家民居的三堂两横屋，并附设一后横屋，形成三面横屋围合着中间五间三进堂屋的格局（图6-2-137）。整座建筑除纵轴线上的明间大厅皆为单层外，左右对称的耳房、横屋均为两层。堂屋前座较浅，为门厅，前设7.6米通高的前凹门廊，凹

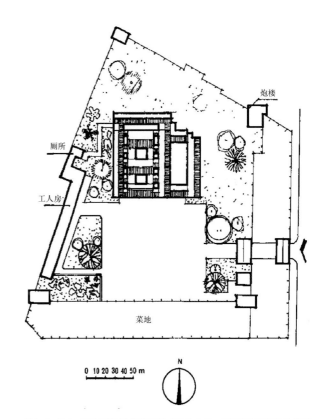

图6-2-135 刘永福故居总平面图（图片来源：《广西民族传统建筑实录》编委会.广西民族传统建筑实录 [M].南宁：广西科学技术出版社，1991.）

图6-2-136 三宣堂正面

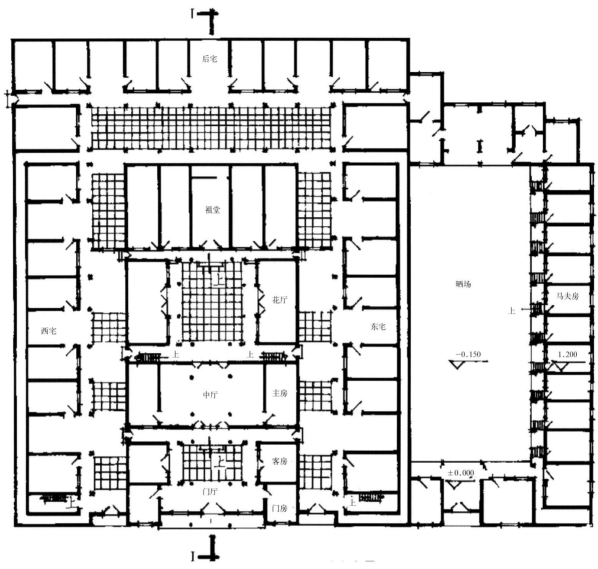

图6-2-137 平面图（图片来源：《广西民族传统建筑实录》编委会.广西民族传统建筑实录［M］.南宁：广西科学技术出版社，1991.）

门廊设门柱一对，恢宏大气。门顶有"钦赐花翎"的直匾，配以"天阶深雨露、庭砌长芝兰"的对联。门高3米多，设二层门，外层是富有南方特色的趟龙门，内层是数寸厚的格木板门。前座两侧设门房和客房。中座为三开间式开敞的中厅（图6-2-138），厅内壁画、木雕琳琅满目，内容有名山大川、亭台楼阁、奇花异草、彩凤仙鹤，还有牧童樵夫、仙翁神女、圣贤豪杰、武将文仕等。中厅左右是对称的二层楼房，西面是刘永福的卧室。中座后为一尺度较大的天井，东西两侧的厢房是花厅。后座为祖厅，是建筑群中最高的一座，名"请缨堂"，因当年刘永福反对"二十一条"请缨抗日

而得名。三面环绕的横屋和堂屋隔以数个天井，每一列横屋均间隔设有数个横屋厅。谷仓杂院占地约1500平方米，三面排屋围绕一大晒场，是刘永福灾年赈济灾民之所，被称为"济民仓"。

6．钦州市灵山县佛子镇大芦村劳氏祖屋

大芦村劳氏祖屋位于钦州市灵山县佛子镇。明朝嘉靖年间，大芦村劳氏第一代祖劳经从檀圩至此定居造村并开始修建镬耳楼。经过200多年的发展，大芦村已经由当初的芦荻丛生之地发展成由15个姓氏居民杂处的大村场，共有古宅镬耳楼、三达堂、东园别墅、双庆堂、路强堂、蟠龙堂、东明堂、陈卓园、富春园和劳克中公祠9个群落，而镬耳楼因

图6-2-138 中厅

其祖宅的地位和村内独一无二的镬耳门楼成为大芦村的标志性建筑。

镬耳楼宽50余米,深90余米,占地面积4460平方米,坐西北朝东南,面向村中池塘(图6-2-139)。该宅主体为两路平行布置的五进院落布局(图6-2-140),两路主体之间和左右两侧都布置有横屋辅房,此外,北侧设有一条通长的后罩房,被两路主体之间的围墙隔成两部分,西侧为长工房,东侧是丫环房。为了满足各色人等居住之需,东侧设置一条若干单进三合式院落组合而成的横屋。主体北部原为后花园,现已荒废。

镬耳楼东面正中设有10米见方三面围合的门前院,门楼就位于前院西侧朝东开大门,当地人依劳氏第四代祖劳弦官至六品后,将大门修成象征官帽的镬耳状,该祖屋也因此得名(图6-2-141)。门楼一层高,4米宽。门楼两侧为门房,由门楼进入宽阔的前庭院,正对门楼为戏台,南侧倒座为马厩,向北面朝前院正中为西路正房,两侧对称设有联系横屋通长的甬道,正房入口为一凹门廊,门厅两侧为朝向天井开门的客房,客房南侧墙上开设砖砌高花窗。门厅后为宽敞的天井,两侧为檐廊。

四进为官厅(图6-2-142),前出轩廊遮盖平台,该轩廊为独立于官厅并与官厅屋顶紧靠的双坡屋顶,因此在屋顶交接处形成内天沟,排水不畅而有渗漏风险,这种做法在广西传统民居中较为少见。与门楼相呼应,轩廊的山墙也为镬耳式样。轩

图6-2-139 镬耳楼远眺

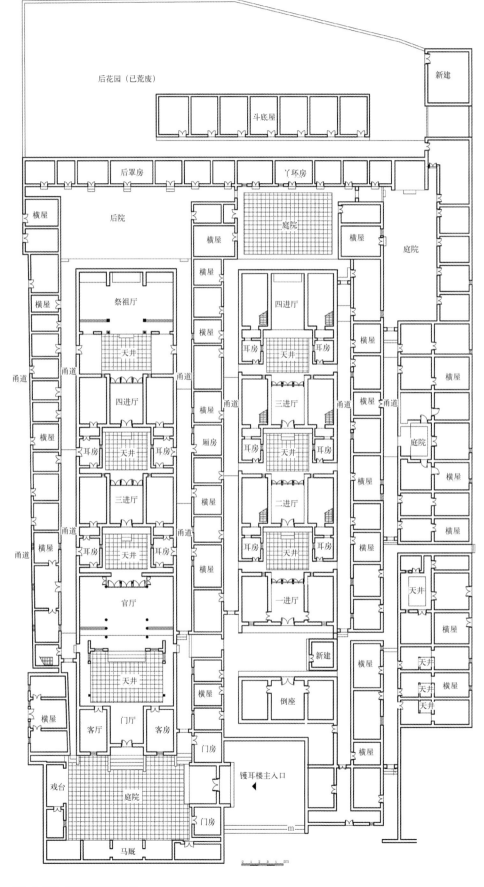

图6-2-140 镂耳楼平面测绘图

图6-2-141　镬耳楼大门

图6-2-142　四进官厅及其前院

图6-2-143　从一进天井向外看

图6-2-144　祖厅梁架

廊后是宽敞明亮的议事大厅，厅内空间开敞，采用广府沉式梁架做法，梁枋瓜柱用材粗大厚重，雕饰精美。厅后嵌三扇双开隔扇门，宽敞明亮。

议事厅之后三、二进为长子、嫡孙居住的内宅，格局相似，明间为厅堂，两侧间与天井旁的厢房通过一个小天井连成套间，且只在厢房开有通往外间的门，侧间为主人居住，厢房则是丫环住所（图6-2-143）。头进为三间敞口屋，居中设置大芦村劳氏始祖劳经的神主牌位，两侧的依男左女右，按辈分分级安放其列祖列宗的神主牌，故又称头厅或祭祖厅。厅内梁架亦为广府沉式梁架，部分为砖墙承重（图6-2-144）。东侧一路的五进院落，头厅供奉此群落宅基地土地神主，座倒朝座作家塾，以前供奉有孔子神位，第二、三、四进则是主屋内宅的翻版，次子以下兄弟按长幼之序居住。

镬耳楼规模庞大，格局严整有序，内外分明，建筑工艺精湛，是广西地区广府式民居的代表之作。

（三）桂东、桂东南的园林——玉林市陆川谢鲁山庄

谢鲁山庄位于陆川县乌石镇西谢鲁村，离乌石镇5公里，距陆川县城24公里，总占地面积8.3公顷。谢鲁山庄依山而建，于低至高，层叠而上气势非凡，园内亭台楼阁，回廊曲径，青砖沟壑，路径九曲回环，奇花异果，极具地方特色，是研究广西古典园林地域特色不可多得的对象，也是与桂林雁山园、武鸣明秀园齐名的广西三大名园之一，素有"岭南第一庄"的美称。

谢鲁山庄始建于1920年，原名树人书屋。园主人吕春琯（1871-1950年），字芋农，本地谢鲁村人，清光绪年间秀才，后任国民党陆军少将，吕芋

农本人亲自设计并修建庄园。园名取自《管子·权修》："一年之计，莫如树谷；十年之计，莫如树木；百年之计，莫如树人。"1950年，山庄被陆川县政府接管，更名为谢鲁花园。由于地理位置偏僻，长期不为世人所知，因而山庄基本格局和建筑物得以较完整保留。1980年正式对外开放，易名为谢鲁山庄。

谢鲁山庄所处之地为典型的桂东南黄土丘陵地貌。山庄建于燕子山麓山坡南面，山庄内古树参天，坐北朝南，负阴而抱阳，前有开阔明堂，秀美田园风光一览无遗，远处案山如卧虎，后有丘陵延绵如飞龙。山水格局自成天然，符合岭南广西低丘山地雨季雨量丰沛的气候特点，充分体现了广西南岭丘陵山地园林的特色。

全庄以"一至九"的数字设景，每数各建其景。一入小门，朴素平常，暗含一元复始之意；入二门后却豁然开朗，犹如世外桃源之境，此为中国传统园林欲扬先抑的典型造园手法，二重围墙，外种果树，内栽花草，取园中有园之意，得柳暗花明之效；三层建筑主体，寓意"三元及第"，低层迎宾，中层待客，上层读书；四方大门，寓意迎四方来客；五处假山，意比五岳；六栋房屋，意六亲常往；七口池塘，暗示七面宝镜，供七仙女下凡梳洗之用；八座亭子，拟为八面玲珑，左右逢源；九曲巷道，寓意天长地久，九九归一。谢鲁山庄的总体规划布局（图6-2-145），充分体现了园主深厚的中国传统文化底蕴，表达了园主对自然的热切关注。

园林布局主要分三大部分，前部迎宾区、中部"琅嬛福地"生活区和后部游山区。迎宾区从入口山门（图6-2-146）开始，经二门、折柳亭—园塘（图6-2-147），分二路到迎屐小院，或经含笑路游门到又一村院门汇合至琅嬛福地游门；"琅嬛福地"是山庄中心区，分布有琅嬛福地游门、眼镜塘、赏荷亭、小兰亭、留墨亭长廊、湖隐轩、水抱山环处、树人堂（图6-2-148）、听松涛阁等；游山区中，前山有倚云亭、棠荫亭、半山亭、寻云别径、松蹊等建筑与景观。后山部分包括白云路、白云深处、望鹤亭、梅谷、樵径、寻梅别径等。

1. 前门
2. 二门
3. 迎屐
4. 湖隐轩
5. 水抱山环处
6. 树人堂
7. 工人宿舍
8. 泥鳅塘
9. 园塘
10. 眼镜塘
11. 荷包塘
12. 观鱼塘
13. 折柳亭
14. 赏荷亭
15. 小兰亭
16. 留墨亭
17. 听松涛阁
18. 倚云亭
19. 棠荫亭
20. 半山亭
21. 邀云竹径巷道
22. 九曲巷道
23. 树人堂西侧巷道
24. 含笑路牌坊门
25. 又一村
26. 琅嬛福地牌坊门
27. 邀云竹径门
28. 寻云别径门
29. 松溪门
30. 白云路门
31. 白云深处门
32. 鱼径
33. 寻梅别径
34. 小庾岭
35. 梅谷
36. 夫子庙
37. 望鹤亭
38. 过荻廊
39. 游客服务中心

图6-2-145 谢鲁山庄总平面

图6-2-146 山庄前门

图6-2-147 折柳亭

图6-2-148 树人堂

图6-2-149 园内绿化

图6-2-150 园内小径

谢鲁山庄岭南特色浓郁,重在彰显自然气息,造景力求与原天然山水绿树葱郁之环境相融(图6-2-149)。园内亭轩楼阁、廊庑周回,溪流潺潺,横桥跨水、假山洞石、花木扶疏,在借用江南园林造园手法的基础上,又融进岭南以自然生态为主的开放性空间。园林游览路线紧凑婉转,步移景异,高低错落,前后掩映,曲折迂回,幽雅别致(图6-2-150)。建筑色调素雅,以灰瓦、青砖、白墙为主。造型拙朴粗犷,既有浓厚的乡土气息,又汇入外来的西洋元素,真可谓土洋结合。

谢鲁山庄小园、小宅、亦书屋,具藏书、读书之功用,因此,选址于远离市井喧闹之处,幽静秀美之地,适于潜心读书之所,反映了客家人"耕读传家"的生活理想。

四、桂中、桂南的宗祠、宅第、园林

(一)桂中、桂南的宗祠

1. 来宾市七建龙腾村春台梁公祠

金秀龙腾古村位于广西壮族自治区来宾市金秀瑶族自治县西北部,距原七建乡约2公里,龙腾古村是目前桂中地区保存最完整、最大规模的明清古村,历史文化底蕴厚重。龙腾古祠(图6-2-151)位于村中心,建造历时13年(1792-1804年)。为三进结构,内有两个天井,正门上刻"春台梁公祠"。两边除了厢房,还有回廊,两个天井用大青石铺就,三个大厅的主要横梁为直径30厘米、高4厘米的大石柱,前厅、二厅两侧的山墙是硬山顶型结构(图6-2-152)。屋基用长条形大青石砌成,屋基以上均为青砖墙,青瓦盖顶,屋檐及房瓴翘角飞檐装饰,屋脊两侧为"官帽"形状山墙,祖厅内梁架为较为典型的广府沉式梁架(图6-2-153),屋椽房梁均有精美雕刻花纹图案。祠堂保持了明清广府祠堂的建筑风格,典雅华贵。

2. 崇左市龙州陈嘉(勇烈)祠

陈嘉(勇烈)祠位于崇左市龙州镇南门街,南临水口河,北部为龙州粮库,东西面为民居。该祠又名"追忠祠",是为纪念在中法战争中牺牲的名

图6-2-151　春台梁公祠正面

图6-2-152　祠堂内院

图6-2-153 祖厅梁架

图6-2-154 陈嘉（勇烈）祠正面（图片来源：网络）

将陈嘉而建的祭祀专祠。陈嘉，字庆余，原籍福建，后随父母逃荒入桂，17岁投军。清光绪十年和十一年中法战争中，陈嘉率领镇南军抵抗法军入侵屡获战功，后因伤重不治而亡。陈嘉生前获赏穿黄马褂，死后，清廷赐谥勇烈，国史馆立传，广西提督苏元春奉旨择址并亲自督工修建其祠，于清光绪二十三年（1897年）建成。中法战争后，清政府分别在福州和龙州为牺牲将士设祠，后来又在烟台为甲午海战死难官兵设祠。其中，在龙州设立的陈勇烈祠是规模最大的一座，且为个人设立专祠的，仅此一座而已。

建成后的祠堂为一个庞大的建筑群，布局严谨对称，主次分明，全祠包括：正殿、道廊、后殿；东厢配殿、昭忠亡灵牌位室；西厢配殿、议事厅、演讲厅。还有房舍、庖厨等附属设施和鱼池、假山、亭阁等园圃景观。祠前辟有宽阔广场，青石码头直达江边。祠向朝南遥对关山，与镇南关朝夕相望（图6-2-154）。该祠现存前殿、揽秀园和昭忠祠及前面大院，有石砌宽台阶直通河边，大门旁的古炮尚存两门（图6-2-155）。该祠气势威武，规模宏大，建筑装饰精美，祠内雕梁画栋，飞檐翘角，使用大量精工细琢花树鸟兽浮雕图案的石雕制品。正殿尤为雄伟壮丽，威严肃穆。大门上方镶嵌祠名"陈勇烈祠"竖额，两侧清光绪皇帝所书"一战功成寒寇胆，九天谥予悯臣忠"对联，词意悲壮委婉，字体遒劲有力。檐廊上方斗栱构件均作镌花，三面檐壁饰满描绘边疆山水风情的网格式画作（图6-2-156）。两侧山墙沿前后屋顶各向天空塑造

图6-2-155 前广场炮台（图片来源：网络）

图6-2-156 檐下彩画（图片来源：网络）

6条莲花飞翅，四角置精制陶狮，莲花塑底座三面均作雕塑装饰。正殿中堂摆置陈嘉灵牌、祭坛、平生经历和战绩记述，东侧昭忠亡灵牌位室则摆置中法战争陆上战场131名立有军功的阵亡将士灵牌，其中将领8名，士兵123名，灵牌标有将领名衔和士兵名籍。从这个意义上说，陈勇烈祠兼有个人专祠和集体烈祠的双重性质，体现了国家对有功将士一视同仁的褒奖和纪念。

3. 南宁市横县龙乡下白面黄氏家祠

下白面黄氏家祠（当地人称为黄才贵祠堂）位于横县镇龙乡马兰村委下白面村的西北面，建于清朝同治八年（1869年），是清末将领黄才贵列祖祭宗的祠堂。黄才贵（1827-1912年），广西横县镇龙乡马兰白面村人，清末爱国将领，民族英雄。在第二次鸦片战争中黄才贵屡建奇功，先后受咸丰帝、同治帝、光绪帝赐封为"一品总领、双眼花翎、巴图鲁"总兵衔。

黄氏家祠坐西朝东（图6-2-157），青砖墙硬山搁檩结构，两进的山墙均为燕尾式三滴水马头墙造型，广西地区较为少见（图6-2-158）。山墙上

装饰琉璃滴水、动物花草雕檐、人物山水壁画、珍禽异兽及花草树木等主题的灰塑，工艺精湛。该祠现存部分总宽18米，深约20米，由主祠和位于主祠左侧的衬祠两部分组成。原有祠堂还设有右衬祠、后衬祠和马厩，均已毁。主祠宽11米，三间两进结构。下厅为门厅，左右两侧对称设置耳房，下厅前设有深3米的门廊，廊前一对方形石柱，柱础为广府花瓶式，石柱设有木质虾公梁与两端山墙相连。门廊檐口封檐板和廊柱与正面墙体之间的梁架均以精美木雕装饰。天井尺寸5米见方，两侧设廊。上厅为黄才贵纪念堂，三间通面阔，梁架结构为广府沉式梁架做法，设有前檐廊，厅内柱子均为方形石柱或砖柱（图6-2-159）。上厅前檐廊檐下正中悬挂咸丰帝圣旨封赐黄才贵曾祖父母匾，两侧则悬挂光绪帝圣旨封赐其祖父母及父母匾，显示出清朝几代皇帝对黄才贵所立功劳的重视。左侧衬祠宽约5米，设有一厅四房，为祭祖时所用的辅助房间。

下白面黄氏家祠为桂中地区较为典型的广府式祠堂，是研究该地区广府建筑文化重要的实物资料。

（二）桂中、桂南的宅第

1. 南宁市横县马山乡翰桥村李萼楼庄园

李萼楼庄园位于横县东部马山乡翰桥村，距县城40公里。李萼楼庄园依山势而建，坐北向南，布局严谨（图6-2-160）。宅院由德惠堂、光裕堂、敬修堂、花园、碉楼等五大部分组成，占地面积约6000平方米，建筑面积约2000平方米。除花园及部分围墙已被拆除外，其余部分基本保持完整。该园建于清道光年间，距今已将近200年的历史。该庄园创始人是李萼楼的曾祖父李自超，李自超虽出身贫苦，但勤俭持家而渐有积蓄，发家致富后从上海请来工匠，选用上等材料精工细作，经过两年时间宅院得以建成。民国初年，李自超的第五代孙子李萼楼又在宅院的东西两边分别修建几座宅屋、花园和碉楼，使得宅院的规模进一步扩大，故后人将庄园称为李萼楼庄园。

庄园中最大的3座宅屋即庄园的主体建筑，是

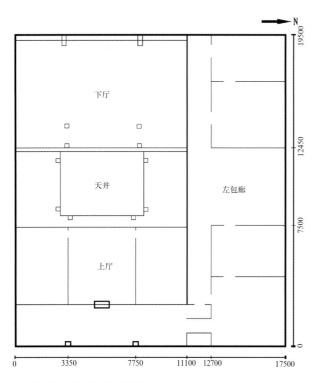

图6-2-157　黄氏家祠平面测绘图

图6-2-158 黄氏家祠鸟瞰

图6-2-159 黄氏家祠上厅

图6-2-160 庄园全景（来自：网络）

"三昆堂"（图6-2-161），即德惠堂、光裕堂和敬修堂。三昆堂的东边，是几座建于民国初年的宅屋，为抬梁兼穿斗式木构架结构。三昆堂的西边是建于民国初年的花园，园中原建有亭台楼阁、雕柱画廊、假山鱼池，惜已毁。在庄园的东西两侧，分别耸立着两座碉楼，居高临下，分上下3层，各设数个圆形或方形的观察孔和射击台，颇有"一夫当关，万夫莫开"之势。

　　三昆堂是庄园所有建筑中工艺最好，艺术价值最高的建筑。三昆堂的3座建筑面北一字排开，中

图6-2-161　三昆堂檐口细节

图6-2-162　德惠堂牌匾

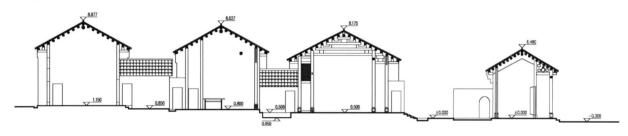

图6-2-163　李家老宅剖面图

间隔以通道。每座均为三间两进，中间隔以天井，天井两侧设有厢房。前面则是被院墙包围起来的前院，3个前院之间以门串连。建筑屋顶为硬山人字山墙，正脊、垂脊均为砖砌饰彩绘，雕饰有花鸟、灵芝、祥云、山兽等图案，颇具广府式建筑特点。檐墙、院落围墙、大门上方及内墙上均有各种图案及田园风光、人物故事等内容的壁画和诗词楹联，一诗一景、景文相配。各堂间还有为了备战和防御而设置的迷宫式的过道、走廊与台阶。

德惠堂与光裕堂的大门上，分别悬挂着"武魁"（图6-2-162）、"贡元"的樟木牌匾，它是李自超的孙子李景华、李景莲分别于清道光十四年、十九年参加广西乡试所获得的。短短几年里，一家中连续考出两位举人，而且一文一武，实属罕见。

李萼楼庄园建筑及石雕、木雕、砖雕等雕塑工艺还有壁画等都保持完好并独具特色，对研究清末民国时期的社会、经济、建筑、文化艺术等都具有较高的价值。

2. 来宾市武宣三里镇李家大宅

李家老宅位于来宾市武宣三里镇东岭村，距县城约12公里。李家大宅建于清代道光年间，经两代人的努力而建成。大宅建筑为传统的岭南风格，堂横式院落布局，面宽九间，进深四座，共有9个大厅、18个天井，120多间房屋，东西南北四角均有炮楼，人称"九厅十八井"（图6-2-163、图6-2-164）。现存建筑面积约6000平方米，主体建筑大体保存完好。方楼建筑严谨，左右对称，以中路宗祠为中心，宗祠三进，中进为通面开敞的大厅，插梁式构架（图6-2-165、图6-12-166）。左右其余房间院落则分上厅、下厅，有的上厅后设有后厅，中间为天井，两边为厢房，上厅两旁为上正间，下厅两旁为下正间，向两边扩展分为上落廒、下水门，再向两旁则是横屋、外横屋，下厅前为晒谷场，晒谷场前为宅门，宅门两旁为栏脚屋，宅门外为半月形池塘。方楼四角四楼，与其他房屋构成一座围城，城里有水井、磨房。其建筑主题表现为向心、团结、坚强的精神。

图6-2-164 李家老宅大门

图6-2-165 从中厅看祖厅

图6-2-166 中厅梁架

大宅的设计、施工均由广东著名师傅承理，工艺精致，所用石块、青砖、灰浆、木料均经过精选，头门、大厅、香火厅的屏风及墙壁上有精美的花窗、木刻、壁画，雕龙画凤，栩栩如生。大院附近有500年以上大樟树1株，当地人称为社王树，需4人方能合抱。

3. 柳州市柳南区竹鹅村凉水屯刘氏围屋

刘氏围屋位于柳州市西鹅乡竹鹅村西南1.5公里的凉水屯。刘氏先祖由广东嘉应州兴宁县迁入广西。据祖屋祠堂中木牌记载，初始之时，刘氏一家因单家独住，被村民欺藐，并"商议，不许让卖田地，若刘姓不得地耕种，不久自走"，后因"忠厚善良，敬而无失恭而有礼排难解纷，方得邻里相交"，从而在该村发家立业。现存围屋是清光绪十八年（1892年）由奉政大夫刘华琼所建。

刘氏围屋宽43米、深32米，坐西北朝东南，为三堂两横式堂横屋（图6-2-167）。正面设有3个大门（图6-2-168），正中进入堂屋的是正门，左右对称的两侧门则通向堂屋和横屋间的花厅。三进堂屋均为五开间模式，第三进为门厅，大门前设有凹

门廊，深1.6米，宽约7.5米，比明间宽，占用了两侧间的部分空间。门廊前设有一对木质廊柱，门廊得以形成三开间的效果。门厅左右两侧设耳房面向门廊开窗采光。门厅和中厅之间是深约3米，通面阔的天井。中厅面向天井的正中是宽约5米的屏风门，该屏门没有采用通常的平开，而是类似于中悬方式上下旋转开启，这样打开时还可以成为谷物的晒台。中厅为三开间开敞式布局，深约7米，厅前

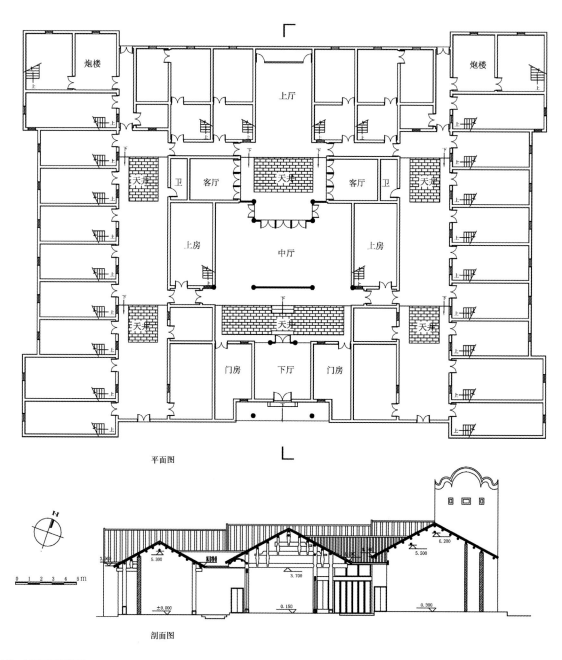

平面图

剖面图

图6-2-167　刘氏围屋测绘图

图6-2-168 刘氏围屋正面

设有轩廊。中厅由于全开敞,采用广府沉式梁架结构（图6-2-169）。中厅两侧的房间与厅同深,被称为"长房",是主人的卧室,面向厅前廊道开门。头进为祖堂,供奉祖先牌位,天井两侧的厢房为客厅。横屋对称设在中路堂屋两侧,与堂屋之间隔以天井和花厅,横屋深约6.7米,每一间均设楼梯通往阁楼。两排横屋的最后一进都建有3层高的炮楼,山墙采用水式做法。

刘氏围屋的屋顶样式为较为典型的客家悬山顶,墙体材料上除部分建筑阳角采用砖砌外均用石灰、河沙掺糖油混合而成的夯土,厚30~32厘米,甚为坚实,地面则铺以青砖。建筑装饰方面,在重点部位如中厅屏风、梁架、天井檐板等处饰以精美木雕,其余则较为简朴。从整体风格来看,刘氏围屋是一座带有广府式建筑特点的客家民居,对研究桂中汉族民系混杂聚居区的客家建筑具有较高的参考价值。

4. 南宁市黄家大院

黄家大院位于南宁市区江北大道北侧,紧邻邕江。清康熙年间,黄氏家族先祖黄明通来到永和村,择此风水宝地而居。从黄氏第四、第五代开始,黄氏族人利用其居住地靠近上尧码头的地理优势,从事运输木材、油和布匹等商贸生意而致富。从此黄氏族人购地置田,并在原来住屋的基础上修建和扩大了该族的住居面积。及至黄氏第六、第七代,黄氏家族经商达到鼎盛时期,建黄家大院,黄氏家族传至今已是第十四代。

该宅始建于清康熙十年（1671年）,整个建筑群坐北朝南,清水砖墙硬山顶砖木结构。整个院落由正厅、厨房、居室等不同使用功能的建筑33栋组合而成,分5列8排布置,大小共118间房,总占地面积3653平方米,是南宁市目前保存最完整、规模最大、具有广西岭南特色的民居建筑（图6-2-170）。

图6-2-169　中厅梁架

图6-2-170　黄氏大宅鸟瞰（右侧为入口）

　　黄家大院平面接近"品"字形，由单体建筑以大小天井及巷道有机联系形成建筑群，以一纵向的主巷道为主轴线，其两端分别设前后门（图6-2-171）。主巷道的左侧由前至后依此排列有客厅、中厅、神厅（福田堂）和正房，并有天井串连其中，是整个宅院中最重要的一组建筑。其中神厅为大院的制高点，整个大院的建筑就以神厅为界线分别向前后两个方向逐渐跌落。

　　主巷道的右侧为一组正房，后部为配房和厨房。随着人口增长，建筑往西侧扩展，并以两条小巷道把新旧建筑连成一体。两条小巷在尺度上、空间上都无法与主巷道相比，除了用地局促的因素外，后建的巷道不能超越主巷道以强调长幼之序是其主要原因。沿纵深方向，建筑每进都有浅浅的天井，不设厢房，各进房屋多为三

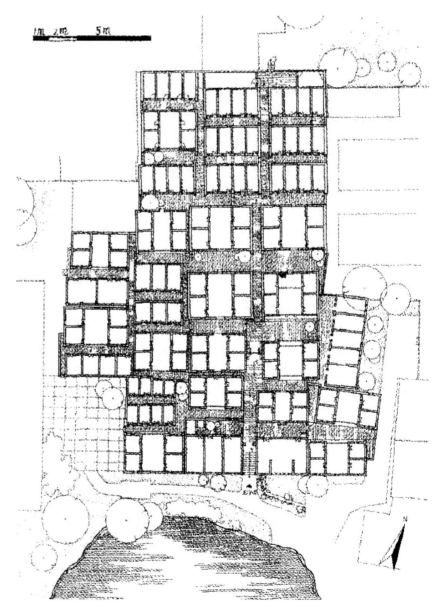

图6-2-171　黄氏大宅平面图（来自：黄筱丽）

间硬山，前后两进房间的山墙连接起来并设拱门，每进房屋均可不穿越其他房间，由巷道、天井自由出入，屋面的排水由天井导入巷道，再通过巷道两边的小沟分别向前后排出。

黄家大院的内部巷道和天井空间颇具特点（图6-2-172），其主巷道最宽处2.8米，最窄处1.5米，建筑与巷道的高宽比在1：2～1：4之间，方向上与夏季主导风向一致。较大的天井为3.6米宽、10.4米长、4.2米高（屋檐高），其比值为1：2.9：1.17，空间舒畅，尺度宜人。较小的天井宽度仅为1.6米，空间狭长，其功能趋同于巷道，是后期人口膨胀而用地局促的结果。

大院的大门比例、细部线条有西洋化的味道，与封闭简洁的建筑形成对比的和谐。据称大门的样式仿老虎头状，其寓意为黄家声誉如老虎扬威般显赫（图6-2-173）。入口处的多级台阶踏步象征虎舌，巷道内的第二重门则为虎喉。此外，主巷道通过尺度的收放与方向的转折，并结合门洞、台阶创造启、承、开、合的变换空间，形成"一波三折"的效果。按当地习俗，这是为了聚集人气、防止漏财及外人的视线穿入，避免"一箭穿心"。

（三）桂中、桂南的园林——南宁市武鸣明秀园

明秀园位于广西南宁市武鸣县城西面的武鸣河畔，总面积约2.8公顷。园内古木参天，奇山怪石、亭台楼阁隐现其中，素以清、奇、古、怪四大特点闻名，是广西目前旧园风貌保持较为完整的三大古典名园之一。

明秀园历史悠久，清嘉庆年间，官宦梁生杞从河南年老引疾回乡，由其子梁源洛、梁源纳负责在此辟建私园，取名"富春园"，在园内分别营建一座蠖楼和一座桐花馆。民国8年（1919年），两广巡阅使"耀武上将军"以3000元大洋向梁家购得此园，因当时陆荣廷是以其叔陆明秀的名义买下来的，故将该园改名为"明秀园"，园名沿用至今。陆荣廷在园中炸石开路，加筑围墙，建造飞檐高耸的园门，在园内建造亭台、屋宇，现入园大门及园内的荷风箍亭、荷花池和部分石凳均为20世纪

图6-2-172　内部巷道

图6-2-173　大宅入口

图6-2-174　明秀园大门

图6-2-175　别有洞天亭

二三十年代所建。1988年，明秀园被列为南宁市级文物保护单位。

　　园林分内园和外园，进入大门（图6-2-174）之后即为外园。内园在外园的右侧，用白色矮墙形成分隔，繁茂的林荫下，巨石成群，姿态各异，人工精凿细打的石床、石凳、石台，雅致奇巧。外园内有两块天然奇石，如人字形插入平地，形成天然洞门，后有六角亭，翼然而立，造园将天然与人工巧妙结合，使此景成为奇中之奇。亭名挂匾"别有洞天"四字，颇富诗意（图6-2-175）。匾额原为陆荣廷所书，现为今人书写重刻。亭前一片开阔草地，当年梁生杞种下的荔枝树早已枝繁叶茂、苍劲挺拔，与"别有洞天"六角亭恰成对景，相互托补。树下设有石台石凳，以供游人憩息。园林小径

图6-2-176　曲径通幽

曲折，怪石嶙峋，穿行于奇石怪木之间，峰回路转，柳暗花明（图6-2-176）。沿路枯藤老树生长于峰巅崖壁之上，紧紧扎根于石缝岩隙之间，攀附伸沿。此地天然之景比比皆是，绝非人力所能及，这正是明秀园景色奇妙之所在。

明秀园遗迹颇多。民国初期，胡汉民、章太炎等国民党要员和梁启超等人曾到园中与陆荣廷共商讨袁大事，古榕合抱的龙眼双生树下的天然岩石刻成的石椅、石凳以及百年树龄的荔枝园，便成了商议军机大事之地。1937年爱国华侨胡文虎、胡文豹捐资在园中建国民基础中心学校，后为鸣山初级中学，两层砖木结构的教学楼即"文虎楼"，至今保留完好（图6-2-177）。1938年，昆仑关战役期间成为国民政府十八集团军抗日指挥部。抗日战争期间，白崇禧在园中设立国民政府第十六集团军总司令部指挥抗日战事。新中国成立后，明秀园成为人民公园。20世纪50年代中期，以北京大学袁家教授为主的专家组创制拼音壮文，园中成为创制壮文的办公驻地，还建有援助壮文创制的苏联东方语言专家居住的苏式建筑"专家楼"（图6-2-178），壮族的文字就在明秀园中诞生。当年的国家领导人朱德及著名诗人郭沫若曾先后到园里参观游览，郭沫若先生还在园内挥毫赞颂。

园内广种荔枝、龙眼、黄皮、扁桃、柚子等果树，以及榕树、樟树、酸枣、香椿、蚬木、虎皮楠等树木30多种（图6-2-179）。

图6-2-177 文虎楼

图6-2-178 二号专家楼

图6-2-179　百年荔枝林

注释

① 蔡鸿生．戴裔煊文集［M］．广州：中山大学出版社，2004：19-20．

② 杨昌鸣．东南亚与中国西南少数民族建筑文化探析［M］．天津：天津大学出版社，2004：47．

③ 罗德胤等．西南民居［M］．北京：清华大学出版社，2010：236．

④ 覃彩銮等．《壮侗民族建筑文化》［M］．南宁：广西民族出版社，2006：68．

⑤ 张良皋．干栏——平摆着的中国建筑史［J］．重庆建筑大学学报（社科版），2000，04：2．

⑥ 蔡凌．侗族聚居区的传统村落与建筑［M］．北京：中国建筑工业出版社，2007：132．

⑦ 余英．中国东南系建筑区系类型研究［M］．北京：中国建筑工业出版社，2001：294．

⑧ 余英．中国东南系建筑区系类型研究［M］．北京：中国建筑工业出版社，2001：220．

⑨ 余英．中国东南系建筑区系类型研究［M］．北京：中国建筑工业出版社，2001：257．

⑩ 潘莹，施瑛．湘赣民系、广府民系传统聚落形态比较研究［J］．南方建筑，2008，05：28．

⑪ 潘安．客家聚居建筑研究［D］．广州：华南理工大学学位论文，1994：224．

广西古建筑

广西古建筑

第七章 其他

广西其他类型建筑（古塔、牌楼、鼓楼、楼阁、亭、戏台、古桥）

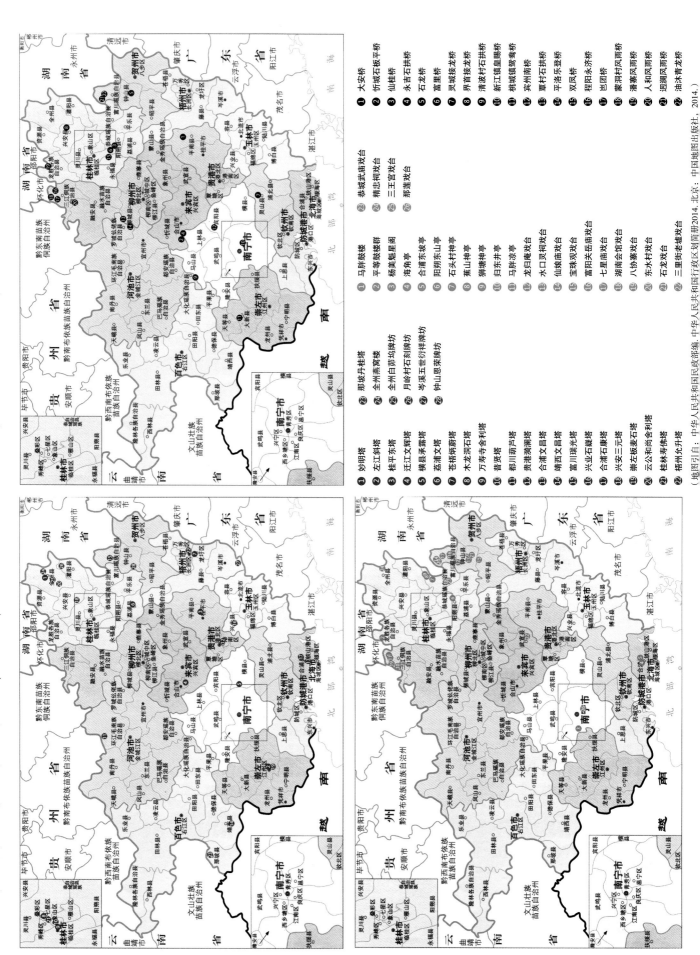

桥
① 大安桥
② 忻城石板平桥
③ 仙桂桥
④ 永吉石拱桥
⑤ 石龙桥
⑥ 富里桥
⑦ 灵城接龙桥
⑧ 界首接龙桥
⑨ 清波石拱桥
⑩ 新江镇皇赐桥
⑪ 桃城南桥
⑫ 实州南桥
⑬ 覃村石拱桥
⑭ 平洛乐坕桥
⑮ 双龙桥
⑯ 程阳永济桥
⑰ 岜团桥
⑱ 蒙洞风雨桥
⑲ 潘寨风雨桥
⑳ 人和风雨桥
㉑ 迴澜风雨桥
㉒ 油水青龙桥

㉓ 恭城武庙戏台
㉔ 精忠祠戏台
㉕ 三王宫戏台
㉖ 那连戏台

楼阁、亭、戏台
① 马胖鼓楼
② 平等鼓楼群
③ 杨美魁星阁
④ 海角亭
⑤ 合浦东坡亭
⑥ 阳朔东山亭
⑦ 石头村神亭
⑧ 蕉山神亭
⑨ 狮塘神亭
⑩ 归东井亭
⑪ 马胖凉亭
⑫ 龙田庵戏台
⑬ 水口灵祠戏台
⑭ 仙娘庙戏台
⑮ 宝珠观戏台
⑯ 富业岳庙戏台
⑰ 七星庙戏台
⑱ 湖谷馆戏台
⑲ 八协寨戏台
⑳ 东水村戏台
㉑ 石龙戏台
㉒ 三里街老戏台

古塔、牌坊
① 妙明塔
② 左江斜塔
③ 桂平西塔
④ 近江文辉塔
⑤ 横县承露塔
⑥ 荔浦文塔
⑦ 苍梧炳蔚塔
⑧ 木龙洞石塔
⑨ 万寿寺舍利塔
⑩ 普贤塔
⑪ 郁川菊南塔
⑫ 贵港涠澜塔
⑬ 合浦文昌塔
⑭ 靖西文昌塔
⑮ 富川瑞光塔
⑯ 兴业石塔
⑰ 合浦石矶塔
⑱ 兴安三元塔
⑲ 崇左归麦石塔
⑳ 云公和尚舍利塔
㉑ 桂林寿佛塔
㉒ 梧州允升井

㉓ 那坡丹桂塔
㉔ 全州燕窝楼
㉕ 全州白岇坞牌坊
㉖ 月岭石刻牌坊
㉗ 岑溪五世衍祥牌坊
㉘ 钟山恩荣来牌坊

（地图引自：中华人民共和国民政部编. 中华人民共和国国行政区划简册2014. 北京：中国地图出版社，2014.）

第一节　塔

据文献和桂林民主路万寿寺石函石刻记载，广西最早的塔是一座建于南朝的缘化寺舍利塔（今桂林民主路万寿寺的舍利塔），这座塔兴建于隋仁寿元年（公元601年），原来是一座7层砖塔，塔内藏有贮存舍利的石函，函盖铭刻《舍利函记》，记载建塔及葬佛舍利情况。后因年久损毁，以致全部崩塌，至明洪武十八年（1385年）重修宝塔，并改作现在的喇嘛塔形式。在广西古塔中有幸遗存的另一座始建于唐代的佛塔是全州县妙明塔。据《全州县志》记述，这个塔唐代咸通二年（公元861年）开始建设，唐乾符三年（公元876年）建成，塔高5层，将自号无量寿主人的开山祖全真大师遗蜕归塔藏之，因而塔又称无量寿佛塔。宋元丰四年（1081年）重建此塔，至元祐七年（1092年）建成7层新塔，南宋绍兴五年（1135年），宋高宗称之：正大光明妙哉！自此称之为"妙明塔"①。今天的妙明塔就是重建于宋代的古塔，虽经元、明、清多次修葺，带上了明清楼阁式古塔的特点，但某些细部依然反映出宋代的遗韵。

两宋是广西佛教的兴盛期，广西境内兴建了百余座寺庙，佛塔也不少，但遗憾的是，除了宋代重建的妙明塔遗存至今外，其他的塔已消失在历史的长河中。

至明清，风水堪舆之说盛行，使风水塔的兴建达到一个高潮，其数量远远超过佛塔等宗教塔的兴建数量。广西现存的古塔中，明清时期建的风水塔占到数量的4/5强，近大半为楼阁式塔。其中明代的古塔中宗教塔和风水塔各占一半，宗教塔以桂林三座喇嘛塔为代表，风水塔一般平面为八边形，高7层。清代广西的佛教没落，古塔中宗教塔数量锐减，风水塔占大半。这些清代风水塔以楼阁式砖塔为主，平面大多采用六边形和八边形，层高3～9层不等，结构采用空筒式、壁内折上式、穿壁绕平座式、实心等多种结构。但由于清代广西经济较为落后，因此清代风水塔的体量都不大，也没有过多的

图7-1-1　全州县湘山寺妙明塔

装饰，显得秀丽而朴素。

一、广西古塔的性质

（一）宗教塔

广西古塔中属于宗教塔类的只有佛教塔，包括楼阁式佛塔、喇嘛塔、过街塔、单层佛塔四类，在遗存古塔的数量上并不占主体地位，但这些佛塔大多较为久远，形制精美，类型丰富，有很高的历史价值、美学价值，如全州妙明塔（楼阁式）、桂林木龙塔（喇嘛塔）、象鼻山普贤塔（喇嘛塔）、万寿寺舍利塔（过街塔）、环江县川山镇都川村葫芦塔（单层塔）等。

妙明塔是佛教楼阁式塔的代表，也是广西楼阁式古塔中的杰出作品，它始建于唐代，在宋代重建、加高，形成今日所见的通高26米的八角七层带副阶的形制，整体秀丽挺拔，简明的红、白两色使宝塔颇为古拙，叠涩出挑的平坐层以一斗三升斗拱装饰，平坐带木栏杆，配合其上翘起的檐子，使整座塔舒展大气（图7-1-1）。

图7-1-2 桂林象山普贤塔

图7-1-3 桂林木龙塔

木龙塔、普贤塔采用的是喇嘛塔的形制，其中以木龙塔为精美（图7-1-2、图7-1-3）。

过街塔式佛塔的典型是万寿寺舍利塔，被罗哲文先生誉为中国最美的过街塔。万寿寺舍利塔是在南北对开拱券门的高台基上设喇嘛塔一座，人可在门洞内通行。高台基四面正中辟门，供人穿行。台基上的喇嘛塔由塔基、瓶身、塔脖子、相轮、塔刹几个部分组成，比例和谐，宝相庄严，具有明显的明代喇嘛塔特点（图7-1-4）。

广西单层佛塔仅余一座，即是建于清代的环江县葫芦塔。塔身为边长2.75米的正方体，正面开门洞，中空（传说李活佛圆寂时，其徒谓之肉身成圣，龛置放塔底空心处，3年不朽）。其上以五层六角形实心楼阁式塔为塔刹（图7-1-5）。

图7-1-4 桂林民主路万寿寺舍利塔

图7-1-5 环江县川山镇都川村葫芦塔

图7-1-6 贵港市港南区江南街道办罗泊湾村漪澜塔

（二）风水塔

风水塔是广西古塔的主流，占广西古塔的大半江山，多为明清时期新建。风水塔在广西主要有镇水、镇妖、障空补缺、兴文、祈佑风调雨顺和人丁兴旺等作用。风水塔的位置一般由堪舆决定，塔内供奉各路神灵，不一而足，满足人们祈福、消灾的心理需要。风水塔是一个地方的地标，常与周围风景相合，成为当地的若干景之一，是乡土景观常见的重要组成元素。风水塔绝大多数为楼阁式塔，它不但为地方增添了风景，也供人登临远眺，一览地方的大好河山，这为文人吟诗作赋提供了大量题材。

风水塔的平面有方形、六边形、八边形三类，其中方形平面的风水塔数量不多，且大都不高，一般3层，更接近文昌阁意象。平面为六边形或八边形的风水塔数量多，其中又以八边形为最，它们一般高3～9层不等，以7层居多，5层次之，3或9层的风水塔最少，分别以那坡县丹桂塔和贵港漪澜塔为代表（图7-1-6）。此外，广西风水塔的颜色有三

种：一种为白色，是在青砖外抹灰批荡而成，仅在腰檐位置涂成红色或加黄色琉璃的勾头、滴水来打破白色的单调；第二种是清水砖色，其外不抹灰批荡，直接将青砖暴露，但会在门、窗做白色门楣或窗楣，腰檐用红砖菱角牙子，或在腰檐下绘墙楣画来改善塔的整体色调；第三种为红色，多用在有镇妖作用的风水塔。

二、广西古塔的形制

广西古塔形制丰富，有楼阁式塔、喇嘛塔、过街塔、单层塔，其中楼阁式塔的数量最多，占广西古塔遗存量的十之八九，无论是宗教塔还是风水塔都乐于采用楼阁式。广西楼阁式塔时间跨度大，从宋以降直至明清都有遗存；其分布范围极广，无论是桂北、桂东、桂东南的汉族地区，还是桂中的汉土混杂区，甚至是桂西、桂西南的少数民族聚居区都不乏其身影。广西楼阁式古塔的形制丰富，从平面看，有方形、六角形、八角形；从材料上看，有

砖塔、石塔；从结构上分有空筒式、壁内折上式、壁边折上式，穿壁绕平座式、实心等五类。广西楼阁式塔的风格与其他省份不同，没有过多华丽的装饰，体量也不大，大多以菱角牙子和挑檐转叠涩出腰檐，出檐短促，塔顶一般以葫芦或宝珠刹结束，总体秀丽而朴素。唯一例外的是全州县妙明塔，其伸出较远的腰檐、翼角翘起的檐子，使整座塔的风格舒展大气，有别于广西其他楼阁式古塔，显示了宋代古塔的成就。

除了楼阁式塔外，广西还遗存了几座造型优美的喇嘛塔。喇嘛塔是藏传佛教所崇奉的佛塔，兴起于元以后，大多分布于中国青藏高原及北方地区，在岭南，桂林遗存的三座喇嘛塔实不多见，这与明清时统治阶级扶植藏传佛教，使藏传佛教在内地兴盛相关。广西毗邻云南，藏传佛教于唐代便传入了云南，因此藏传佛教在云南有较深的根基，随着明清时期上层阶级对于藏传佛教的热衷，藏传佛教向更大范围传播。广西的藏传佛教便是经云南传入，主要集中在当时广西的政治、文化、宗教中心桂林，几座喇嘛塔便是历史的遗珍。广西的喇嘛塔大体由基座、瓶身、相轮、塔刹几个部分组成，有的会有塔脖子、宝盖，有的则无。此外，广西喇嘛塔喜欢在塔基和瓶身部分进行佛教主题装饰，精美但不繁复。其体量相对于北方的喇嘛塔为小，但宝相庄严。

广西遗存的古塔中还有一座过街塔、一座单层塔。过街塔属于藏传佛教体系，盛行于元，但在内地始终不能普及，就全国看遗存数量就很少，因此桂林万寿寺舍利塔便显得弥足珍贵。该塔是一座单门洞单座塔的过街塔，东、西、南、北在皆开券门的高台上立喇嘛塔一座，其整体形制展现了明代喇嘛塔的一般特点，但也有所改变，融入了地方特色。

环江县葫芦塔是一座用于墓葬的单层塔，塔身为正方体，以五层六角形实心楼阁式塔为塔刹，迥异于其他省份的单层塔，其充满个性的简洁造型，展现了佛塔走进少数民族地区后的嬗变。

三、广西古塔的结构与构造

（一）塔基

广西古塔的塔基，可以分为基台和基座，基台多数只有一级，少数有二级，呈阶梯状。基座多以花岗石、砂岩石或砖砌成，多素平无装饰，少数采用须弥座形式，如桂林湘山寺妙明塔，其台基为青石须弥座，呈莲花状；再如来宾市兴宾区迁江镇扶济村的文辉塔，塔基用厚大石板叠砌，基面石凿成覆莲瓣形，并刻有半浮雕卷云纹，组成须弥座（图7-1-7）。其中喇嘛塔的基座往往有相对精美的装饰，如桂林万寿寺舍利塔，塔门上的喇嘛塔主体部分，其基座各面辟佛龛；再如桂林木龙塔，塔基由三个鼓形石座叠成，高1.4米，直径1.35米，鼓形石座上雕刻有蝉翼纹和仰覆莲花纹，雕工精致，花纹细腻。通常砖砌的塔基则基本素平无雕刻。

塔基因要荷载塔整体的重量，要求其要有相当的坚固性，因此常采用坚固的花岗石、砂岩石。若塔基为砖砌筑，则塔基处会要求有一定的厚度，通常

图7-1-7 来宾市兴宾区迁江镇扶济村的文辉塔

图7-1-8 桂平东塔　　　　图7-1-9 靖西文昌塔

3~4米不等，如桂平东塔基厚度达4米（图7-1-8）。

　　广西古塔中，有地宫的仅占很少的部分，有地宫的如桂林湘山寺妙明塔，塔下地宫埋葬高僧舍利。

　　为了保护塔基，早期的佛塔或大型的佛塔会设置副阶，以为塔基遮蔽风雨，但这样的做法现仅在妙明塔中遗存。

　　（二）塔身

　　广西古塔塔身大多以青砖砌筑，少数砖木混合，完全石砌的不多见。为达到稳固的目的，塔身自下而上，层层收缩，形成较明显的收分，与此同时塔的层高也随着层数的增加而减小。从塔身的结构上看，广西古塔有空筒式、壁内折上式、壁边折上式（含贴壁直上式）、穿壁绕平坐式、实心等五种类型，其中空筒式结构占一半以上。

　　1. 塔身结构

　　（1）空筒式结构

　　空筒式为单套筒结构，其外壁由砖砌筑，壁内各层以木质楼板分隔，并设木梯通达，若将楼板、楼梯去掉，塔就成了一个空筒。这种空筒式结构的塔的平面面积一般不会大，各层层高较高，不做平坐。其原因是，如果平面面积过大，木梁易折断；由于单套筒木梁伸出和砖挑出檐都易造成壁身不稳固，所以通常都不做平坐。空筒式结构没有繁复的楼层、没有复杂的内壁，所以只需从下至上按塔形砌出厚厚的外壁即可，从设计到施工都十分简易。

图7-1-10 富川瑞光塔

空筒式塔的楼板有木梁承托，此外这些木梁还增强了塔的横向拉牵力，加强构造方面的稳定性和安全性。但毕竟这样的拉牵力是有限的，所以遇地震易坍塌。

　　广西古塔中有方形空筒式、六角形空筒式和八角形空筒式三种，其中方形空筒式多用于层数较少的文昌塔，如靖西文昌塔（图7-1-9）；风水塔则多为六角形或八角形空筒式，如六角形的富川瑞光塔（图7-1-10）、苍梧县的炳蔚塔，八角形的荔浦

图7-1-11　荔浦县荔浦塔

图7-1-12　横县承露塔

县荔浦塔（图7-1-11）、横县承露塔（图7-1-12）、郁江右岸漪澜塔等。之所以风水塔喜用六角形或八角形，是由于风水塔具有障空补缺的作用，多立于无遮拦的高岗处或河流交汇点，风力较大，而六角形和八角形的塔身更利于消减水平向风力，结构上更加稳固。

（2）壁内折上式结构

壁内折上式结构，是将塔梯藏于塔的外壁之中，塔梯按塔的边角方向折上，直达塔顶。这种结构方式的主要特征是将塔的壁体、楼层、塔梯三部分融为一体，既省去了塔梯所占的空间位置，使塔内空间更宽敞，又多了横向拉力，增加了坚固性，使塔体不易被破坏。此外，由于在壁体内设砖梯，因此采用壁内折上式结构的塔其塔壁都较厚，有的达3～4米有余，如横县承露塔，其墙厚约3.7米。壁内折上式的塔梯一般较为狭窄，仅供一或二人上下，塔梯顶部用叠涩。

壁内折上式结构的塔，从宋代开始产生以降，一直没有间断，在广西也不乏其精彩案例，除了上述提及的左江斜塔，还有横县的承露塔（图7-1-13）。人们可以从承露塔底层进夹墙，拾级绕行半圈上至第二层，进塔心走到对门，再进夹墙，仍绕行半圈，便能更上一层楼。此外，全州妙明塔亦属此类，妙明塔为7层八边形楼阁式塔，在外壁间设塔梯曲折上下，除第4层外其余各层均设叠涩穹隆塔心室（图7-1-14）。

（3）壁边折上式结构

壁边折上式结构的塔是将各楼层与塔身墙壁连接在一起，在墙壁内侧设置塔梯，塔梯与壁身同时施工，因而塔梯与壁身连成一个整体，非常稳固。但其内部仍是空筒式，仅以木楼板相隔，形成内部楼层。各层间以塔梯连接，塔梯则按各层内壁面角度曲折而上到达每一层楼板。由于，塔梯与壁身连为一体，其稳固性高于空筒式，所以这种结构的塔

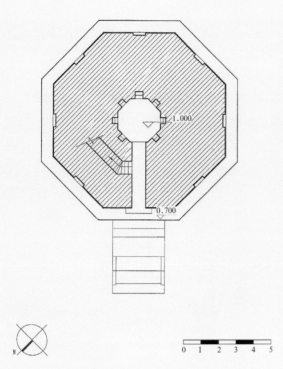

图7-1-13 横县承露塔底层平面图

不需要像空筒结构式塔那样厚的墙体，可节省许多材料。此外，塔梯沿内壁面角度曲折向上，毫不遮挡光线，因塔室也敞亮很多。

这种结构方式也是创建于宋代，经各代不衰，但后期则多见于南方。广西现存壁边折上式塔为数较少，仅一座，即富川县瑞光塔。瑞光塔七层六边形楼阁式塔，高28米，塔内空心，78级塔梯沿六角形壁内曲折登顶（图7-1-15）。

（4）穿壁绕平坐式结构

所谓穿壁绕平坐式是指穿过塔的外壁开辟阶梯甬道（即利用外壁作塔梯），穿上穿下，每一层均需利用壁体外的平坐调转方向，以达到上层，而非在外壁内设楼梯盘旋。其攀登过程是由塔外平坐进入外壁开口，穿过此侧外壁后，中途进入塔心室，然后又穿过另侧外壁，达到上一层的塔外平坐，以此类推。由于利用外壁作塔梯，所以这类塔的壁体相对较厚，往往达3～4米。此外，穿壁绕平坐式塔的塔心室楼层标高位置，与平座层标高相错，恰在上下两层外平坐层标高之间的位置，而不是像通常那样，楼层和平坐位于相同或接近的标高上。楼层

图7-1-14 全州湘山寺妙明塔剖面图（广西文物考古研究所绘）

图7-1-15 富川县瑞光塔壁边折上式塔梯

再加上平坐层，便形成内外层数不一致的现象。一般而言，如果设外部层数为x，内部层数y=x×2-1（注：因为最上层不设穿壁塔梯，楼层和平坐位于相同的标高上）。此类塔的第一层做塔室，不设穿壁塔梯，不存在穿壁问题，仅设木梯达二层，但从第二层开始则需穿壁绕平坐，才能达更上层。

这类塔在广西遗存不多，现知的有4座，分别是兴业县石嶷塔、桂平市东塔、来宾文辉塔、合浦县石康塔。石嶷塔每层八面都有门，但与外檐相通的仅有2~4个门，其余为装饰门，由于各层的门朝向不同，登塔者需从一层塔心的阶级登上二层塔室，然后拾级而上穿过塔外壁上的通门，踏着塔檐（平坐），沿着塔身平坐旋转寻找另一通门，进通门拾级登上更上一层的塔心室，以此类推。因为石嶷的平坐无栏，以叠涩而出的塔檐为平坐，层数越高而塔檐就越窄，所以绕平坐时令登塔者胆战心惊（图7-1-16）。桂平市东塔是空筒式与穿壁绕平坐相结合的结构，其中内部三、四、八、九层为穿壁绕平坐式（图7-1-17）。来宾文辉塔和合浦县石康塔内部木质楼板已完全坍塌，但从其塔壁上风门的位置、壁身内的阶梯及壁身外的平坐来判断，它无疑也采用了穿壁绕平坐的结构形制（图7-1-18）。

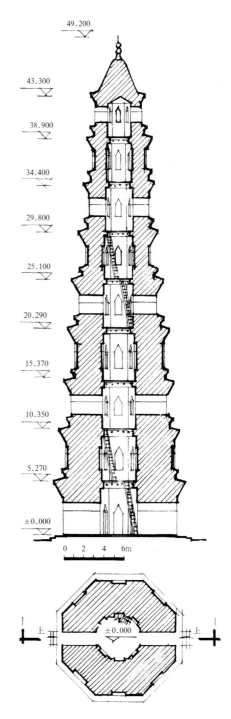

图7-1-16 兴业县石嶷塔

图7-1-17 桂平市东塔剖面图、平面图（图片来源：《广西民族传统建筑实录》编委会. 广西民族传统建筑实录. 南宁：广西科学技术出版社，1991.）

图7-1-18　合浦县石康塔内部

（5）实心塔

一般用于崇拜，但不能登临的塔，多采用实心结构，这类塔以喇嘛塔为主，如桂林的木龙塔、万寿寺舍利塔、普贤塔等。楼阁式塔中也有一部分，

这部分楼阁式塔以石塔居多，但体量都不大，如环江川山镇都川村的葫芦塔、兴安县高尚镇待漏村三元塔、崇左市江洲乡板麦村的板麦石塔、全州凤凰乡麻市黄獭井村云公和尚舍利塔（图7-1-19～图7-1-21）。也有些实心塔采用砖砌筑，如桂林市七星区穿山社区刘家里村的寿佛塔，塔的体量也较小，全塔通高13.3米，底层边长2.92米（图7-1-22）。楼阁式实心塔多为六角形或八角形，从功能上多作墓塔、烧纸塔、风水塔等。

2. 建造工艺

（1）墙身

广西古塔多为青砖砌筑，青砖塔的塔砖有的是特别烧制的，年代和地域不同其尺寸有一定差异。有些讲究的砖塔，其塔砖经过耐心磨制，砌成后缝隙很小，表面呈现光滑、平整的效果。一般的砖塔，则多采用几种规格的砖，砖也没经磨制，只求

图7-1-19　兴安县高尚镇待漏村三元塔

图7-1-20　崇左县江洲乡板麦村的板麦石塔

图7-1-21 全州凤凰乡麻市黄獭井村云公和尚舍利塔（图片来源：《全州文物选萃图集》）

图7-1-22 桂林市七星区穿山社区刘家里村的寿佛塔

外皮齐整。有的由于烧砖技术欠佳，不同窑烧制的砖呈现不同的颜色，有的为纯正青砖，有的则带上红色，这样不同色调的砖一起用在塔身上，颇不讲究，如桂林普贤塔、合浦石康塔、富川瑞光塔等。此外，一般砖塔的砌缝也相对大些，外皮黏结材料多为石灰浆，内部则多用黄泥浆。砖塔外部大部分会抹灰批荡，材料包括纸筋灰浆、石灰砂浆等，使其外部更为光鲜亮丽，如苍梧县炳蔚塔、兴业县石巋塔、梧州龙湖镇允升塔等。

广西古塔中有相当一部分塔壁直接从地面开始用砖砌壁体，不加基座，如崇左归龙塔、富川瑞光塔、横县承露塔等。另一部分则在塔壁下部用砖基座或用石块砌筑基座，如荔浦塔（石基座）、合浦文昌塔（砖基座）等。塔壁表面砌砖方法：常用一层丁头、一层顺砖互相叠错的式样，如桂平东塔、合浦石康镇的石康塔、横县承露塔、来宾文辉

塔等；有的采用一层丁头、三层顺砖互相叠错的方式，如贵港罗泊湾村郁江右岸的漪澜塔；有的采用一丁五顺，如富川瑞光塔；此外，有的则采用连续顺砖交错砌筑的方式，如桂林普贤塔。

（2）腰檐

腰檐指塔第二层以上檐子。腰檐有遮阳光、防雨水的作用，也有使塔体造型美观的效果，是楼阁式塔的重要组成。广西古塔上的腰檐主要有三种类型：

1）腰檐伸出较远，环绕塔身用围合檐子，转角处有时用挑角，檐面通常铺合瓦，用琉璃勾头、滴水剪边，如全州妙明塔，平坐上出挑深远、翼角翘起的木构合瓦琉璃剪边腰檐，丰富了整座塔的轮廓。

2）叠涩出檐，挑檐常以菱角牙子砖或灰塑水草与挑檐砖相间叠涩而挑出，出檐没有铺砌檐面。

塔规模的大小决定了塔檐叠涩层数的多寡，但由于砖的抗拉力较弱，易折断，所以总体伸出较短。菱角牙子有正尖角形△△△和斜尖角形◿◿◿，一般这两种菱角牙子会交错使用，一般塔每层挑檐的下面几层会使用斜尖角，上面几层或最上一层使用正尖角，如兴业县石嶷塔、横县承露塔、梧州龙湖镇允升塔等（图7-1-23）；也有都用正尖角形菱角牙子的，如合浦县石康塔、来宾迁江镇文辉塔、桂平东塔。有的则仅用挑檐砖出挑，如富川瑞光塔，瑞光塔挑檐下还用砖隐刻出一斗三升斗栱，具有很强的装饰意味。灰塑海草纹是在桂东、桂东南广府式民居中砖檐（檐子）的重要装饰母题，因此这一地域的塔有时也用这样的灰塑来形成檐子，体现浓郁的地域特色，如苍梧县炳蔚塔（图7-1-24）。

3）混合式，在层层叠涩挑出的出檐上加上起翘的檐子，檐面通常使用灰瓦，有时用琉璃瓦，或用勾头、滴水剪边，如荔浦塔，每层腰檐出挑的方式都不尽相同，但其上都冠以黄色琉璃檐子，达到了整体的统一。再如那坡县丹桂塔，在其菱角牙子出檐上冠以灰瓦屋顶，使塔更具楼阁意味。

（3）平坐

广西古塔中的一部分使用平坐，平坐类似于现代意义上的阳台，是楼阁式塔的重要组成，供登塔者走出塔体登临远眺。平坐也是塔的重要装饰，使塔的外立面凹凸有致，实用美观。对于穿壁绕平坐式的塔而言，平坐不仅可以供人远眺观景，实用美观，还是其结构的重要组成，登塔者需环绕平坐才能登上上一层塔室。广西古塔中设平坐层的，通常是每一层都有平坐层，如全州县妙明塔、桂平东塔、兴业县石嶷塔、来宾文辉塔等。

广西古塔的平坐有带栏杆平坐、平边平坐两种。所谓带栏杆平坐即平坐上带木构栏杆，人们可以在其间行走、站定、远眺，如全州县妙明塔，其各层皆设栏杆平坐，供人登临远眺。所谓平边平坐即平坐是一光秃秃的平台，没有栏杆，这类平坐一般挑出较短，登塔者需双手扶塔身，才能勉强侧行，加上无栏杆保护，往往让人心惊胆寒，如来宾

图7-1-23 梧州龙湖镇允升塔

图7-1-24 苍梧县炳蔚塔腰檐

文辉塔、兴业县石嶷塔、合浦石康塔等。

广西古塔平坐有两种支承方式，早期的采用叠涩支承法，采用叠涩砖层，如全州县妙明塔，但妙明塔在叠涩砖层外用砖砌筑出一斗三升的斗栱，每层每面两朵补间铺作，转角亦用，起到很好的装饰作用，也有一定的加固效果。另外一种支承方式是

菱角牙子砖层支承法，这类方式在明清时期用得较多，如桂平东塔、兴业石嶷塔、合浦石康塔等。

（4）门窗

广西古塔塔身各层的门、窗开设灵活，没有固定的模式。大型的或早期的塔，其门窗设置都统一有序，而一些后期或规模不大的塔则随意性较大。塔门有真门、假门之分，按形状分类则有长方形、拱形、圭形等；窗的形式更为多样化，有方形、长方形、圆拱形、圭形、扇形，以及梅花形、菱格形。

（三）塔顶

广西古塔多为楼阁式，因此塔顶多用攒尖顶，依据塔的平面分为四角攒尖、六角攒尖、八角攒尖。楼阁式古塔攒尖顶上多置葫芦刹，其做法是先在攒尖顶置砖基座（有的做成莲花瓣样，或采用菱角牙子叠涩），然后再在砖基座上安置覆钵、相轮、宝珠或葫芦。广西楼阁式古塔多在砖基座上直接置葫芦塔刹，少用覆钵、相轮、宝珠。葫芦塔刹有铜质（如东塔等）、铁质（承露塔等）、三合土质（石嶷塔、靖西文昌塔等）、石质（三元塔、葫芦塔、云公和尚舍利塔）等4种，其中石质葫芦多用于石塔，其他几种多用于砖塔。葫芦中心置刹杆，一般刹杆深入塔身顶层，以横梁承托。广西也有一部分古塔单独用宝珠刹，这类塔刹一般在较晚期的塔中使用，其做法与葫芦刹大体一致，仅以宝珠代替葫芦而已，如富川瑞光塔、崇左归龙塔等，但归龙塔的宝珠下还有一个近球形的覆钵体，这种覆钵体一般在较早期的有相轮的塔中应用。在广西古塔里用到覆钵、相轮、宝珠组合塔刹的是全州的妙明塔，其塔刹由覆钵、刹杆、七层相轮及铜宝珠组成，用8条铁链稳固，其上挂铜铃。

广西古塔的另一大类为喇嘛塔，喇嘛塔的塔刹由塔脖子、相轮、宝伞、宝珠组成，早期的喇嘛塔直接将相轮置于覆钵之上，如桂林木龙洞塔，明代的则各部分均具备，如桂林万寿寺舍利塔、普贤塔。但由于普贤塔塔刹部分缺失，两层圆形相轮上的宝伞、宝珠已不复存在。

此外，广西古塔中也有用楼阁式石塔为塔刹的，如环江县川山镇的葫芦塔，其本身是单层墓塔，其上六边形石塔为塔刹，甚为少见。

四、广西古塔实例

（一）楼阁式塔

1. 全州妙明塔（图7-1-25）

妙明塔是一座始建于唐代的佛塔，是佛教楼阁式塔的代表，通高26米，为八角七层带副阶的形制，壁内折上式结构，塔身有较明显的收分。妙明塔的基座为青石须弥座，呈莲花状；为了保护塔基，设置副阶一圈，为塔基遮蔽风雨。塔身每层都设腰檐、平坐。妙明塔的平坐为栏杆平坐，人们可以在其间行走、站定、远眺，其平坐的出挑、支承方式是采用层层外挑的叠涩砖，但在叠涩砖外用砖砌筑出一斗三升的斗栱进行辅助支撑及装饰，每层每面两朵补间铺作，转角亦用，起到很好的装饰作用，也有一定的加固效果。平坐上是出挑深远、翼角翘起的木构合瓦琉璃剪边腰檐，丰富了整座塔的轮廓，配合挑出的平坐层上的木栏杆，使整座塔舒展大气。妙明塔塔身结构采用壁内折上式，外壁间设塔梯曲折上下，除第四层外其余各层均设叠涩穹隆塔心室。塔顶采用攒尖顶，其上是砖基座，塔

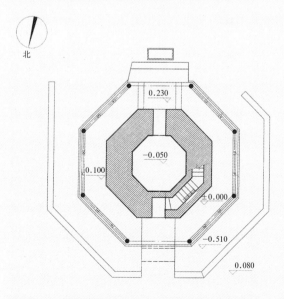

图7-1-25　全州妙明塔一层平面图（广西区文物工作队绘）

刹安插其上。塔刹高约2米，由半球形覆钵、刹杆、七层相轮及铜宝珠组成，用8条铁链稳固，其上挂铜铃，随风轻扬。此外，妙明塔还设有地宫，地宫下埋葬高僧舍利。

2. 崇左归龙塔（图7-1-26～图7-1-28）

归龙塔，又名镇龙塔、水宝塔，是国内五大斜塔之一，建于明天启元年（1612年），由太平知府李发梅发起修建，原为3层；清康熙三十五年，知府徐乐主持，加至5层。

归龙塔位于崇左市东北面约5公里的左江江心鳌头山上，是国内较罕见的江心建塔的案例。此塔为5层八边形楼阁式塔，总高17.6米，采用壁内折上式结构，塔身有明显收分，并刻意向迎水方向（西南面）倾斜4°24′46″，以适应江心风力和地基等因素。

归龙塔除塔基的基台用石砌外，塔身全部用青砖砌成，且塔壁直接从地面开始用砖砌壁体，不加基座。由于采用壁内折上式结构，因此，此塔的壁体较厚，其底层直径6.2米，墙体厚2.7米，塔壁内设塔梯逆时针曲折向上，塔梯可容二人上下。该塔底层南面和西面各设一拱门，东面上方开一拱形窗；从第二层起，自北至西至南至东依次开拱形窗洞，每层两个。塔心为空筒形，以木质地板分隔各层，各层通过塔壁内的楼梯到达。

塔身无平坐层，仅在各层间设五皮砖叠涩腰檐，其转角处砌成圆形棱柱，棱柱头置素华栱出跳，有一定装饰作用。塔顶为八角攒尖顶，其翘起的垂脊为铁质，垂脊外端各有铜铃一个，随风摇曳。攒尖顶上设叠涩砖基座，其上是高约1.2米的塔刹，塔刹由铜铸近球形覆钵体、一层铜相轮和铜宝珠组成，这些铜铸构件由塔顶层枧木构架支承。

图7-1-26　崇左归龙塔

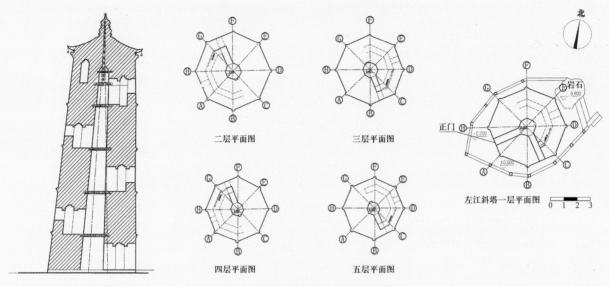

二层平面图　　　　　三层平面图

四层平面图　　　　　五层平面图

左江斜塔一层平面图

图7-1-27　崇左归龙塔剖面图（广西　　图7-1-28　崇左归龙塔平面图（广西区文物工作队绘）
区文物工作队绘）

3. 桂平市东塔（图7-1-8、图7-1-17）

桂平市东塔位于距桂平市城东4公里的浔江南岸，是收分较大、其形如笔的文峰塔。东塔始建于明万历年间，由当地知县刘万安发起修建，但建造到第二层知县便匆匆离世，建塔工程就此搁置。今天所见的9层宝塔，是在明崇祯年间，由御史李仲熊和桂平知府葛元正发起完成的。

桂平东塔为9层八边形楼阁式风水塔，高约50米，是广西现存最高的古塔。东塔塔基基台一层，砖砌筑，无装饰；塔基基座以砖砌筑，无任何雕刻装饰。塔身采用空筒式与穿壁绕平坐相结合的结构，其中内部1、2、5、6、7、10、11层为空筒式，直接在塔心室设木楼梯达上层，其余3、4、8、9皆为穿壁绕平坐式，形成了外九层，内十一层的格局。由于采用两种不同的结构方式，东塔各面各层所开门窗洞口数目均不相同。此外，由于采用穿壁绕平座的结构，因此需要较厚的塔壁，据测量，东塔底层塔壁厚3.9米，随着层数增高、收分加大，塔壁厚度随之减薄。为了使塔壁牢固，东塔塔身用一层丁头、一层顺砖互相叠错的砌筑方法。

从外观而言，东塔每一层都设腰檐和平坐，腰檐为层层出挑的6层挑檐砖和6层正尖角形菱角牙子；平坐层为两层挑檐砖和两层菱角牙子，是不设平坐栏杆的平边平坐式，其上亦不设平坐檐子。这样腰檐和平坐就形成一体，像是加宽的腰檐，虽不够舒展，但整体性更强，更似一支巨大的文笔。此外，每层塔身的转角处都漆成红色的薄壁柱，与白墙相对照，与红色挑檐砖及塔门相对应，将整座塔勾勒得简洁而明朗。东塔的塔顶上设覆钵形砖基座，基座上端表面饰红色莲瓣纹；基座上是铜质覆莲所承托的铜葫芦宝刹。

整体而言，桂平东塔高挑秀丽、比例严谨、色调简明，显示了明代风水塔的特色。

4. 来宾文辉塔（图7-1-29、图7-1-30）

文辉塔位于来宾市兴宾区迁江镇扶济村南面约100米的红水河北岸，建于明万历年间，为迁江县武举、八所指挥守备、三里营参将黄文辉所重建，因之称为"文辉塔"。

文辉塔为7层八边形楼阁式砖塔（塔内13层），残高38.9米。塔基基座用厚大石块叠砌，呈须弥座状，石面雕刻半浮雕覆莲瓣、云纹。塔身采用穿壁绕平坐式结构，参观者需穿过塔的外壁开辟阶梯甬道（即利用外壁作塔梯），走出塔壁，环绕平坐45度，找到进入更上一层的塔外壁开口，穿过此侧外壁塔梯后，中途进入塔心室，然后又穿过另侧外壁的塔梯，达到更上一层的塔外平坐，以此类推。由

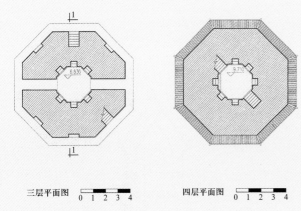

三层平面图　　　　　四层平面图
0 1 2 3 4　　　　　0 1 2 3 4

图7-1-29　来宾文辉塔三、四层平面图（广西文物考古研究所绘）

注：本图以塔心室内地面为±0.000　0 1 2 3 4 5

西南立面图　　　　　　　　　I-I剖面图

图7-1-30　来宾文辉塔立面图、剖面图（广西文物考古研究所绘）

于利用塔外壁做塔梯，所以该塔的壁体相对较厚，底层墙体厚约2.95米，随着层数增高、塔的收分加大，塔壁厚度随之减薄，到最高层时塔壁为1.9米。文辉塔塔心为空筒形，其内以木质地板分隔，但由于采用穿壁绕平座式结构，塔心室楼层标高与平座层标高相错，恰在上下两层外平座层标高位置之间，再加上平座层地板，使文辉塔内部达13层，形成内部层数与外部层数相异的现象。此外，塔心塔壁（塔壁内侧）每面皆设神龛，供人登塔膜拜，但遗憾的是，今日塔内的木质地板已基本坍塌，塔心

成为真正的"空筒"，人们已无法登塔。

从外观而言，塔身每层皆设有塔梯的风门和装饰性的假门，其中底层除南、北、西开风门，其余5面为假门；从第二层起，每层都有南北对开风门，其余各面均为假门。另外，文辉塔每一层都设腰檐和平坐，腰檐为层层出挑的7层挑檐砖和4层正尖角形菱角牙子；平坐层是不设平坐栏杆的平边平坐式，由4层挑檐砖和两层菱角牙子出挑而成，其上亦不设平坐檐子。除此之外，塔身再无多余装饰，完全采用一层丁头、一层顺砖互相叠错的清水砖墙，但漆红的挑檐砖，白地的墙楣和白色框边的风门、假门，为全塔平添一抹亮丽。文辉塔塔顶为攒尖顶，垂脊翘起，略显舒展。塔顶上塔刹已失，仅留砖基座及其上的覆钵凭吊当日的风华。

5. 横县承露塔（图7-1-31）

承露塔其意为"承天甘露"，该塔位于横县峦城镇高村东北面高500米的金龟岭上，东南临郁江，为"镇水口"之用。承露塔始建于明万历四十二年（1614年），为当时的永淳县县令童时明倡建，原塔5层，后毁。后于清同治十二年（1873年）冬十一月重建，翌年秋九月落成。

承露塔为7层八边形楼阁式砖塔（塔内亦为7层），塔高39米。该塔塔基基台一层，无基座，直接从地面开始用砖砌壁体。塔身采用全部用青砖砌成，其结构采用壁内折上式，因此其墙厚2.6米。参观者可从底层拾级而上，绕行半圈，上至第

图7-1-31　横县承露塔细部

二层，通过楼面走到对门，进夹墙，仍绕行半圈便能更上一层楼，以此类推。但遗憾的是，因年久失修，塔内的楼板等木构件已荡然无存，人们已无法登塔。承露塔除底层外，每层有圆窗拱门各两个，1~3层及第5、第7层正南方皆为拱门，第4层、第6层为圆窗，其中圆窗起采光、通风作用，门则供人眺望塔外景色。

由于该塔不设平坐层，所以塔身仅以腰檐标明塔的层数。该塔腰檐为层层出挑的3层挑檐砖和5层菱角牙子组成，其中菱角牙子有正尖角形△△△和斜尖角形◿◿◿，这两种菱角牙子在不同层交错使用，平添一些变化。最上一层菱角牙子之上设披檐式抹灰盖板，转角处略微升高，与转角戗脊一起形成略微起翘的翼角，丰富了塔身的轮廓。此外，塔身底层塔门处有花岗石刻对联"天外瑶台承玉露，云间琼树起金鳌"，横批"天南福地"；塔二层拱门上镶嵌有青石碑刻，上书"承露塔"三个大字，门两侧的灰塑对联已经漫漶不清；三层拱门周围则饰有花鸟墙雕；七层拱门为梅瓣形，其上饰有书卷式浅浮雕门楣灰塑，门两侧设对联，但文字已失。整座承露塔的每一层均饰有墙楣灰雕，图案有人物、祥云、花草、蝙蝠等，每层各不相同，因"文革"时期遭到破坏，现仅余小部分图案，但仍彰显了地域特色。该塔顶为八角攒尖顶，塔顶上设叠涩菱角牙子露盘，再上则是三合土质葫芦刹，但塔刹已部分倾毁。

6．荔浦县文塔（图7-1-32）

荔浦文塔位于荔浦县城东南，荔浦河西岸的滨江石矶上。该塔建于清乾隆四十八年（1783年），原为5层，上层塑有魁星神像，清光绪五年（1879年）增建两层，终为今日7层之状。在增建文塔二层时，同期在河对岸建笔塔一座，形成一对文笔，但现笔塔已毁。

荔浦文塔为7层八边形楼阁式砖塔，全塔高33.38米，采用空筒式结构，其内设木楼板，以木楼梯登塔。该塔无平坐层，塔壁外仅设腰檐。腰檐为层层出挑的3层挑檐砖和3层菱角牙子，最上层菱

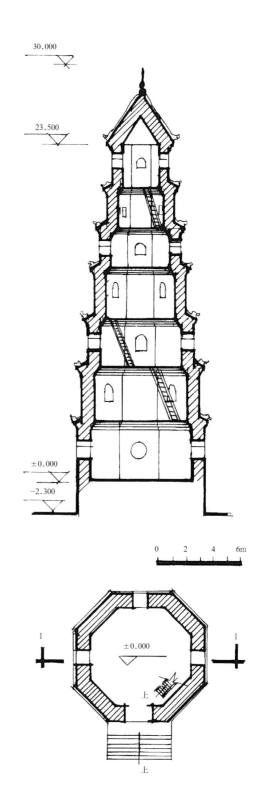

图7-1-32　荔浦县文塔平面、剖面（图片来源：《广西民族传统建筑实录》编委会. 广西民族传统建筑实录. 南宁：广西科学技术出版社，1991.）

角牙子上设琉璃瓦檐子，檐子翼角戗脊端头均置彩塑狮子、麒麟，这使整座塔显得灵动、舒展大气。此外，每层的门窗均勾勒白边，其上为灰塑门楣或窗楣，上书文字，与清水砖墙形成鲜明对比，增加了装饰性。而每层的窗子开设灵活，窗形各异，这也为该塔增添了许多生气。荔浦文塔的塔顶为黄色琉璃筒瓦攒尖顶，坡度陡峻，垂脊上设高浮雕龙塑；攒尖顶端设葫芦宝刹，并以铁链与垂脊相连。

7. 苍梧县炳蔚塔（图7-1-33、图7-1-34）

炳蔚塔属风水塔，建于清道光四年（1824年），由原江南五乡（即今林水、新地、大坡、广平、龙圩5镇）群众捐资兴建。该塔位于苍梧县龙圩镇下厌铁顶角山巅。此位置位于浔、桂西江交汇水口和上、下小河汇合水口之间，恰好是铁顶山嘴自东南伸入浔江形成岬角之处。广西"三元及第"的陈洪谋之子陈继昌运使题名"炳蔚"，寓意人的辞采文风显达。

炳蔚塔为7层六边形楼阁式砖塔，塔高34米，采用空筒式结构，其内设木楼板、木楼梯，供参观者登塔、远眺。其塔基基座一层，高约80厘米，以砖砌筑，现其外已抹水泥。塔身无平坐层，塔壁外仅设腰檐。腰檐不用挑檐砖和菱角牙子，而是采用5层非常具有地方特色的海草灰塑，这种纹样在桂东、桂东南广府式建筑的砖檐中常见，展现了塔的地域性，但不同于地方建筑之处是其选用红色为

底，有厌胜之用。此外，海草灰塑上加黄色琉璃瓦檐子，檐子翼角起翘，使腰檐更为饱满，楼阁意象表达更清晰。腰檐转角处设鳌鱼形角兽，既有厌火及鲤鱼跃龙门之意，又为全塔平添几缕意趣。每层腰檐下还饰黑地白纹的墙楣画，这也是桂东、桂东南广府式建筑中常用的装饰手法。这样，黄色的琉璃瓦、红地的海草纹，以及黑地的墙楣画装饰，使整体抹灰批荡、上下通白的塔身增色不少。塔身每层皆设风门供人览景，其中一层正门（东南门）门额碑题刻"文峦耸秀"四字，二层东南门门额题刻"炳蔚塔"三字。塔顶为攒尖顶，铺黄色琉璃瓦，其顶端是黄色琉璃葫芦宝刹。

（二）喇嘛塔

1. 桂林木龙塔（图7-1-4、图7-1-35）

桂林木龙塔位于桂林叠彩山旁，是一座喇嘛式的石塔，建于何时已不可考，按其形制，至迟不会晚于明代。该塔高4.49米，立于一块天然的蛤蟆石上，由塔基、瓶身、相轮宝盖和塔刹5个部分组成：塔基高1.4米，直径1.35米，由3个鼓形石座垒叠而成，石座上雕刻蝉翼纹和仰覆莲花纹；瓶身高1.25米，四面皆凿拱形浅龛，其内雕刻慈祥佛、菩萨像；无塔脖子，高1.23米的十三重相轮直接落在瓶身上；宝盖高0.49米，为六角形攒尖顶，攒尖顶的翼角微微向上翘起，边缘有6个小孔，应是古时悬挂流苏铎之处；宝盖之上的塔刹高0.43米，为葫芦

图7-1-33　苍梧县炳蔚塔

图7-1-34　苍梧县炳蔚塔内部

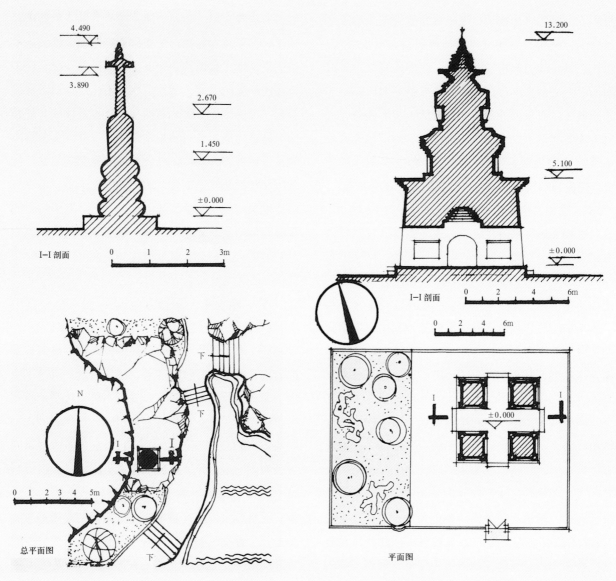

图7-1-35 桂林木龙塔平面、剖面图（图片来源：《广西民族传统建筑实录》）

图7-1-36 桂林市万寿寺舍利塔平面、剖面图（图片来源：《广西民族传统建筑实录》）

形。塔总体显得小巧而古拙。

2. 桂林万寿寺舍利塔（图7-1-36）

万寿寺舍利塔是喇嘛塔式的过街塔，被罗哲文先生誉为中国最美的过街塔。万寿寺是桂林最早的一座佛寺。据记载，早在隋朝时就建有寺院，名缘化寺。唐朝时改名为善兴寺、开元寺。万寿寺舍利塔就建于唐代，但却非今日之喇嘛塔形，而是一座7层砖塔，塔内藏有贮存舍利子的石函，函盖铭刻记载了建塔时间及葬佛舍利的盛况。但后因年久而全部崩塌。至明洪武十八年（1385年）重修宝塔，改作现在的喇嘛塔式过街塔的形式。

万寿寺舍利塔通高12.83米，是在南北对开拱券门的高台基上设喇嘛塔一座，人可在门洞内通行。台基高6.93米，四面正中辟门，拱门上都有拱门门额（南面台座刻有"舍利宝塔"字匾额，其余三门分别刻有汉、梵、藏三种文字的"南无阿弥陀佛"名号），门额两侧刻八大金刚名号（东门为"赤声"、"火神"，南门为"净水"、"持炎"，西门为"紫贤"、"随求"，北门为"除灾"、"辟毒"）。

台基上的喇嘛塔由塔基、瓶身、塔脖子、相轮、塔刹几个部分组成：塔基为八边形，每边有一佛龛，内供佛像，上置圆形莲座3层；瓶身四面设供佛的圭形佛龛，其中南面佛龛中藏有舍利石函；瓶身上是下大上小的圆柱形塔脖子，其上相轮5层，再上以葫芦形宝刹结束。

3. 桂林普贤塔（图7-1-2）

桂林普贤塔位于桂林象鼻山之巅，是一座明代建造的实心喇嘛砖塔。全塔通高14米，由基座、瓶身、露盘、相轮、宝珠组成：基座为八边形，高约5米，建在八边形的薄基台上，基座分两层，一层每边长3米，二层每边长2.45米，每层上沿皆出斜尖角形菱角牙子，其中第二层北面嵌青石板，上面阴刻南无普贤菩萨像；瓶身高约3.7米，其形饱满，有明代瓶身的特点；瓶身上是圆形露盘，露盘上沿设挑檐；露盘上便是3层相轮，但普贤塔的相轮刹杆较特别，较粗壮，特别是底层，将刹杆做成八边形，与基座相对应；整座喇嘛塔以硕大的宝珠结束。

第二节　牌坊、门楼

一、概述

牌坊，又名牌楼，古时又叫绰楔、绅楔等。通过进一步发展，为了踵事增华，发展出牌楼的形式，牌楼可以看作牌坊的高级形式，但是两者在称呼上没有严格的界定，往往可以通用。

关于牌坊的定义，《辞海》中记载，牌坊是一种门洞式的纪念性建筑物，一般用木、砖、石等材料建成，上刻题字，旧时多建于庙宇、陵墓、祠堂、衙署和园林前或街道路口，在建筑上起到组织空间、点缀景观的作用。其内容多为宣传封建礼教、标榜功德。牌坊的名称大概是由里坊中的"坊"字得来，坊门上挂牌匾，上书坊名，另外官府（朝廷）悬牌于坊门上用以表彰，故有"牌坊"一词，而"牌"与"坊"分别代表不同含义，牌如字牌、门牌、路牌、灵牌等，其实就是用简要文字

来昭示某种特殊意义。"坊"通"防"，《说文》段注曰："防之俗作坊。"引申为人的思想行为方面的防止、防范。从字面意思来说，牌坊是通过记载简要的文字来昭示某种意义，规范人的思想行为，防止邪恶、错误发生的建筑物。又有定义牌坊是一种由单排或多排立柱和横向额枋等构件组成的标志性开敞式建筑[②]，这偏重于牌坊的形式。

广西目前存留的门楼建筑大多在桂北，受汉族文化影响较深远的地区，多为宗祠祭祀建筑的门楼，采用非冲天式牌楼形式，以木结构为主，其中不乏全州燕窝楼和恭城周渭祠门楼这样的精品，木质结构的精巧程度，在国内遗留的门楼建筑中都属罕见。

而牌坊类则分布较散，在桂北，桂西南等地都有，大多采用非冲天式牌坊形式，以石结构为主，常见的是壁式坊（也称"一"字坊），它无进深，相当于照壁的一堵墙厚。牌坊上大都雕有建筑、人物故事、博古架、花瓶等，故事完整，刻画形象细腻，如灌阳月岭村的"孝义可风"贞节石牌坊就因石雕的精美被称为"石雕艺术博物馆"。目前存留下来的牌坊类型以贞节牌坊居多，其次是忠孝牌坊，像岑溪五世衍祥牌坊这样因五世同堂而用砖砌的牌坊，在广西境内是一独例。

二、实例

（一）桂林市全州燕窝楼

燕窝楼位于桂林市全州县永岁乡石岗村委石岗村东南口，为蒋氏宗祠的门楼。该村曾经建有18座公堂（祠堂），其中保存完好的是燕子公堂，而最具有特色的就是木质牌楼——燕窝楼。据蒋氏族谱记载，明弘治八年（1496年）石岗村蒋氏先祖建德公蒋全始筹建宗祠，未成而卒，后由"最乐公灌率昆季踵成叔父之业"，到明正德六年（1511年），该村进士、工部右侍郎蒋淦受皇恩，于明嘉靖七年（1529年）建成牌楼、门楼及后殿并置神龛，题名"安乐郡"。明嘉靖二十三年（1544年）蒋贲、蒋淳相继成进士，改牌楼匾题"科甲传芳"并重修后

殿。明嘉靖四十二年（1563年）以料石维修加固基础。明万历五年（1577年），由姚安府知府蒋辉、黄梅知县蒋某、冀州知府蒋垠捐银，由蒋朴督工，对宗祠牌楼重新彩绘；明万历十八年（1590年）蒋煴、蒋姚修建照壁及两廊；明万历四十年（1612年）修葺殿堂及两山墙。明天启七年（1627年）进行重修。清康熙二十四年（1715年），重建殿堂；清乾隆十二年（1747年）、清嘉庆四年和十八年（1813年）、清道光六年（1827年）、清光绪二十六年（1847年）、民国9年（1920年）等都不同程度地进行了维修。明万历内阁大学士叶向高，在楼后建"报恩府"，并在门楼两侧题"累朝荣荫家声远，历代科名世泽长"木刻楹联。清乾隆九年（1744年）在门侧增设雄狮一对（图7-2-1）。

燕窝楼坐北朝南，由牌坊和门楼两大部分组成，木质结构，宽11.13米，进深12.8米，通高8.7米，面积为142.4平方米，全楼木结构，一字形四柱三间三楼，庑殿顶，采用明代独特的飞檐单翘单卯榫构筑，设上4层下3层斗栱，上宽下窄，四周无任何依托，324个弓字形精雕细刻的木斗栱环扣紧衔而成，无一钉销，只凭4根木柱高擎。楼的上体由弓字形木榫环环相扣，衔接成斗栱，形如燕窝；以中间匾额为界，华栱的方向均向两侧倾斜45度，升的平面为菱形；门楼斗栱精雕细刻，状如莲花。明楼的龙门坊下镶有一巨幅行书"科甲传芳"的镂空横匾，匾周围饰有"双狮抱绣球"、"二龙戏珠"、卷草等吉祥物浮雕，次楼上、下额枋和枋垫板上有如意八宝、草龙、梅花等图案。明楼、次楼檐下饰如意斗栱（图7-2-2）。

门外两侧有对相向而笑半蹲半立的小狮。这两只小狮是河南开封府赠送的。小狮后抱鼓石上雕刻的"马鹿含花"、"双凤朝阳"等浮雕，均清晰活现（图7-2-3）。门外县有明万历年间内阁大学士叶向高书写木刻楹联"累朝荣荫家声远；历代科名

图7-2-1　燕窝楼正面

图7-2-2　燕窝楼细部装饰

图7-2-3　燕窝楼前刻有双凤朝阳的小狮

世泽长"。村民自豪地说，宰相题联的殊荣，一般人家恐怕不敢企望吧。昂头望，只见燕窝楼上装饰的宝葫芦、鳌鱼、龙凤、狮、鸟、兽、花木等，在艳阳下，与彩漆精雕相映生辉，风吹楼动，似醉汉摇曳不定，令人心惊肉跳。不过，尽管风吹楼晃，它却安然无恙。数百年来，似仙阁琼楼，潇潇洒洒地立在湘桂走廊上。据了解，国道322线、湘桂铁路修建前，从南往北，一条大路就从村中经过。从前路过的官员还未进村就自觉下马、下轿，然后步行进村，在燕窝楼前停留休息。那时候，根本不用宣传燕窝楼就声名远扬了。燕窝楼历经500余年之所以长存，与村民精心呵护是分不开的。据蒋氏族谱记载，村民每年都要自觉捐款，请人对它进行检修。"文革"时村民自觉进行保护，从而使它逃过了劫难。据介绍，燕窝楼前面原来有块较宽的空地，那里原有近百块石碑、石柱，上面记载着该村的荣誉，如记载某人考取功名，用以激励后人。可惜，后来被拿去修桥、修水渠，又在空地建起了学校。

进楼门，可见门殿紧挨主楼后的祠堂，上下两座，门高柱大，古色古香，令人如入明清宗祠深宅。祠内，仍留有明、清、民国时期募捐维修碑和木刻长联十余件（块）。

燕窝楼历经沧桑，至今仍壮观宏丽。1992年，广西壮族自治区文物管理处主持该楼的维修。据专家说，楼上的梁枋、雕刻、彩绘，工艺非常精致，是广西区内发现最早的带有如意斗栱的木质牌楼，具有很高的历史、艺术和科学价值。

（二）桂林市全州白茆坞牌坊

白茆坞牌坊位于桂林市全州县枧塘乡塘福村委新白茆坞村东约500米处。是清廷为表彰该村附贡生、敕文林郎、甘肃秦安县知县、晋封朝议大夫、甘肃补同知加级唐继祖之子，候选巡政厅丙子举人甘肃秦安知县候补同知唐鉴钊，举人苍梧县学教谕儒士庠生唐锦镛等孝敬其母，于清嘉庆四年（1799年）建造的。建筑坐北向南，平面呈"一"字形，南北长2.15、东西宽8.55米，为四柱三间三楼式建筑，须弥座。明间为庑殿顶，正脊饰鳌鱼宝瓶，柱距2.5米，大额枋，明间正匾上竖刻"旨旌表"。匾下方为横额，镌刻"孝子"二字，异形栱间饰镂空花板，大小额枋面饰花卉和动物；两次间屋顶三面出檐，脊牌坊正面端饰鳌鱼，柱距1.15米，随梁枋浮雕花卉、兽图；四柱前后附抱鼓石4对，饰以八宝、麒麟、仙鹤等吉祥物浮雕，尤以额枋上的盘龙浮雕，穿云破雾，令人赞绝。整座牌坊立于6块厚实的须弥座上，庄严，肃穆，是广西牌坊石雕群中的稀世珍品（图7-2-4）。

牌坊宏伟壮观，雕刻精湛，风格儒雅，极具观赏价值，为广西牌坊中的佳构。

（三）桂林市灌阳县月岭村石刻牌坊

月岭村位于灌阳县文市镇南1.5公里，三面环山，背依灌江，已有700多年的历史。祖居为唐氏家族，至今一脉相传28代，古民居始建于明末清初，属典型的湘南式民居。

图7-2-4　桂林市全州白茆坞牌坊

图7-2-5　月岭村石刻牌坊正面

　　位于西面村口的"孝义可风"贞节石牌坊被称为"石雕艺术博物馆"，建于清道光十四至十九年（1834-1839年）。史氏，丈夫早逝，笃守贞节，苦育养子，至双目失明。其养子唐景涛自幼孝事寡母，勤奋读书，终获功名中式进士，官任知县，地方长老绅士，感其节孝懿事奏报朝廷，清朝道光皇帝御笔亲批，该村在外地任知县的唐景涛奉旨为养母史氏竖立的。道光皇帝还为这座石牌坊亲书了"孝义可风，艰贞足式"八个大字（图7-2-5）。

　　"孝义可风"牌坊为全石结构，四柱夹屏，石榫契合，十分精密。牌坊高10.2米，长13.6米，跨度11.5米，为四柱三间四楼式大理石仿木结构，上为梯形，下为长方形，坊上雕刻全用整块石料镂空或浮雕而成，每块石料均在500公斤以上。整座牌坊未用一点粘合剂，全由石榫、卯眼连接，互相支撑倚靠十分坚固，现已历经160余年风霜雪雨，抗击了多次"天灾人祸"，仍丝毫未动，巍然屹立。石牌坊顶部有4只鳌鱼，两两相对。在鳌鱼中间有座3层八角形的宝塔，小巧玲珑，十分可爱。传说这是仿王母娘娘的玲珑宝塔，有降妖避邪的功能。这座八面的玲珑宝塔，每面有一个字，八面八个字是"欲目千里，更上一层"。这八个字是从唐代著名诗人王之涣名句"欲穷千里目，更上一层楼"10个字演变而来的，使人顿觉视野开阔，心旷神怡

（图7-2-6、图7-2-7）。

　　此牌坊主体的中间两根正方形石柱高达5.4米，柱石基座为石墩，南北两侧均有抱鼓石护柱，使高架凌空的石坊显得敦厚凝重。这座牌坊的第一层南（正）面、北（背）面均镂雕一对姿势、形象各异的"麒麟献瑞"。第二层正面石刻唐史氏节孝懿事，背面石刻唐史氏简历和县署、府署、布政使司关于竖立月岭石牌坊的呈文及道光皇帝的批示，此层横梁镂雕似真似幻的"二龙戏珠"。第三层正面和背面分别镌刻道光皇帝手书"孝义可风"、"艰贞足式"八个大字（图7-2-8）。这八个字苍劲有力，庄严、稳健，此层横梁镂雕"八仙"、"八宝"、莲花宝座等人物、花卉。第四层4组斗栱支撑庑殿顶，两边

图7-2-6　月岭村石刻牌坊正面细部

格窗，中间是横匾。匾的上方镂雕5条蛟龙，凌空起舞，正中那条张口吐舌、桀骜不驯。在此匾中书写"皇恩旌表"四个大字，意是皇帝开金口恩赐竖立此牌坊。匾的上部为单檐庑殿顶，殿顶筒瓦分垄、勾头、滴水。檐板底部雕有重椽，正脊两端各倒立一对鳌鱼，形象如活的一样。整座牌坊如同一个石雕艺术博物馆，无论是"二龙戏珠"、"麒麟献瑞"、"喜禄封侯"、"喜报三元"、"连升三级"，还是脚踏祥云瑞霭的"八仙"、"八宝"这些古老的题材，莫不形神兼备、惟妙惟肖、栩栩如生。此石牌坊造型庄重，设计精美，榫卯相接，错落参差，栉风沐雨，浑然一体，蕴含了无数能工巧匠的智慧和力量，是研究石刻艺术的珍贵实物资料。

（四）岑溪五世衍祥牌坊

在岑溪市水汶镇莲塘自然村东侧山坡上，巍然矗立着一座雄伟高大、堂皇壮观的清代建筑——"五世衍祥"牌坊。据记事碑记载，清同治年间，岑溪水汶南禄村出了个百岁人瑞，名叫刘运昌。刘公为人正直公道，疾恶行义，造福梓里，深得乡里人拥戴，同治三年（1864年）刘公寿属百龄又喜逢五世同堂，县内一些乡贤联名写信给岑溪知县李荣赐，请求县府向朝廷报请旌表人瑞，并为其修建牌坊。李知县呈文至梧州府，又转递呈广西巡抚张凯嵩上报京都礼部。同治四年，礼部上奏同治皇帝，获御旨恩准赐建牌坊，并指令广西巡抚制造匾额和支付建坊银两。同治六年，广西抚院的匾额和绸缎银两运到梧州府，知府刘楚英欣然亲笔题书五世衍祥牌坊贺词一并送到岑溪水汶南禄村。同治七年兴工建牌坊，历时3年，于同治十年（1871年）建成（图7-2-9）。

牌坊是古代皇帝用来表彰忠、孝、节、义、寿者的一种纪念建筑物，也是帝王授予臣民的最高荣誉。它可分成功绩、节孝、忠义、尊老几类。古代

图7-2-7　月岭村石刻牌坊背面

图7-2-8　月岭村石刻牌坊背面细部

图7-2-9　岑溪五世衍祥牌坊正面

的牌坊是不准擅自私建的。获建坊者必须具有显赫的功绩或卓著的德行，并获得当地官府的同意，逐级上报再经皇帝御批后方能建造。经皇帝赐建的又分两种待遇，一种是"奉旨"，一种是"恩荣"。这是有区别的。"奉旨"可获朝廷官府奖赏银两建坊，"恩荣"者则要自己掏腰包建造。五世衍祥牌坊属前一类型。

据史载：自清朝康熙时期开始，朝廷对百岁以上老人给予建牌坊的特殊奖励，后来渐成政俗。如康熙九年规定："凡妇孺民至百岁者，命给'贞寿之门'匾额，赏三十两银建坊。"四十二年又规定："凡百岁老民都要建坊。"清雍正时期亦实行物质奖励，规定"逾百岁者加银十两，达110岁给六十两，120岁给九十两，更高者逐年增加"。清乾隆皇帝继承祖、父之尊老政策，作明文规定："凡寿民登进岁者，由本省督抚请恩赏奉旨给建坊，以昭人瑞。"嗣后清朝各代皇帝均循祖制，建牌坊表彰人瑞。岑溪五世衍祥牌坊就是根据这一规定而修建的。

坊高11米、宽10.2米、厚0.82米，面阔三间，是一座四柱三楼单栱砖砌结构建筑。牌坊装饰考究，工艺精湛，造型雄伟独特，别具一格。它由双层坊身、四根坊柱和一巨型拱门构成，坊基有四组粗硕浑厚的扁葫形抱鼓礅支撑依托。坊身较厚，用数层大青砖错缝叠砌。坊墙批荡三层灰浆，灰浆以石灰、纸筋和胶料混合而成，经过复杂的工艺处理，粘固性极强，十分坚实紧密，100多年来任凭风吹日晒雨淋，墙面仍然坚固如石，不开裂起翘脱落。坊正中是主楼，东西两侧为次楼，均为歇山顶。檐口装饰"寿"字瓦当勾头滴水，灰裹垄瓦屋面。正脊设瓷质寿字底座的火焰宝珠，雕塑夔龙和琉璃鳌鱼，四周则饰琉璃瑞狮飞檐卷草。东西次楼均饰博古脊，中有双凤浮雕图案，岔脊饰以卷草和灰塑鹿儿。主次楼檐枋呈弯枋形式，上下两层装饰色彩鲜明的立体绘彩莲瓣纹，十分精美（图7-2-10）。

牌坊主楼枋下银嵌着一块字体遒劲的"奉旨旌奖"龙头浮雕竖匾，格外醒目。竖匾下方有三块呈品字形排列的官宦题刻，居中是梧州知府刘楚英题

书的"五世衍祥"碑，右边是岑溪知县李荣赐的"颐朝人瑞"碑刻，左边是五品学官黄立纲的"庆锡期颐"石碑。众官员的褒嘉题刻，使牌坊更显气派不凡。

坊顶飞檐翼角凌空，琉璃鳌鱼、瑞狮，玲珑精致，形态各异。坊身共有大小灰塑人物12尊，有寿星、文官、士力、侍者等。人物飘逸洒脱，神形兼备，如立于"奉旨旌奖"浮雕竖匾两侧的一对灰塑文官，面庞丰满，头戴朝冠，身穿官袍，一手持笏板，一手扶腰带，颔首微笑，神态欣然。人物造型侧重面目和衣着，能将人物的面部表情、手势和衣褶等细节刻画得相当准确传神。寓意为"福、禄、寿"的蝙蝠、鹿、鹤等灰塑吉祥动物，装饰于坊身各部位，上下呼应，生动欲跃，相映成趣（图7-2-11）。最为精湛的是正中二坊柱上的贴瓷塑

图7-2-10　岑溪五世衍祥牌坊背面

图7-2-11　岑溪五世衍祥牌坊细部装饰

龙，运用了灰塑加贴瓷的工艺，将一块块大小不同的青瓷片贴成4条凌空云龙。蛟龙昂首扬尾，龙目炯炯，五爪强劲，形象十分威猛。龙身鳞甲闪闪，龙须龙鳍清晰可见，富有立体感，确是独具匠心的精妙之作。龙的艺术形象众多是五世衍祥牌坊的主要装饰特点，计有云龙、夔龙、螭龙、团龙等40多条，有灰塑，也有石刻，工艺不同，形态各异。如此众多的龙形象，主要是为了凸显皇帝龙恩浩荡这一主题。其艺术构思和手法运用之高超，令人叹为观止。牌坊集灰塑、瓷塑、碑刻、彩绘于一体，美轮美奂、蕴意丰富，具有浓郁的岭南古建特色，极富艺术感染力和观赏价值，来往行人路经此地，都情不自禁要驻足观赏一番。

（五）贺州市钟山恩荣牌坊

玉坡"恩荣"石牌坊，位于钟山燕塘镇玉坡村。古代牌坊分三等，御赐、恩荣、圣旨。御赐是指皇帝下诏，国库出银建造。恩荣是指皇帝下诏，地方出银建造。圣旨是指地方申请，皇帝批准然后由家族自己出银建造。恩荣牌坊就是由地方出银建造的一个牌坊。玉坡村自古是一个注重教育的村庄，特别是在学而优则仕的封建时代，读书习武，更成为该村一大风气。据史料记载，明清时期，这个小山村就出了10多名进士、举人，有被朝廷授予的奉直大夫和加敕的文林郎，有官至云南别驾，该村是远近闻名的进士官宦之乡。明末清初，该村廖世德一家三代六人先后进京赶考，上祖廖肃获明万历丁酉科（1597年）举人，随后廖世德本人获清康熙辛卯科（1711年）举人，其子廖当毅获清乾隆庚午科（1750年）举人，其孙廖知新获乾隆己亥科举人，为歌颂皇恩彰扬己德，"光前裕后"、"诒厥孙某"，由廖世德儿子廖当毅兴建这座雄伟壮观的恩荣石牌坊，感激祖上当初激励自己发奋读书，谢其祖恩泽子孙（图7-2-12）。

该牌坊占地10.4平方米，宽6.22米，通高6.9米，内正横门高2.8米，宽1.70米。四柱三间五楼庑殿顶青石牌坊，榫卯结构，柱立于石基座上，前后均抱鼓石，中柱正面抱鼓石上镂雕石狮。明间正

楼庑殿顶正脊两端饰反尾上翘鱼形鸱吻，正中为宝葫芦顶，四斗栱间为透雕花窗。横枋下正中额枋竖刻楷书"恩荣"二字，花抬枋及枋间石板枋浮雕双龙戏珠、双狮戏球、骑马出行图、卷草纹或镌刻文字，刻工精致（图7-2-13）。此石牌坊全部用条石和石板镶嵌而成，没有任何砂浆填缝。这座立于平地上，没有任何支撑物的石建筑，历经200多年风雨侵蚀，始终稳固如山，各种浮雕动物仍栩栩如生，字刻仍旧庄重清晰。

图7-2-12　钟山恩荣牌坊正面

图7-2-13　钟山恩荣牌坊细部装饰

第三节 楼、阁、亭

一、楼

广西现存的楼以侗族的鼓楼为主体，"有寨必有楼，有楼必有寨"，是对侗族村寨与侗族鼓楼关系十分贴切的形容，鼓楼不仅是侗族村寨最为明显的标志，同时更承载了侗族人民的世界观、审美观、科技水平等多方面的内容。

侗族鼓楼的起源时间较难考证，但相关文字记载最早见于明代。明邝露《赤雅》："以大木一株埋地，作独脚楼，高百尺，烧五色瓦覆之，望之若锦鳞矣。扳男子歌唱、饮啖，夜归缘宿其上，以此自豪。"明万历二年（1575年）本《尝民册示》："村团或百余家，或七八十家，三五十家，竖一高楼，上立一鼓，有事击鼓为号，群起踊跃为要。"

从古籍描述中可以看出，从明代起，鼓楼的功用与形象已与现存实例相去不大。现存侗族鼓楼主要分布于湘西南的通道，黔东南的黎平、从江，桂北的三江、龙胜等地，总计八百余座[③]。平面形状有四边、六边、八边形多种，屋檐层数从3层至29层不等。广州大学学者蔡凌根据鼓楼的结构形式将其分为"抬梁穿斗混合式"与"穿斗式"两大类，而"穿斗式"又分为"中心柱型"和"非中心柱型"两种。其中"中心柱型"鼓楼由于造型标志性强且符合当代侗族群众审美观念被广为传播，成为侗族鼓楼的代表，20世纪80年代以后新建鼓楼基本为"中心柱型"，本文讨论的侗族鼓楼亦为此型，文中均以"鼓楼"称之。

（一）侗族鼓楼的建造过程

侗族鼓楼的建造过程一般分为如下几步：

1. 选址：由宗族（斗）或全村（屯）的老人协会（即寨老）牵头，全寨人集体协商决定，一般位于该族或该寨的中心、便于群众使用的位置。同时还要考虑鼓楼与村寨坐山、案山等主要山丘的呼应，以获得较好的风水态势。选址时除了留出鼓楼本身的用地外还要考虑鼓楼前的广场，以方便开展观戏、耶歌大赛、宴会等娱乐活动和晾晒谷物等农

事生产活动。

2. 设计：由墨师主持，根据大家议定的规模和基地大小进行构思，如有必要还需绘制简要图纸交付讨论。

3. 备料：初步确定方案后，墨师会根据经验进行鼓楼各个部件的方料预算，主要的部件（如雷公柱、中柱等）由寨内的名门望族捐赠，其余构件由全寨人分摊。

4. 加工各主要构件：墨师按照预定方案绘制"丈杆"，"丈杆"是鼓楼施工时各工匠唯一的施工依据，由数段相接与鼓楼高度相同的竹片组成，竹片上标注主柱、副柱、瓜柱、穿枋等关键部件的尺寸，以及各个穿、枋与各种柱交接的洞口尺寸及洞口之间的距离等相关数据。"画墨"时，墨师就根据这些尺寸在木料上画线以备工匠们加工。

5. 立架安装：先将加工好的中柱以及连接中柱的穿枋安装好，保证核心结构的稳定，然后再由下而上安装檐柱、瓜柱，以及其他的穿枋直至屋顶的雷公柱。

6. 其他木作及瓦作装修。

在这些步骤中，墨师的设计构思过程最为直接地反映出鼓楼的营建规则，也是本文试图整理和探讨的内容。

（二）鼓楼的平面形状及尺寸

中心柱型鼓楼均为正多边形，边数为四、六、八偶数，其中四、八边形占据绝大多数，仅贵州从江高增坝寨鼓楼等少数实例为六边形。落地的承重柱有主柱和副柱两种，鼓楼的主要骨架就由主柱和副柱以及联系两者的穿、枋构成。相比副柱来说，主柱的承重和稳定作用明显更为重要。现存的鼓楼实例中，主柱的做法有独柱和多柱两种类型。从鼓楼本身的象征意义来说，独柱做法因其具象于侗族的崇拜物杉树而更显古意（图7-3-1）。广西三江县高定寨五通楼序中描述："侗族鼓楼，渊源久远……营造之始，仿杉木之形，埋巨木立地，为独脚楼……族人培富、宝才、启山等，提议仿古

之形，建造独脚楼……"结合明《赤雅》所述之独脚楼的特征可以推测，模仿杉树外形且具有祖先崇拜、生殖崇拜多重意义的独柱楼确为原始鼓楼的雏形。现存独柱鼓楼中始建年代最早的是贵州黎平的述洞鼓楼（图7-3-2），该楼建于明崇祯九年，正四边形，主承柱通过交错于中心的8根穿枋与四边的8根副柱相连。建于1993年的广西三江县高定寨五通楼是近年来新建的独脚楼（图7-3-3），平面布局与述洞鼓楼相似。除了正四边形，独柱鼓楼亦有正八边造型，如贵州省黎平岩洞镇的四洲鼓楼。

由于杉木长度有限，独脚楼的高度、层数和规模必然受到限制。如五通楼，据主要墨师吴仕康介绍，原楼身每层高度定为1米，但由于中柱取材的限制而调整为0.9米。且由于结构构件位于正中心，具有同样象征意义的火塘只能偏于一隅。随着技术的进步，单独主柱的结构发展成为多主柱结构（图7-3-4），多主柱结构就如现代高层建筑中的套筒结构，增强了鼓楼整体稳定性，为鼓楼向高、宽发展提供了可能。

多主柱型鼓楼占据现有鼓楼的绝大多数，无论外形是四边还是八边，主柱均为呈正方形排布的4棵，正六边形鼓楼的主柱则为6棵。部分较具代表性的多主柱鼓楼的柱网排布及尺寸如图7-3-4～图7-3-8所示。由图中数据可以看出，鼓楼的总宽度在6～12米

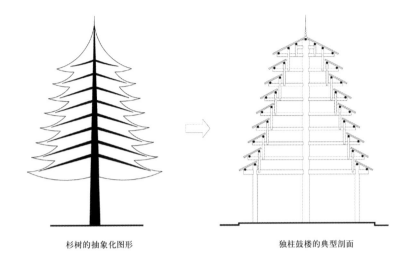

杉树的抽象化图形　　　　　独柱鼓楼的典型剖面

图7-3-1　鼓楼形态起源于杉树崇拜

图7-3-2　贵州黎平的述洞鼓楼

（a）墨师吴仕康和五通楼 　　　　　　　　　　　（b）五通楼内景

图7-3-3　三江独峒乡高定寨独柱鼓楼（五通楼）

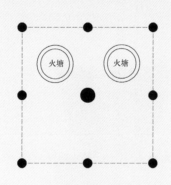

独柱鼓楼典型平面 　　　　　　　　　　　　　　四角鼓楼典型平面

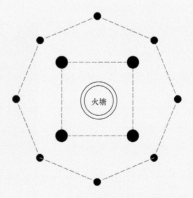

六角鼓楼典型平面 　　　　　　　　　　　　　　八角鼓楼典型平面

图7-3-4　独柱鼓楼向多柱鼓楼的演变

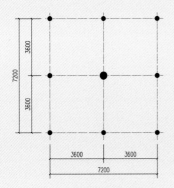

贵州黎平岩洞述洞村独柱楼

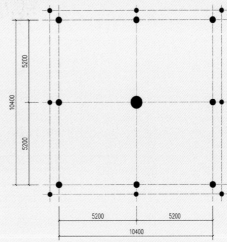

广西三江独峒高定五通鼓楼

图7-3-5 部分独柱鼓楼平面图

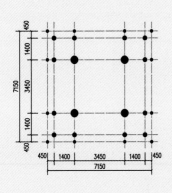

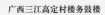

广西三江高定村楼务鼓楼

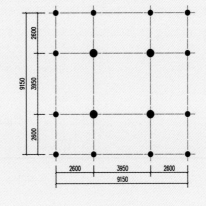

贵州黎平堂安鼓楼

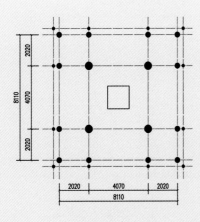

湖南通道黄土芦笙鼓楼

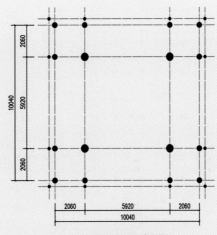

广西三江林溪大寨鼓楼

图7-3-6 部分四角鼓楼平面图

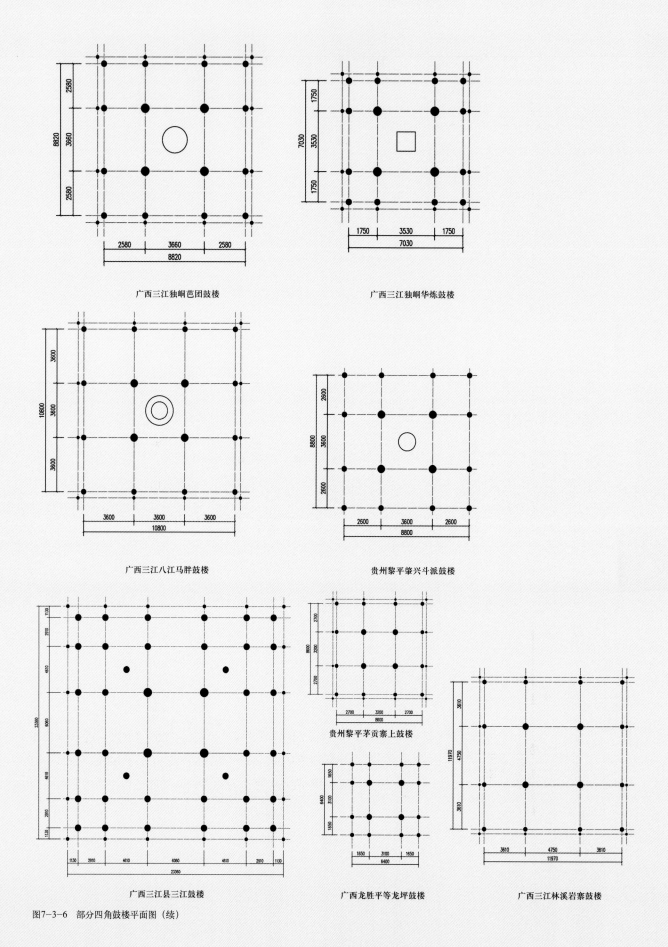

广西三江独峒芭团鼓楼

广西三江独峒华炼鼓楼

广西三江八江马胖鼓楼

贵州黎平肇兴斗派鼓楼

广西三江县三江鼓楼

贵州黎平茅贡寨上鼓楼

广西龙胜平等龙坪鼓楼

广西三江林溪岩寨鼓楼

图7-3-6 部分四角鼓楼平面图（续）

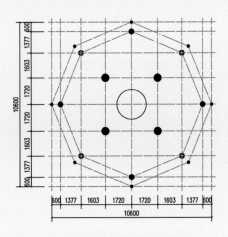

广西三江高定六雄鼓楼

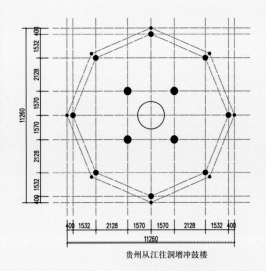

贵州从江往洞增冲鼓楼

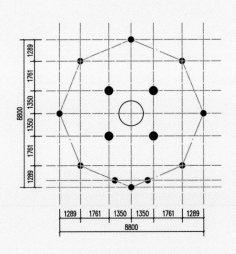

贵州从江贵洞腊水鼓楼

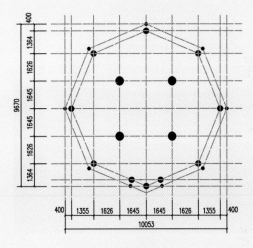

广西三江林溪平铺鼓楼

图7-3-7 部分八角鼓楼平面图

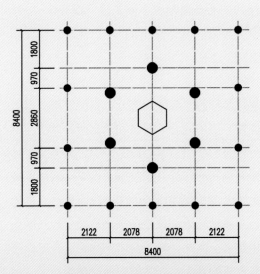

图7-3-8 六角鼓楼平面图（贵州从江高增坝寨鼓楼）

范围之内变化，而主柱跨度则大多控制在3～4米左右。主柱内空间是鼓楼的核心空间所在，集会、烤火、歌舞等公共活动均围绕此空间展开，从使用的角度来说应该是越大越好，但跨度的增加必然导致内柱间穿枋截面积的增加，由于穿枋式木构架是水平向榫卯，因此枋与柱相交的榫过大、过厚，会使柱卯口过大、过深，影响柱子的整体性，削弱柱子承受各种外力的能力。取材自杉木的穿枋不可能像钢筋混凝土梁那样任意造型，其高度受到较大限制，因而其截面积有限。所以，结合功能要求及取材、经济和技术上的限制，主柱跨度在3～4米较为合理。少数跨度较大的如广西三江林溪大寨鼓楼和三江鼓楼则是其中特例，大寨鼓楼一层所兼具的戏台功能要求主柱间的跨度必须较大，由图7-3-9所示可以看出其主柱穿枋的截面尺寸已达到接近极限的状态，而三江鼓楼的用材早已超越一般鼓楼尺度，其修建积聚全县之力，非一村一寨所能。

除了主柱与副柱外，部分鼓楼还由副柱外挑形成吊柱（图7-3-10），吊柱的作用主要有三：首先，与现代住宅中的飘窗一样，在不改变占地面积的前提下扩展鼓楼的使用面积；其次，丰富鼓楼的

图7-3-10　出挑的吊柱

外立面层次；第三，向外出挑的吊柱可多承托一层屋檐，是增加鼓楼层数和规模的重要手段。吊柱与副柱的中距从0.3~0.6米不等，其使用功能亦有不同（图7-3-11）。三江林溪平铺鼓楼的吊柱与副柱之间距离为0.5米，在距离地面1.2米处设板用于陈列物品；高定六雄鼓楼吊柱与副柱之间距离为0.6米，之间设置可活动的长凳；高定的另一鼓楼楼务鼓楼该尺寸也为0.6米，在距离地面0.6米处置永久性隔板，主要是为了方便人们躺着休息。

（三）鼓楼的木构架形制及构建分析

中国传统木构建筑的"立面"比例和内部空间完全是由其构架决定的，因此，剖面反映了传统建筑木构架与使用空间和外在造型之间最为直观的逻辑关系，鼓楼也不例外。在构思和设计的过程中，绘制鼓楼的剖面是墨师的主要工作（图7-3-12）。鼓楼的剖面可分为从下至上的3段：楼基、楼身和宝顶（图7-3-13）。

1. 楼基

楼基是鼓楼的主要使用部分，根据地形、审美倾向和使用习惯不同分为双层和单层两种做法。单层高度一般为2.4~3.7米，以3.3~3.5米为多，且新建鼓楼有加高的趋势。双层做法由单层做法发展而来，由于大多数侗寨所处地区冬冷而夏热，作为重要的公共活动场地，鼓楼应该满足大多数气候条件的使用要求。因此，较为封闭的底层适合冬天使用，而在炎热的夏天，开敞的二楼会更为舒适。出于排除火塘烟气的需要，底层通常较高，一般为

（a）外观

（b）主柱上的穿枋尺寸已达极致

图7-3-9　广西三江县程阳大寨鼓楼

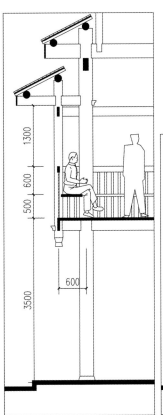
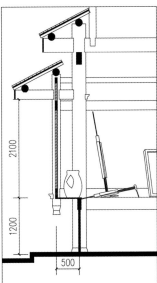

图7-3-11　鼓楼吊柱空间的使用

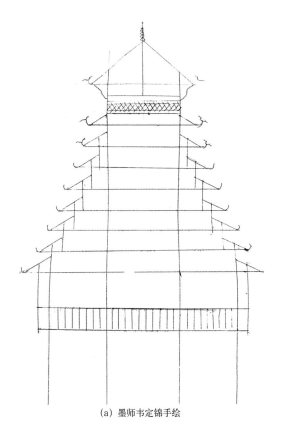

（a）墨师韦定锦手绘

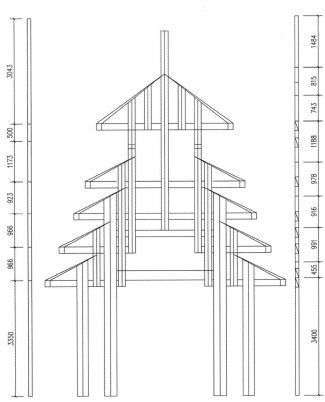

（b）年轻墨师杨秀军使用cad绘制

图7-3-12　侗族墨师绘制的鼓楼剖面

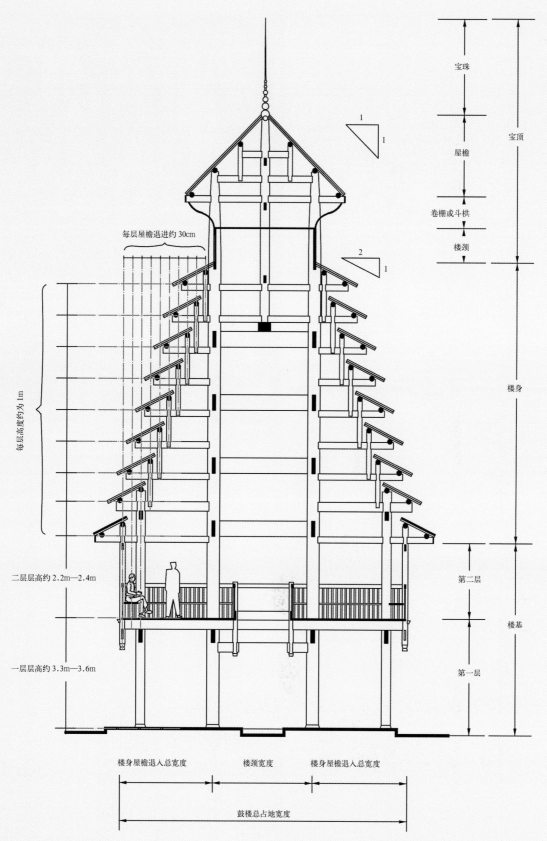

宝珠

屋檐

卷栅或斗拱

楼颈

宝顶

每层屋檐退进约 30cm

楼身

每层高度约为 1m

二层层高约 2.2m—2.4m

第二层

一层层高约 3.3m—3.6m

楼基

第一层

楼身屋檐退入总宽度　　楼颈宽度　　楼身屋檐退入总宽度

鼓楼总占地宽度

图7-3-13　鼓楼的各个组成部分

3.3米以上。部分鼓楼出于节材和造型的需要，降低底层高度，但会在火塘的正上方二层的楼板处设方井以利通风（图7-3-13、图7-3-14）。另外，也有因为地形原因和交通上的因素而自然形成的双层楼基，如广西龙胜平等石氏过街鼓楼（图7-3-15）。为了消除双层楼基底部过长的视觉印象，一般会在二层处出挑吊柱进行横向的分段处理，同时也达到增加二楼有效使用空间的目的。

图7-3-14　在火塘正上方留口以利排烟

图7-3-15　龙胜平等石氏过街鼓楼

2. 楼身

楼身是鼓楼的主体部分，除了主柱和副柱外，组成楼身的结构构件有：雷公柱、瓜柱、主柱之间的穿枋、连接主柱与副柱的穿枋、副柱间的穿枋、瓜柱间的穿枋等（指向鼓楼朝向的构件为枋，而与之垂直的为穿）。瓜柱和承托瓜柱且出挑的穿枋是直接支承屋檐的构件，它们的自重和所承托的屋檐的重量被穿枋传递给主柱和下层的穿枋，这样层层传递，最后被主、副柱之间的穿枋分别分摊给主柱和副柱，主柱与主柱间、副柱与副柱间又通过穿枋联系，最终形成受力明确，结构严密的整体。

层层后退的屋檐、白色的封檐板、起翘的檐角，以及檐角上姿态优美的灰塑构成鼓楼楼身极富节奏和韵律感的造型（图7-3-16）。决定这一造型的主要因素有如下几个。

（1）每层檐的高度

一般来说，同一座鼓楼每层屋檐的高度是一样的，从0.8米（广西三江马胖鼓楼）至1.5米（贵州

图7-3-16　鼓楼楼身极富韵律感的造型

从江高增银良寨鼓楼）不等。如高度过高，每层之间空隙较大，雨水会飘进鼓楼内部，且过于修长而高耸的形体不符合侗族人民的审美，也不利于节材。若高度太小，鼓楼会显得矮而胖，太小的层间空隙也不利于更换檩条、瓦等维修操作。因此，根据长期经验的总结，大部分鼓楼的每层高度都在1米左右。

（2）屋檐层数

楼身屋檐层数与宝顶层数相加一定为奇数，现存和新近修建的鼓楼层数从5~25层不等（从传统意义上来说，3层的鼓楼由于规模太小，侗民一般视其为凉亭），受材料、经济、技术条件和用地规模的限制，大部分的鼓楼的层数集中在5~13层。现存鼓楼楼身层数最高者是三江鼓楼（图7-3-17），宝顶2层，楼身层数25层。由于鼓楼层层后退的造型特点，在用地规模一定的情况下，屋檐的层数与每层屋檐退进的距离和退进的方式直接相关。

（3）每层屋檐的退进

如图7-3-13所示，每层屋檐退进的距离之和加上宝顶楼颈宽度就是鼓楼占地的宽度，屋檐的退进是依靠支撑在主、副柱之间的穿枋以及立在穿枋上层层后退的瓜柱实现的。按照位置的不同，侗族工匠将瓜柱分为内瓜柱（平面位置在主柱之内）和外瓜柱（平面位置在主柱之外）两种，内瓜柱的技术和做法在很大程度上解放了主柱高度对鼓楼高度和主柱内平面空间大小的限制（图7-3-18），在相

同高度、层数和用地规模的情况下，减少外瓜柱数量增加内瓜柱步数可以起到降低主柱高度增加主柱间空间的作用。不少用地规模较小的鼓楼均采用此

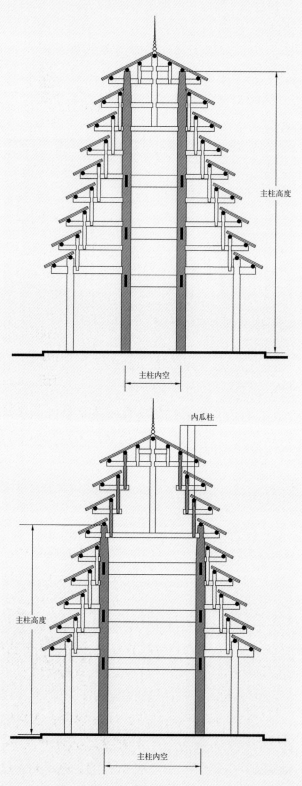

图7-3-17　广西三江鼓楼

图7-3-18　有无内瓜柱做法的剖面对比

图7-3-19 广西三江程阳平懂鼓楼内景

做法，如三江程阳平懂鼓楼（图7-3-19），在一榀框架上外瓜柱只有两根，内瓜柱达到6根，相应的主柱间的空间得到扩大，满足使用要求。

瓜柱之间的水平距离就是每层屋檐退进的距离，一般为30～40厘米，这一尺寸在同一鼓楼中也不尽相同，这是为了适应鼓楼外轮廓曲线的要求。

（4）外轮廓曲线

大部分鼓楼外轮廓呈向内凹进的弧线，鼓楼的墨师认为如果设计时外轮廓呈直线，则实施出来的鼓楼会显得中部向外凸出而影响美观。曲线可以通过两种方式实现：其一，保证每层高度一样，调节每一瓜柱之间的水平距离。其二，瓜柱之间的水平距离一致而调整每层层高。在实际操作中这两种方式都有，而以第一种方式为多，这是因为每层高度一样便于瓜柱的加工和安装。在设计时，墨师会先绘制自认为理想美观的外轮廓曲线，通过做图投影定位的方式量取每层屋檐退进的距离。

（5）屋檐的坡度

鼓楼屋檐的坡度基本与民居的一样，为1∶2，这样的坡度在满足排水、挂瓦要求的同时，又方便计算和施工。

（6）屋檐出挑长度

一般来说，出挑的穿枋长度为66厘米（2尺），为了留出承托檩条的空间，此尺寸会延长至81厘米（2.5尺）。

3. 宝顶

如果把鼓楼的楼基比作人的腿，楼身比作人的身体，宝顶就是头部，也是鼓楼视觉焦点所在。宝顶的做法有两种：一种是直接与楼身相连形成整体（图7-3-20），宝顶与楼身的区分不明显；另一种宝顶由"楼颈"、如意斗栱或卷棚、屋檐三部分组成，与楼身有明显区分，使整个鼓楼呈现明确的三段式构图（图7-3-13），有的鼓楼为了与过高的楼身平衡还采用双重宝顶的做法。后一种做法流传得更为广泛而更具代表性。

"楼颈"由主柱或内瓜柱向上延伸形成，外饰窗棂。内瓜柱（或主柱）与中心的雷公柱一起支撑宝顶屋檐。屋檐的做法有歇山和攒尖两种，以攒尖为多。由于屋顶过高，为了能欣赏到整个宝顶，屋檐的坡度一般都在1∶1左右。

作为屋檐与"楼颈"的过渡，屋檐下会饰以如意斗栱或卷棚。如意斗栱的做法在贵州较为常见，每一斗栱单元都由一根指向雷公柱的主栱和两侧呈

图7-3-20 广西三江程阳岩寨鼓楼

一定角度对称斜交的次栱组成，每个单元阵列排布层层出挑形成华丽的装饰效果，被侗民亲切地称为"蜜蜂窝"。在极少数的鼓楼中，"蜜蜂窝"并非仅起到装饰的作用，如贵州的增冲鼓楼，"顶层柱不直接承檩，柱与檩之间的空档由平板枋、栌斗、蜜蜂窝依次嵌入，……这在鼓楼中极为少见"。在广西三江等地，"蜜蜂窝"的做法被卷棚替代，当地墨师认为现实中的蜜蜂窝由于人类取蜜而经常被捣毁，在鼓楼中使用"蜜蜂窝"显得不吉，相对来说卷棚的寓意更为隽永。

二、阁、亭

（一）概述

广西遗存至今保持原状较好的楼阁很少，在很少的遗存中却不乏精品，如合浦大士阁、容县真武阁，但由于它们分属佛教和道教，所以二者均在宗教建筑章节中介绍。除此之外，广西的阁主要以文昌阁（魁星楼）为主，源自文昌信仰，与地方文运有关，一般设在府学、州学附近，有时甚至设在官学之内，但由于文昌阁通常较一般民居高，在一些村落就具有了类似风水塔功能的关锁水口的作用，成为很多汉族村落入口的一道风景。其中有一些与村落的围墙入口合二为一，具有了城楼的形制和作用，成为村民精神上的城楼。今天，广西遗存下来的文昌阁不多，全部在汉族乡村内，都是清代的遗存，体量都不大，工艺水平也不高，后面将举一例以说明。

查看广西古代典籍，广西历史上曾出现很多不同功能的亭子，主要有学宫内激励学生上进的敬一亭，还有碑亭、井亭、园林内的凉亭、观景亭、路亭、功德亭、神亭等，但遗存至今的古亭数量已不多，主要包括碑亭、路亭（桥亭）、功德亭、神亭、侗族凉亭等几种类型。

路亭在桂北地区遗存相对较多，从屋顶形式分有歇山顶、悬山顶、硬山顶；从围合度来分两面开、四面开两种；从体量分有面阔一间和面阔三间两种；从构架方式看，主要以穿斗式木构架为主，

也有硬山搁檩式。

功德亭在广西遗存也不多，保存较好、艺术性较高的有海角亭和东坡亭，其余要么经翻修后已不复原来形式，要么过于简陋，艺术价值不高，在此不作案例分析。

神亭主要分布于广西少数民族地区，广西土著民族迷信巫蛊，其崇拜的神灵多与自然相关（如山、石、树等），因此供奉这些神灵的建筑多为亭子，这样就可通天地灵气，与神沟通。所以广西少数民族地区遗存了一些保存较好的神亭，成为广西"亭"类建筑的重要组成。

侗族凉亭主要分布在广西三江地区，侗族人民急公好义，村寨间每隔一段路便会设一个凉亭，凉亭有的设于路边，有的建于风雅别致的山坳或石桥之上，凉亭旁常有水井，给行人以方便。侗族的凉亭通常面阔一至二间，采用穿斗式木构架，底层多架空以适应复杂的地形；屋顶多是一层悬山顶或歇山顶，有些也采用层层向上收缩的多重檐歇山顶，与鼓楼意象相合；屋顶正脊以瓦片堆成铜钱等纹样；亭中多结合悬挑出的垂花柱（吊柱）所获得的空间做可以坐、卧的长椅或美人靠，供路人休憩。

碑亭主要存于庙宇内，通常为单檐歇山顶，体量很小，在文坛庙一节介绍；

桥亭将在廊桥一节论述。

（二）实例

1. 南宁市江南区江西镇杨美村魁星阁

魁星阁坐落于扬美东北面，始建于清代乾隆元年（1736年），于清道光二十年（1840年）重建，楼高15.3米，进深为11.66米。魁星阁高3层，其一二层为硬山建筑，三层为单檐歇山顶小阁。从内观之，因一层上设木地板，所以使用与面阔方向相平行的平梁，平梁在明间以梁承托，至山墙则榫入墙中。

一层金柱与檐柱皆用通柱造，升至外观的二层，在此层形成回字形空间。金柱与檐柱间距5.4米，其间的梁架构架方式为穿斗加大叉手式，即除了在二者间设瓜柱承托檩条、以穿枋连接瓜柱外，还

设一斜向的梁（叉手）承托檩条。大叉手式为桂西南少数民族喜用的一种木构架方式，有很长的使用历史，二者的结合，显示了汉、壮建筑文化的交融。

金柱间设大梁承托三层木地板及单檐歇山顶的木构架，歇山顶采用悬山加披檐的做法，其构架方式为较典型的广府插梁式，悬挑出去的屋檐以一层

图7-3-21　扬美魁星阁外观

穿枋、两层插栱承托。3层插栱的做法在广西少数民族干阑建筑中屡见不鲜，因此此层木构架亦在此展现了桂南壮汉杂居的状态对建筑形制发展的影响。阁楼屋顶的装饰方式也是广府式的，其中正脊为两端起翘的船脊样式，其上设宝珠及一对鳌鱼，正脊、垂脊、戗脊脊身有漂亮的灰塑装饰，使体量不大的魁星阁显得颇为华丽。

魁星阁一二层面阔三间，于一层设前廊，前廊较深，使阁内一层光线昏暗，营造神秘的宗教氛围。二层屋顶坡度极缓，近平顶，因此一二层类似城楼底下的城墙一般厚重、方正。　层砖墙上端有一段式墀头砖雕，其正立面一幅浅浮雕组图装饰。二层正面向内凹进，开窗采光、通风，在凹窗两侧墙体最上端、檐口之下部，以浅凹的方框灰塑作装饰。一二层山墙间，以半个镬耳式山墙连接，其前端以红色小墩柱结尾，与墀头衔接良好（图7-3-21、图7-3-22）。

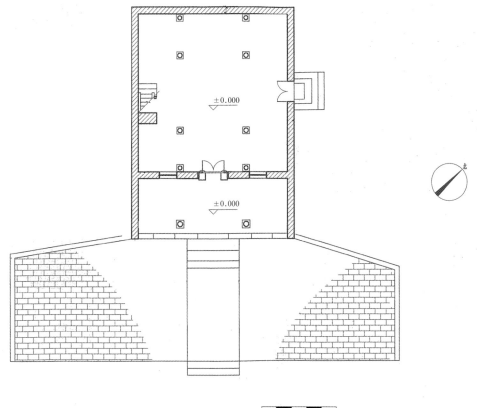

0 1 2 3 4 5

图7-3-22　扬美魁星阁一层平面图（广西文物考古研究所绘）

魁星阁一楼原供有"三界伏魔大帝神威远震天尊关圣帝君",即关公神像。二楼称为"文昌阁",供奉"辅元开化文昌司禄宏仁帝君",即文昌帝君之神像。三层上部设神龛,供奉魁星神像。

2．北海市合浦县廉州镇海角亭

古海角亭在合浦县城西南隅,北宋时为纪念孟尝太守"去珠复还"的政绩而建。元代海南海北道肃正廉访使范悖《重建海角亭记》载:"钦廉僻在百粤,距中国万里而远,郡南皆岸大洋,而廉又居其折,故曰海角也。"亭始建于北宋景德年间(1004-1007年),经明代成化、嘉靖多次迁建,至明隆庆年间迁定于今廉州中学校内,现存建筑为清晚期风格。

海角亭面阔、进深一间,设周围廊,平面略呈方形,重檐歇山顶(由硬山加披檐构成),主体部分采用硬山搁檩式木构架。周围廊进深五架,深约2.1

米,除正面明间为方形抹角石柱外,其余皆为木柱。周围廊的梁为圆作梁,其中明间两侧的五架梁伸出檐柱支撑挑檐檩,其下设插栱,对五架梁的出柱部分有辅助支撑及装饰作用。五架梁端斩凿成蝉肚形,并饰以卷草纹。其上置圆雕木狮子承托四架梁,再上以夔龙纹花板承托檩条。亭主体面阔4.8米,进深十三架(5米),高8.7米,木构架为硬山搁檩式,檩条间距较小(间距约40厘米)。脊檩下设随脊梁一条(直径20厘米),上书"清道光十年"重修记录。上檐与副檐之间的四面檐墙,各置陶质花格窗3幅,亭内重门门额置"万字纹"通花木质横披窗一幅,上悬苏轼书题"万里瞻天"木匾一方。

该亭屋顶为灰裹垄,檐口镶琉璃勾滴,正脊、垂脊、戗脊、博脊和翘角等,分别饰以做工精细、造型生动的着色灰塑或彩色陶塑,有浮雕花鸟、卷草、草尾龙;透雕拐子纹与草龙组合的脊刹博古;

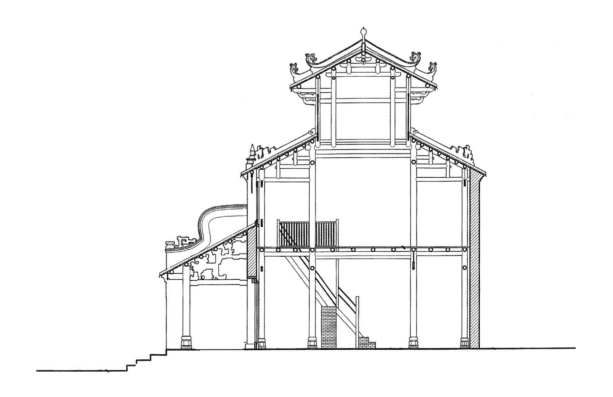

图7-3-23　扬美魁星阁剖面图（广西文物考古研究所绘）

图7-3-24 海角亭主亭

圆雕陶塑鳌鱼、狮子等，建筑造型岭南传统风格非常浓郁（图7-3-24～图7-3-26）。

3. 合浦东坡亭

亭位于合浦师范学校内。苏东坡于宋元符三年（1100年）在合浦时住在清乐轩，虽只两个月，却写了《廉州龙眼质味珠绝可敌荔枝》、《雨夜宿净行院》等诗篇和《记合浦老人语》等札记，后人为了纪念他，在清乐轩故址修建东坡亭。

此亭建于清乾隆四十一年，现亭为1944年重修，是歇山顶二进亭阁式砖木结构建筑。主亭正门上端挂着"东坡亭"的大字匾额，为广州六榕寺铁禅所书。亭内正面壁上嵌有苏东坡石刻象及其他诗文碑刻十余件（图7-3-27、图7-3-28）。

4. 阳朔东山亭

东山亭为阳朔县现存最大的古通衢凉亭（图7-3-29），位于阳朔县福利镇夏村村委人仔山（又名东南山）村东郎山麓古道上，此地历史上曾是桂林至梧州的交通要道，民国15年（1926年）由阳朔东区绅商捐资而建，沿用至今。

东山亭为两面坡硬山式凉亭，长11.2米，宽7.6米，高7米，抬梁式木构架。凉亭下层为料石结构，上层为青砖结构。亭内为三合土地面。南北为马头墙式山墙，中设宽敞的拱形门洞连接古道，两侧门洞上各嵌"东山亭"石刻一块，两门正面各嵌对联。东西两侧设二砖柱和3个拱形窗洞，窗洞上饰层层向外挑出的弧形灰塑窗楣，强调西洋拱券形式，有民国时期建筑的特点。墙上嵌"东山亭记"石刻一方，由本县福利圩清末举人莫永成撰文，福利五重岩清末秀才苏焕然书写。石刻记述了这里的地貌风物以及东山亭的修建经过。

5. 恭城石头村神亭

位于恭城瑶族自治县架木镇石头村委石头自然村村口边。石头村于明万历二年（1574年）建村，该神亭随之而建，清光绪三十一年（1905年）重建。该亭主要用于供神、跳挞鼓舞等祭祀活动。恭城瑶族普遍崇拜盘王、婆皇，有还愿、酬神、挞鼓的固定节日，还愿必举行挞鼓，此村的酬神活动便

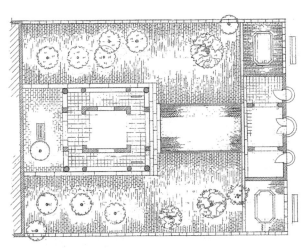

图7-3-25 海角亭总平面图（广西文物考古研究所绘）

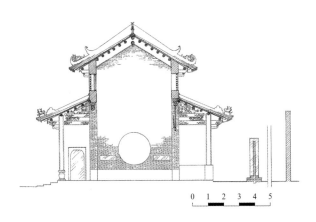

图7-3-26 海角亭主亭剖面图（广西文物考古研究所绘）

图7-3-27 合浦东坡亭正面

图7-3-28 合浦东坡亭侧面

在神亭中完成。

　　该亭坐北朝南，建于高0.5米的青石条台基上，亭本身为正方形，边长7.3米。亭子三面开敞，北面设封闭青砖墙硬山顶龛室，龛室与亭子相连，其面阔与亭子面阔同，进深4.5米，屋顶与亭子一层屋檐相接；龛室东西侧墙各开一门，后墙（北墙）不开门窗，内设神坛、龛位。

　　该亭为抬梁式木构架，重檐歇山顶。前、后檐柱均用方形抹角青石柱；中间设4根木质金柱，金柱以梁枋相连，梁枋中间设天花藻井；二层柱子与一层金柱对位，以抬梁式木构架支撑顶层屋面。金柱、檐柱都有精美的石质柱础，其中檐柱柱础高约50厘米，主体为四边形，每面图框中刻浅浮雕图文；金柱柱础高1.1米，为八角形莲台石柱础，有很好的防雨水作用。

图7-3-29 阳朔东山亭

　　该亭屋顶屋面全部用小青瓦，设灰瓦滴水，檐口有木质浮雕封檐板。正脊中央饰宝顶和鳌鱼，两侧有小狮子，塑两龙吻吞脊。垂脊和戗脊采用飞带式，脊底化作卷草纹高高翘起（图7-3-30）。

　　6.恭城蕉山神亭

　　恭城蕉山神亭位于恭城瑶族自治县观音乡蛳塘村委蕉山屯旁的一个小高台上，是恭城县观音方向通往湖南古道县的古道凉亭，始建于清乾隆五十年（1785年），历代均有维修。

　　蕉山神亭为方形凉亭，重檐歇山顶，抬梁式木

图7-3-30 石头村神亭（图片来源：http://www.liketrip.cn/gongcheng/photo-31551.html）

图7-3-31 恭城蕉山神亭（图片来源：http://www.liketrip.cn/gongcheng/photo-31551.html）

构架。此亭边长6.7米，通高6.2米。檐柱为八角形石柱，高2.4米；金柱为石础木柱，中设圆形藻井。亭内东西北三面设条石凳，专供小憩之用。亭子三面开敞，南面砌砖石墙神龛，神龛略呈凹字形，其高与亭子腰檐相交，龛中间嵌神台和记事碑。

该亭为重檐歇山顶，歇山是由悬山顶加披檐构成，其脊檩以花篮状檐帽承托，并在两山露出，有山花效果。屋面覆盖小青瓦，正脊朴素，垂脊、戗脊均为无纹饰的飞带式。亭内铺砌大块青石板，地板有线刻行书"蕉山"二字。北侧檐柱刻有对联一副，行书浮雕，字径7.5厘米，联云："河不断捌方士庶祝神恩，秀水长流古威万古灵夸圣德。"（图7-3-31）

7. 恭城狮塘神亭

狮塘神亭其实是两座亭子并联而成，因此又称双凉亭，位于恭城瑶族自治县观音乡狮塘村委狮塘自然村的北面，是湖南道县通往恭城一带古道上保存较好的凉亭，始建于清乾隆五十九年（1794年）。原为单座木构凉亭，清嘉庆六年（1801年），村民加修通往亭前河流的石台阶，嘉庆二十二年，在木柱亭旁加修石柱凉亭，使双亭合一，呈现今日之状。

狮塘神亭由两个相对独立的内外凉亭组成，平面为长方形，是穿斗与抬梁式木构架相结合的单檐歇山顶凉亭。该亭面阔10米，进深5.4米，高5.4米。因地形原因，两亭地面存在高差，外凉亭地面

略低，内亭地面略高，但地面均铺青石板。

内凉亭为先建成的木柱凉亭，所有柱子（4根檐柱、4根金柱）均为木质，柱下有鼓状石柱础。凉亭顶部设天花遮蔽屋顶构架，天花上饰太极、云气等朱红地图案，强调神亭空间的宗教气息。外凉亭檐柱为方形石柱，金柱为木柱，各立于雕刻精美的柱础上，其中金柱柱础略高于檐柱的柱础。两凉亭之间以斗栱和枋柱相连，浑然一体。

凉亭为重檐歇山顶，正脊、垂脊、戗脊都以瓦堆叠而成，较朴实，仅在戗脊底部通过叠瓦的方式使脊底翘起。山花部分不设博风、悬鱼，仅设素平木板山花保护其内的屋顶梁架（图7-3-32）。

8. 三江归东井亭

归东井亭位于三江侗族自治县同乐乡归东寨边，建于民国时期。该亭为杉木穿斗式结构，三层重檐歇山顶，地上铺石板，两侧利用吊柱获得的空间设坐凳，造型生动类似歇山顶鼓楼。

9. 三江马胖凉亭

三江马胖凉亭位于三江侗族自治县八江乡马胖寨的道路交叉路口上，跨道路、溪水而建。为杉木穿斗式结构，双开间，单层合瓦悬山顶。利用吊柱悬空所获空间形成可坐卧的长椅，供人休息。利用移柱的方法设八字门，有欢迎之意（图7-3-33）。

图7-3-32 恭城狮塘神亭（图片来源：林京海. 桂林文物古迹览胜. 广西师范大学出版社，216.）

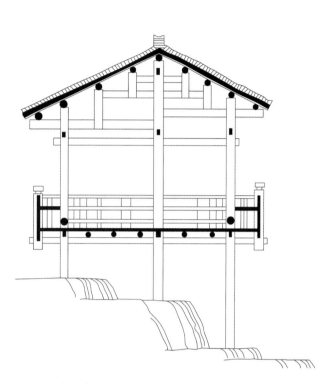
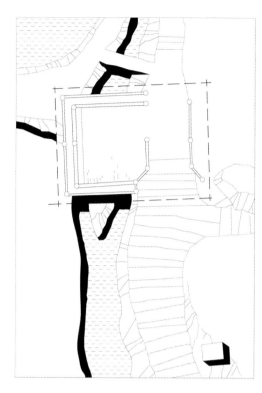

图7-3-33　马胖凉亭剖面与平面（图片改绘来源：李长杰. 桂北民间建筑. 北京：中国建筑工业出版社，1990：328页.）

第四节　戏台

一、广西古戏台的起源及分布

　　广西是一个少数民族聚居的省份，少数民族很早便有了自己的山歌、小调，大家既是表演者又是听众，既在劳动又在表演，因此田间地头、山边路上，无一不是他们的表演舞台，不需要特定的表演空间。具有观演性质的少数民族戏剧如侗戏、壮剧、苗戏等大多出现在清代以后，有的甚至是民国以后才出现，如毛南戏。相应的，这些少数民族戏台多出现于清代中期之后。遗存至今的广西少数民族戏台多为侗族戏台，同鼓楼、广场一起构成侗族村寨的公共空间。壮族、苗族等少数民族基本不设固定戏台，多在临时搭建的临时建筑上进行表演。

　　广西戏曲的另外一个起源是傩，傩是古代巫教的自然演变，在对偶像化的自然神进行崇拜时，巫或者是祝随着音乐吟唱、起舞，与神沟通。从可查阅的史籍看，广西傩戏大体起源于唐宋，真正走向成熟是在明清时期。但清以前，广西傩戏大多是为了驱鬼、赎魂，并不是观赏性的戏剧，因此无需对公众表演，更不需要固定的表演空间。至清嘉庆、咸丰年间，傩戏才在汉族剧种的影响下演变成师公戏，开始需要较固定的观演空间。

　　除了侗族戏台外，广西遗存的戏台几乎都是汉族戏台。汉族戏台在戏曲生成之前便已存在，最初用于歌舞娱神，多以神庙、寺庙戏台的形式出现。至元明，中国戏曲成熟、繁盛后，佛寺、道观反而放弃了戏台，戏台主要在民间世俗化的祠庙（祭祀地区贤勇、祖先的庙宇）中发展，既具有祭祀的功能，也兼具道德教化的作用。广西汉族戏台多为明清时期的戏台，其酬报的神灵除了城隍、关帝属官方祠庙崇拜体系，其余皆属世俗化民间祠庙，后来才渐渐发展出行会戏台、万年台等形式。广西汉族戏台的出现虽与酬神息息相关，但其产生却与广西汉族地方剧种的发展脱不开干系。广西汉族地方剧种主要包括桂剧、彩调、粤剧和邕剧。根据相关学者研究，桂剧源于弋阳腔④，由汉、湘、祁剧传入⑤，直接来自于湖南⑥。彩调则是在原广西各地流行的采茶歌、彩灯一类歌舞的基础上，融入湖南的调子而形成⑦。彩调形成时间大约是清中期，与雍乾之后湖南移民大量迁徙到广西垦荒、经商相关。粤剧最早大约是清代乾隆（1736－1796年）年间，粤剧剧班随广东商人来到广西而开始流传⑧。邕剧产生于清道光、咸丰年间，祁剧艺人来桂南传艺，开始产生了本地班，起初为宾州、武鸣班的丝弦戏，到了同治年间，受广班的影响，发展为以邕州班为代表的本地班。

从这四大剧种在广西的起源看，它们都与湖南、广东的剧种有莫大的关系，并且都与湖、广人来桂垦荒、经商相关。从历史看，湖南和广东来桂的移民在明代开始增加，到清雍正、乾隆时期达到高峰。据研究，自雍正二年到咸丰元年年间，广西人口由172万人陡然增至815万人，增长了3.7倍。其中以雍正二年至乾隆十四年间增长最快，平均每年递增32.69%⑨。飞速增长的原因之一是康熙以后，清政府对广西实行优渥的招民垦荒政策，大批无地少地的湖南、广东人来到桂东北垦荒。但更大的原因是与湖、广的手工业移民及商业贸易有关。清代广州为全国唯一的对外通商口岸，因此外来的商品需从广州出发北上。北上之路有两条：一是广州经杭州至北京的路线；二是通过西江流域将货物从广州—梧州—衡阳—汉口—开封—北京的路线。梧州至衡阳段属广西境内的有两条重要路线：一是苍梧大路。"自广西桂林经阳朔、平乐、钟山、贺县、乐善、石桥、梧州，至思蒲塘，共490千米，与广东驿道相连"⑩。二是府江道。府江流经阳朔、荔浦、平乐、昭平四县，还"东连富川、贺县，而北抵恭城；西岸连修仁、荔浦，而南抵永安"⑪。从以上路线分析中我们不难发现，清

代的平乐府、桂林府恰好在这些要道路径之上，成为粤商品、私盐北上，湖米南运、西米东运的重要货运点。"境内潇湘之贯注，船舶无阻，货物云屯，北通衡（阳）、长（沙），南达桂（林）、粤（指广东）"，⑫描述了当时运输的繁忙。所以，清代的桂林府、平乐府成为湖、广商人云集、经贸繁盛之地，相应的也是广西戏台分布最密集的地方。根据笔者的统计，广西现存的60多座古代戏台中，有50余座位于桂东北的贺州地区和桂林地区（即清代的桂林府以及平乐府）。从时间角度分析，60多座戏台中除4座庙宇戏台建于清之前外，其余几乎都建于清乾隆年间及以后，这正好与戏剧出现的时间相应。

二、广西古戏台的类型

从功能上分，广西的戏台大致有四个种类。

（一）庙宇戏台

酬神原是戏剧产生的源泉，广西土著民族本就好鬼尚巫，唱戏酬神成为民众庆祝活动的重头戏，所以广西最早的戏台皆为庙宇戏台，其功能是向神灵表达虔诚的心灵，向神灵祈福，以达到自己的目的，诸如下雨、免灾、还愿等。清以后此类戏台更是有增无减，无论是官方批准的祠庙（如关公庙、城隍庙），还是民间世俗化的祠庙（如马殷庙、飞山宫等），只要经济允许都建立酬神的戏台。在广西现存的古戏台中，庙宇戏台占近60%，是广西古戏台中最主要、最多的类型。

（二）宗祠戏台

商贸活动一般是以一房或一族为单位进行的，为了敬宗收族纷纷兴建祠堂，经济条件优越的大户还建戏台与享堂相对，以敬神明的方式款待自己的祖先，同时款待宗族后人，同喜同乐。此外，其曲目多以忠孝信义为主，通过祭祀观戏，教化宗族子弟孝顺、忠义。祠堂戏台在遗存较好的广西古戏台中占20%，为第二大类，其中遗存较精美的有富川秀水村的水楼戏台、八房戏台，灵川县潮田乡太平村古戏台等。

（三）行会戏台

商贸的繁盛使街镇多会馆林立，会馆通常与神庙祭祀相结合，如广西粤东会馆通常祭拜关公、福建会馆有些祭祀天后、湖南会馆祭禹王、江西会馆祭许真君等。因此，会馆戏台多在正殿前方搭建一座戏台（有些戏台与门楼相结合），以娱正殿中供奉之神灵，如桂林恭城县的湖南会馆；有的则在最后一进厅堂供奉神灵，在此厅堂前设拜亭，拜亭兼具戏台功能，既可娱神，也利于坐在大堂的同乡观戏，如玉林的粤东会馆。戏班子则多请本乡戏班，在酬神的同时，联络同乡情谊、团结乡党。

（四）万年台

又称风雨台或街坪台，多建在村头、村落中心空地或街道的空阔处。在一些经济发达的广西古村落，一些个人或一个姓氏为了显示自身的经济实力，纷纷捐款解囊修建万年台，多者一个村落有10多座戏台，如富川福溪村曾有20多座戏台。万戏台通常扮演着公共场所、交流中心的角色，不演戏时，万年台是村落民众自娱自乐、聚众开会的重要场所，演戏时四邻八乡齐聚于此，创造出交流和商贸的契机。

三、广西古戏台的建筑特点

（一）平面

广西的戏台从平面形式多样，从观演角度分，有一面观戏台和三面观戏台。其中汉族戏台全是三面观戏台，以单层全伸出式为主（即凸字形，如黄姚戏台）；侗族戏台以两面观为主体，主要是单层镜框式（即矩形，如高定寨戏台）（图7-4-1）和稍伸出式（如八协寨戏台）（图7-4-2），但也有半伸出式戏台（如华练寨戏台）（图7-4-3）。

广西汉族戏台一般面阔三间、进深两间，后加面阔三间、进深一间的扮演房，通过勾连搭的方式集合成一个整体，谓之"集中式"。但也有个别是亭式戏台，所谓亭式戏台就是扮演房与戏台同在一个屋檐下，只是用木板隔出后台（扮演房，进深一间）而已，如邕宁区蒲庙镇那莲村戏台（图7-4-4）。桂北汉族戏台常在扮演房次间前设小前廊安置乐队，如秀水村状元楼戏台、秀水村仙娘庙戏台（图7-4-5、图7-4-6），或者戏台南侧设小副台安置乐队（如钟山大田村戏台）（图7-4-7）。小侗族戏台既有亭式戏台，如程阳平铺戏台（图7-4-8）；也有集中式戏台，如八协寨戏台（图7-4-2）。

侗族戏台一般面阔一间、进深三间，但开间、进深的尺度都比汉族的戏台大近一倍，这与他们习惯小群体合唱表演"耶歌"相关。戏台有镜框式和半伸出、稍伸出式，在半伸出、稍伸出式的戏台两侧各设一小厢房放乐器，厢房前设小挑廊（小副台）安置乐队，如华练寨戏台。

图7-4-1　高定寨戏台

图7-4-2　八协寨戏台

图7-4-3　华练寨戏台

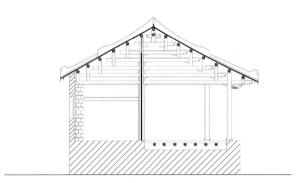

图7-4-4　蒲庙镇那莲村戏台剖面图（高洪利等绘，谢小英指导）

图7-4-5　秀水村状元楼戏台

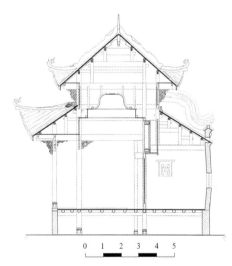

图7-4-6　秀水村仙娘庙戏台剖面图（广西文物保护研究设计中心绘）

图7-4-7　钟山大田村戏台

图7-4-8　程阳平铺戏台

（二）构架

广西的戏台，无论是汉族的还是侗族的，绝大多数用穿斗式木构架。屋顶一般用歇山顶，翼角起翘的方式均采用从前金柱伸出前檐柱的穿枋来衬托翼角的方式（即转角穿枋），但桂北（清桂北府、桂林府）汉族习惯在转角穿枋前端斜立子角梁，在檐桁之上设置较高的老角梁，老角梁斜向伸出卯入端部斜立子角梁内，并以两侧的生头木辅助支撑，这样子角梁、老角梁与两侧生头木相互扶持，形成达到110度~125度的倾斜角度（图7-4-9、图7-4-10），与江南一带在老角梁上立子角梁的方式相左。另一种方式是在角柱端头（或在前金柱与转角檐柱间的转角穿枋的短柱上）伸出斜向的枋子与转角穿枋端头搭接，斜向枋子上斜立子角梁，老角梁端头与子角梁上端相接（图7-4-11）。在后一种构架方式中，为了固定子角梁有两种不同的做法：其一，流行于桂北地区，将使翼角冲出、翘起的挑檐桁与老角梁端头相连，起到一定固定作用，并在挑檐桁和随桁枋间填以木板，在为翼角遮风避雨的同时，加强其稳固性（图7-4-12）；其二，流行于富川地区，习惯在斜枋、子角梁、老角梁形成的钝角三角空间中填塞篾木，不设挑檐桁，直接以正、侧两面伸出的生头木与斜向枋子及篾木相连，在使翼角渐次翘起的同时，起到一定的扶持作用（图7-4-13）。前者翼角构架方式如柳州市三江县良口乡和里村的三王宫戏台（图7-4-14），后者翼角构

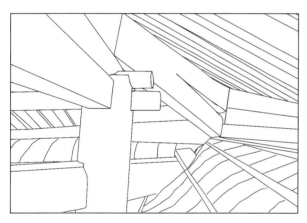

图7-4-9 桂北汉族戏台翼角起翘方式一（内部）

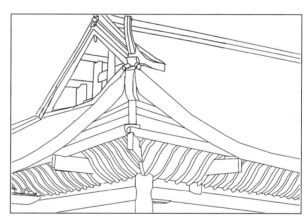

图7-4-10 桂北汉族戏台翼角起翘方式一（外部）

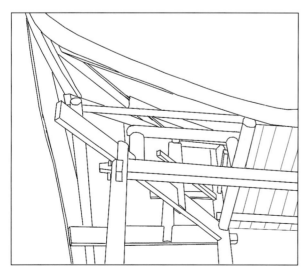

图7-4-11 桂北汉族戏台翼角起翘方式二（内部）

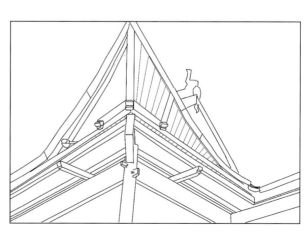

图7-4-12 桂北汉族戏台翼角起翘方式二（外部）

图7-4-13 桂北汉族戏台翼角起翘方式三（外部）

图7-4-14 和里村的三王宫戏台

架方式如全州县大西江镇四板桥村精忠祠戏台（图
7-4-15）、富川县朝东镇秀水村状元楼戏台（图
7-4-16）。

　　桂中、桂南、桂东南的汉族戏台以及侗族戏台
则不用子角梁，只是在戏台正面、侧面挑檐的端头
加生头木，达到屋檐翼角微微升起的效果，但起翘
程度完全不能与汉族戏台相比（如来宾武宣三里镇
三里街老墟汉族戏台，八协寨侗族戏台）（图7-4-
17）。个别侗族戏台采用更为隆重的楼阁形式，层层
屋顶层叠而上，以八角攒尖顶结束，挺拔而隆重
（如程阳平铺寨戏台）（图7-4-8）。

图7-4-15 四板桥村精忠祠戏台

图7-4-16 朝东镇秀水村戏台

图7-4-17 三里镇三里街老墟戏台

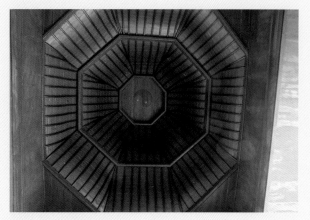

图7-4-18 恭城武庙戏台藻井

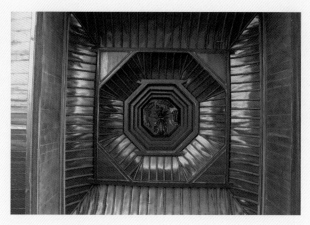

图7-4-19 恭城县湖南会馆戏台藻井

此外，戏台藻井具有扩声和拢音作用，广西桂北汉族戏台普遍使用斗八藻井，藻井内壁是鹤颈式覆水椽和望板，恰似一倒置的喇叭花，除了达到华丽、精巧的视觉效果外，也有一定的扩声作用。藻井不再起承重作用，藻井顶部一般饰以八卦或龙纹彩绘，如秀水村状元楼戏台、恭城武庙戏台（图7-4-18）；个别隆重的会采用高浮雕龙纹，如恭城县湖南会馆戏台（图7-4-19）。桂北侗族戏台则喜用方形天花装饰舞台，藻井彩绘内容没有统一或固定的主题，但龙、凤及麒麟纹样使用的频率较高，有的还特别在方形天花的四角设垂花柱进行装饰（如八协寨戏台）（图7-4-20）。广西其他地方的戏台则通常使用彻上明造，裸露梁架，如邕宁区蒲庙镇那莲村那莲戏台。

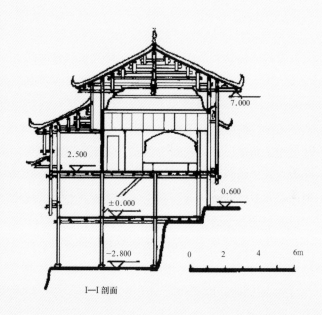

I—I 剖面

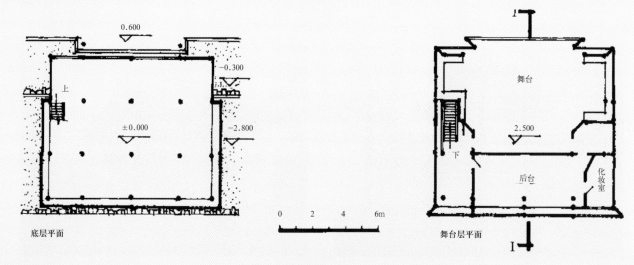

底层平面　　　　　　　　　舞台层平面

图7-4-20　八协寨戏台剖面图、平面图（图片来源：《广西民族传统建筑实录》编委会. 广西民族传统建筑实录. 南宁：广西科学技术出版社，1991.）

图7-4-21　恭城县湖南会馆戏台正面

图7-4-22　恭城县湖南会馆戏台背面

（三）外观造型

虽然广西的戏台，无论汉、侗都喜爱用歇山顶，但歇山顶的举架是不一样的。所谓举架是每步架的檩条举高与步架长度之比，广称称为"分水"，如步架为一，举架为0.5的话，就为五分水。桂北汉族戏台的屋顶要比侗族及其他地区的汉族戏台要陡，达到六分水，侗族戏台屋顶为五分水，桂中、桂南、桂东南的则为四五分水左右。此外，因南方雨多、风大，所以广西戏台的出檐一般比较大。

从屋面材料看，桂北汉族各级城市（府城、州城、县城）中的戏台通常用绿色琉璃瓦（如恭城县湖南会馆戏台）（图7-4-21、图7-4-22），乡村的戏台多用灰色合瓦屋面（如钟山县公安镇大田村戏台）（图7-4-7、图7-4-23）。桂东南因近海、风大

的原因，更喜欢用灰色筒瓦屋顶，如邕宁区蒲庙镇那莲村戏台（图7-4-24）。桂中、桂南侗族戏台则通常用灰色合瓦屋面或仰瓦灰梗屋面（图7-4-2、图7-4-3、图7-4-8）。

从装饰看，宝珠、鳌鱼、卷草纹是广西汉族戏台屋脊惯用的装饰母题，其中庙宇及会馆的屋脊又格外热闹些，除了以上是装饰外，还用到博古脊、人物故事灰塑浮雕等。桂北汉族戏台的挑檐、转角穿枋、前檐柱檐枋、子角梁、山墙都是装饰的重点（如富川朝东镇东水村戏台）（图7-4-25）：挑檐部分一般设卷棚或素平天花，在戏台檐下形成一圈华丽的"花边"，遮掩里面的挑檐檩；承托翼角的转角穿枋与外檐柱的交接处，设花牙子或斜撑装饰；正、侧面檐枋下则通常装饰漂亮的镂花雀替；子角

图7-4-23　钟山公安镇大田村戏台侧面

图7-4-24　邕宁区蒲庙镇那莲村戏台

图7-4-25　富川朝东镇东水村戏台装饰

图7-4-26　恭城武庙戏台侧面

梁与转角穿枋交界处设木雕遮住其后在转角相接的挑檐檩；山墙使用木博风板及悬鱼。其他地方的汉族戏台则朴素很多，没有雀替、花牙子、轩棚、悬鱼，稍微讲究些的仅设素平天花。侗族戏台不喜雀替等镂花装饰，也没有悬鱼，但有些会用卷棚装饰观演面，并在戏台正面的檐柱上端装饰木圆雕动

物，如八协寨戏台。

扮演房的山墙类型也很丰富，桂北汉族戏台惯用硬山顶山墙，有镬耳式（如富川朝东镇秀水村戏台，如图7-4-16所示）、马头墙式（如钟山公安镇大田村戏台）（图7-4-23）、飞带垂脊式（如恭城武庙戏台）（图7-4-26）。侗族扮演房一般用悬山顶或歇山顶，出檐深远，保护扮演房的木墙。

就立面比例而言，广西汉族戏台都用砖砌或石砌台基，高度约1.6～1.8米，台基面到戏台檐口约3米；侗族戏台采用干阑式木构架，底层架空，戏台前部距地面高约1.4～1.5米，屋身高约2.5米，但若屋身面阔尺度加大，则屋身高度随之增加。

四、实例

（一）广西钟山县两安乡莲花村龙归庵戏台（图7-4-27）

钟山县两安瑶族乡莲花村，距县城约20公里。戏台建于清光绪九年（1883年），坐南朝北，其南面约50米处为龙归庵正殿。

戏台为三面观戏台，单层全伸出式戏台，平面呈凸字形。面阔三间，宽7.66米，其中明间面阔4.5米；进深两间，深5.38米。戏台总高约11米，其中台基高1.8米，台基至立面檐口高2.65米。戏台明间屋身：高/宽≈0.58，即台基至立面檐口高约为明间宽度的3/5，台口相对较低。戏台为穿斗式木构架，金柱间设斗八藻井，戏台四周挑檐部分都以半鹤颈式卷棚装饰。翼角起翘采用子角梁的方法，将子角梁设于从前金柱穿过前檐柱的斜向穿枋上，子角梁与梁枋间的角度达到近110度。梁枋下设圆雕木狮子斜撑，起到一定支撑和装饰作用。

戏台用重檐歇山顶，正脊用博古式，垂脊和戗脊呈一连续的曲线（不在同一个面），脊端以灰塑卷草形式翘起，造型极为华丽，上层正脊饰鳌鱼及宝珠，下层瓦面上饰二龙戏珠，屋顶内有八角藻井。比较特别的是，在一层屋顶的围脊也采用了类似正脊的装饰，上饰灰塑双龙，使屋身更添华丽。山墙使用木质博风板及悬鱼，但不设山墙板。

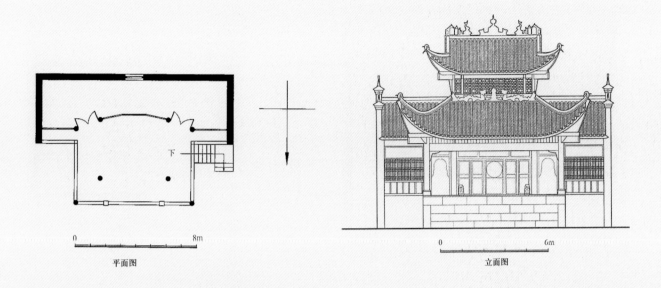

平面图　　　　　　　　　　　　　立面图

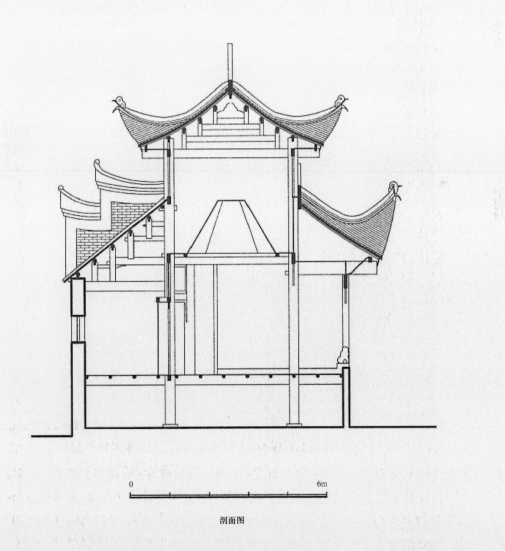

剖面图

图7-4-27　龙归庵戏台平面、立面、剖面图(图片来源:《中国古代戏台测绘图(四)》)

扮演房面阔三间，宽约12.6米，进深一间，由于戏台明间向扮演房内凸进半个步架，因此扮演房明间深约2.4米，次间深约3.3米。扮演房用马头墙式硬山顶，山墙前墀头部分装饰彩绘。前后台之间的"守旧"[13]上，绘歌女手抱琵琶起舞图，上下场门上有"龙飞"、"凤舞"木雕横匾。

（二）广西钟山县公安镇大田村水口灵祠戏台（图7-4-28、图7-4-29）

该戏台位于钟山县公安镇大田村南，据当地文化部门称建于清光绪四年（1878年）。戏台坐西朝东（偏北），与其东侧27米处的水口庙正殿相对。

该戏台为三面观戏台，单层全伸出式戏台，平面呈凸字形。面阔三间，宽6.63米，其中明间面阔3.47米；进深两间，深4.35米。戏台总高约10.5米，其中台基高1.91米，台基至立面檐口高2.93米。戏台明间屋身：高/宽≈0.84，即台基至立面檐口高约为明间宽度的6/7，台口相对较高。台基为石质，其上雕刻精美的龙、麒

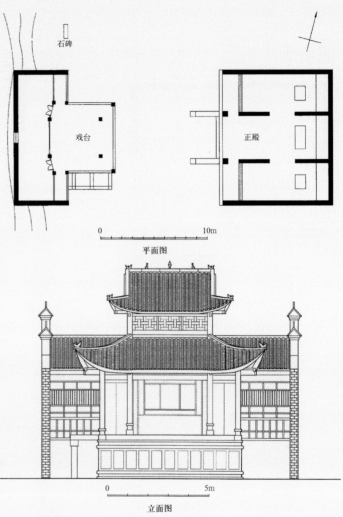

平面图

立面图

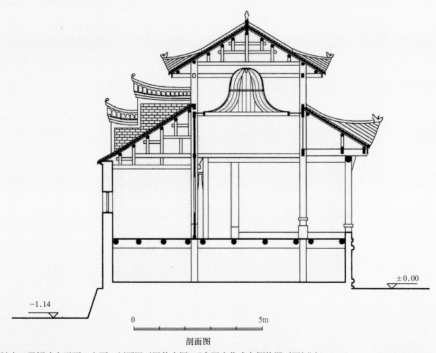

剖面图

图7-4-28 大田村水口灵祠戏台平面、立面、剖面图（图片来源：《中国古代戏台测绘图（四）》）

图7-4-29　戏台台基上的雕刻

麟、福禄寿星纹样。此外，在扮演房次间前设小前廊，在前台南侧有矮石柱与石梁，搭木板可形成伴奏台。戏台为穿斗式木构架，金柱间设喇叭花形藻井，戏台四周挑檐部分都设素平天花。屋顶为重檐歇山顶，翼角起翘采用子角梁的方法。屋顶正脊上设宝珠、鳌鱼。

扮演房面阔三间，宽12.23米，进深一间，由于戏台明间向扮演房内凸进，且后金柱与后檐柱凸进尺度不一，形成类似八字墙的背景。相应的扮演房明间进深为3.2~3.5米。扮演房用马头墙式硬山顶，山墙前墀头部分有浅浮雕灰塑花草。

（三）广西昭平县黄姚镇宝珠观戏台（图7-4-30、图7-4-31）

宝珠观位于黄姚镇西北的入口附近，原为小庙，在明万历年间由当地壮族人扩建。清乾隆年间，汉壮两族人修好，合建宝珠观，定三月三为庙会。其后清嘉庆、道光、光绪年间及民国初年大修。由大殿、门厅、厢房、天井、回廊、戏台、广场等组成。

戏台位于庙外，坐东朝西，为三面观戏台，单层全伸出式戏台，平面呈凸字形。面阔三间、宽8.3米，其中明间面阔5米，进深两间、深5.2米。戏台总高约8米，其中台基高1.64米，台基至立面檐口高3.56米。戏台明间屋身：高/宽≈0.7，即台基至立面檐口高约为明间宽度的7/10。

戏台为插梁式木构架，金柱间设木板天花，但戏台四周挑檐部分没做轩棚或天花，将挑檐部分的梁架完全暴露出来。戏台为单檐歇山顶，翼角不设子角梁，仅在挑檐檩上架生头木，因此翼角平缓，有广府式亭阁的意蕴。屋顶正脊为博古脊，脊身由

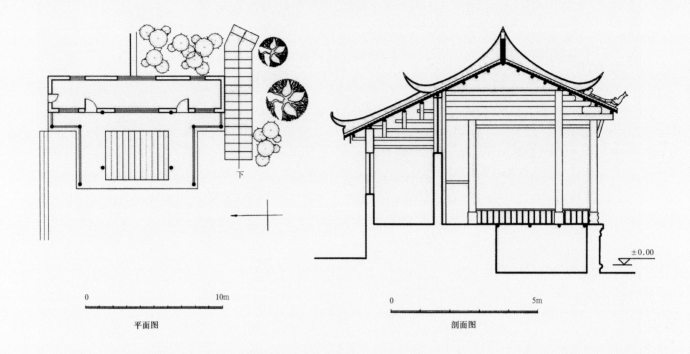

0   10m

平面图

0   5m

剖面图

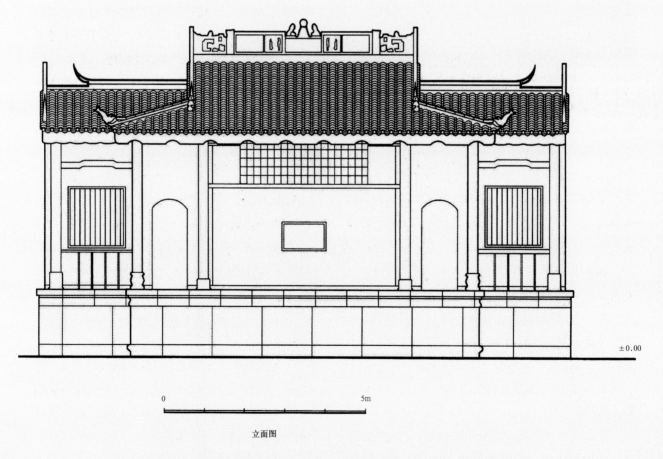

0   5m

立面图

图7-4-30　黄姚镇宝珠观戏台平面、剖面、立面图（图片来源：《中国古代戏台测绘图》）

图7-4-31 黄姚镇宝珠观戏台外观

博古头、花窗、小品几个部分构成。小品三幅，皆为花鸟彩塑。中间的灰塑小品之上设绿色宝珠，两侧为黄色琉璃狮子。垂脊采用大式飞带垂脊，垂脊向下延到檐口时转为卷草向上翘起，在垂脊底设一绿色琉璃狮子，戗脊脊端用尾巴高翘的鲤鱼装饰。该戏台的山墙以白灰封填，不使用悬鱼，博风板特别窄，以至于仅遮住半个檩条。戏台台基为石质，其上不刻纹样，仅在上下端以凹凸线脚装饰、勾勒。

扮演房面阔三间、宽12.3米，进深一间、深2.51米。但在次间设小前廊安置乐队，前廊檐枋为石虾弓梁、石金花狮子。扮演房用硬山顶，垂脊也采用大式飞带垂脊，博风原为黑地白纹样，现已不存。扮演房侧开拱门，设木梯上戏台，后墙则开一大两小三个镂空砖雕花窗。

（四）广西富川县富阳镇关岳庙戏台（图7-4-32）

广西富川县富阳镇关岳庙，又称武庙，位于县城富阳镇的城北。关岳庙为一座四合院，为近年重建，坐北朝南，其前后殿皆用硬山顶，戏台位于庙外约50米处，与庙相对。

戏台为三面观戏台，单层全伸出式戏台，平面呈凸字形。面阔三间、宽7.48米，其中明间面阔

4.54米，进深两间、深4.41米。戏台总高约7.62米，其中台基高1.62米，台基至立面檐口高2.74米。戏台明间屋身：高/宽≈0.6，即台基至立面檐口高约为明间宽度的3/5，台口比较矮。

戏台为穿斗式木构架，不设天花卷棚，将梁架完全暴露出来，脊檩上有"大清同治八年"的题记。戏台为单檐歇山顶，翼角设子角梁，檐角高高翘起。正脊有升起，两侧装饰鳌鱼，中间设宝葫芦。

扮演房面阔三间、宽12.3米，进深一间、深2.51米，用马头墙式硬山顶。

（五）富川凤溪村七星庙戏台（图7-4-33）

七星庙建于广西富川瑶族自治县凤溪村村后山坡上，由正殿与戏台两座建筑组成，正殿坐北朝南，戏台与之相对。

该戏台为三面观、单层全伸出式戏台，平面呈矩形。面阔三间、宽6.63米，其中明间面阔4.11米；进深两间、深4.39米。戏台总高约7.3米，其中台基高1.76米，台基至立面檐口高2.39米。戏台明间屋身：高/宽≈0.58，即台基至立面檐口高约为明间宽度的3/5，台口较低。

戏台为穿斗式木构架，金柱间设平板天花，

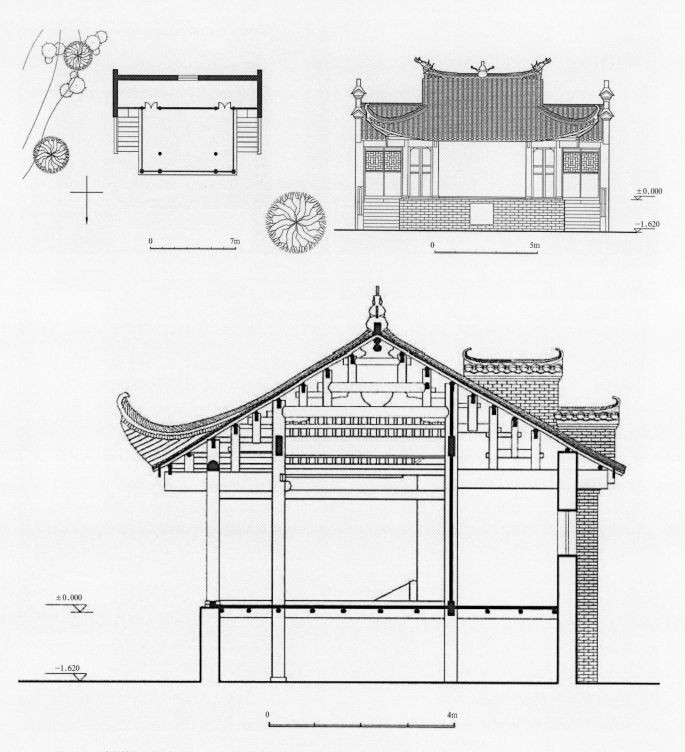

图7-4-32 富阳镇关岳庙戏台平面、立面、剖面图（图片来源：《中国古代戏台测绘图（四）》）

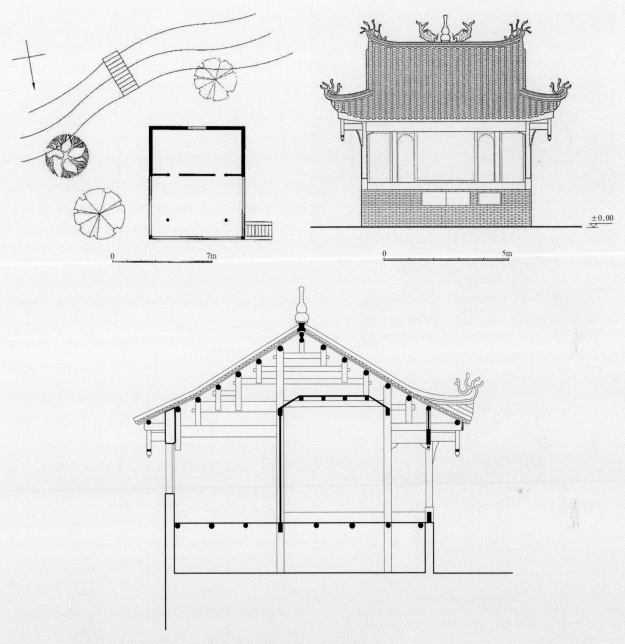

图7-4-33　富川凤溪村七星庙戏台平面、立面、剖面（图片来源：《中国古代戏台测绘图（四）》）

戏台四周挑檐部分不做天花或卷棚，直接暴露屋架，但在前后檐柱的挑枋端头做垂花柱以增添装饰。此外，檐枋下以及转角穿枋下都用雀替或花牙子来装饰。戏台内"守旧"上挂"观古鉴今"牌匾，"出将"、"入相"上分别挂"白雪"、"阳春"匾。

屋顶为单檐歇山顶，翼角起翘采用子角梁的方法。屋顶正脊上设宝葫芦，两侧为鳌鱼。扮演房为硬山顶，面阔三间，宽同戏台，进深一间，深3.25米。

（六）恭城县湖南会馆戏台（图7-4-34、图7-4-21、图7-4-22）

广西恭城县湖南会馆戏台，位于县城太和街，建于清同治十一年（1872年），是广西现存的唯一一座门楼戏台，即门楼与戏台连成一体。

戏台为三面观戏台，单层全伸出式，平面呈凸字形。面阔三间，宽7.34米，其中明间面阔4.46

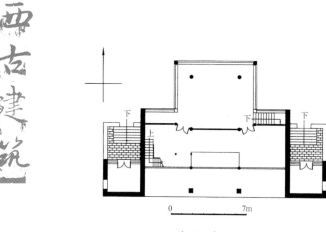

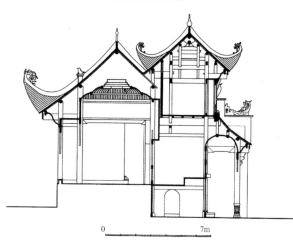

图7-4-34 恭城县湖南会馆戏台平面、立面、剖面图（图片来源：《中国古代戏台测绘图（四）》）

上收缩，以藻井中央的木雕龙结束。藻井四周（檐柱与金柱间）设素平天花，檐柱外侧四周（及挑檐部分）用半鹤颈轩棚。扮演房面阔三间，宽13.54米，进深一间，由于戏台明间向扮演房内凸进，且后金柱与后檐柱凸进尺度不一，形成类似八字墙的背景。

戏台为单檐歇山顶，翼角起翘采用子角梁的方法，将子角梁设于从前金柱穿过前檐柱的斜向穿枋上，子角梁与梁枋间的角度接近115度，子角梁与两侧挑檐檩相交的部分用木雕凤凰予以装饰。金柱间的额枋、檐柱间的檐枋斩凿成月梁式，其下都有非常精彩的木雕花牙子。封檐板随着翼角在两侧高高翘起，其上的精美、细腻的木雕与花牙子相呼应，使整座建筑尽显华美。

由于戏台收山较多，正脊较短，所以采用平直的屋脊。虽然是平直的，但其上连续的拱券式陶雕，让屋顶很是热闹。垂脊采用直带式，下端以小方墩结束，上设狮子；戗脊采用飞带式，脊端转成卷草向上翘起。山墙用木板封闭，外有木质博风及悬鱼。

扮演房同时也是会馆的门楼，因此采用比较隆重的两层楼阁式。一层为面阔三间、进深3.5米的镶耳式硬山顶建筑。采用中柱设门框的仪门形式，对外开三个大版门，门上各有两颗门簪。这是很高的建筑规格，它超过了武庙，与文庙同一等级，用在会馆是有所僭越的。这说明：其一，清末期国家动荡对等级把握不如前期；其二，湖南会馆在当地非常有实力和势力。一层前廊明间设船篷式轩棚，次间为素平天花，挑檐部分设半鹤颈式轩棚，阴刻月梁式轩梁从中柱起穿过前檐柱承托挑檐檩。所谓阴刻，即不做梁肩、梁顶，只是在平直的穿枋底挖约8厘米，形成茶壶把状而已。轩梁上用镂雕的半圆形花板（类似苏州建筑的山雾云）支撑轩檩。轩梁伸出外檐柱的部分以圆雕木鳌鱼斜撑支撑；檐枋则采用扁作阴刻月梁式，梁与檐柱相交的节点也装饰"L"形花牙子。屋脊依然是平直的屋脊，但屋脊两侧为龙纹圆雕灰塑，因此就一层而言，不但精

米；进深两间，深6.1米。戏台总高约9.5米，其中台基高1.55米，台基至立面檐口高3.4米。戏台明间屋身：高/宽≈0.76，即台基至立面檐口高约为明间宽度的7/10。

戏台为穿斗式木构架，金柱设斗八藻井，藻井分多层，层层向上收缩，其中一二层为方形，在二者间设半鹤颈式小卷棚，三层以上转为八边形，三层与四层间也设小卷棚，四层以上以叠涩的方式向

美、华丽，而且规格大大超越了等级。

此外，一层南面左右两侧还设塾房一间，塾房后墙有精美的黑地灰塑双狮浮雕及花草纹样，屋顶采用斜向的博古垂脊（斜度与门楼二层歇山屋顶戗脊同），与阁楼屋顶呼应，使阁楼精美而不凌乱，突出了整体性。扮演房一层北面（戏台面）次间前设小前廊，此前廊既是设楼梯的过道空间，也是乐队所在的辅助空间。前廊檐柱间使用圆罩装饰，圆罩下段为镂花栏杆，与扮演房二层南侧栏杆再次相呼应，加强了立面造型的整体性。

扮演房（门楼）二层位于一层明间之上，面阔一间，宽约4.46米。二层采用单檐歇山顶，屋顶的木构架方式与戏台同，但不设天花、藻井。挑檐部分设半鹤颈轩棚，斜向挑檐枋及檐枋下设花牙子，与一层相呼应。二层围脊两端为灰塑吞兽，相向咬脊，中间为花草纹灰塑浮雕。此外，其博古式正脊、高翘的鳌鱼，以及二层的镂花隔扇门和扶手栏杆，都使门楼倍增华丽。

（七）八协寨戏台（图7-4-2、图7-4-20）

八协寨戏台也称庆云台，是侗族单檐歇山顶、集中式戏台，坐东朝西，与寨子里的鼓楼相对，是村民们群体表演耶歌的舞台。

该戏台为一面观、镜框式戏台，平面呈矩形。戏台面阔一间，宽6米；进深三间，深7.05米。戏台为干阑式建筑，极好地适应了陡峭不平的地形，戏台前台基面离地1.9米，台基面至立面檐口高4.5米，明间屋身：高/宽≈0.75，即台基至立面檐口高约为明间宽度的3/4，台口较高，适合群体表演。

戏台前檐柱与后金柱间设天花，天花四周做鹤颈式半卷棚，与天花一起形成覆盆状屋顶，天花上还绘有孙悟空、仙女、麒麟等天界情景，有很好的装饰效果。此外，还利用卷棚之下、梁架通穿枋之上的木板进行彩绘装饰。前檐柱外侧设长吊瓜柱，长吊瓜柱与外檐柱不对位，形成"八"字镜框。外檐柱与吊瓜间的屋檐设半鹤颈卷棚，长吊瓜柱之外的挑檐的部分则以平板天花装饰，上有菱形纹。为了使戏台立面更吸引眼球，外檐柱上端设下山虎圆

雕，戏台前沿有棱格纹，台下的也设极具侗族特色的直棱窗。

扮演房也为单檐歇山顶，面阔三间、宽约9.8米，进深1.5～5.5米。其中明间进深1.5米（在后金柱上设隔板分前台、后台），次间进深5.5米。其两次间的檐柱外侧添长吊瓜柱，形成向外撇的小前廊，形制与戏台一致。次间的墙板彩绘也与戏台背景墙相似，有一定的统一性。次间的挑枋向前伸出，其上有圆雕木猴子，恰好位于木雕虎之下，很有民族意趣。

第五节　桥

一、概述

建筑依赖于生产力水平，建筑的发展是科学技术进步的具体表现。桥梁是一种既普遍又特殊的建筑物，普遍是因为它是过河跨谷所必需，而河流峡谷遍布大堤，随处可遇；特殊是因为它的悬空而造，因地制宜，地形的复杂性与结构的复杂性决定了它材料与形式的特殊。广西地质结构复杂多样，是石灰岩分布最广、面积最大的地区之一，山谷河涧众多，因此广西各族人民发挥自己的智慧，搭建出不同类型、结构的桥梁以适应丰富的地形、地貌，广泛分布在广西各地的桥梁是广西各族人民聪慧才智和精湛技艺的一个真实写照。

广西的古桥多种多样，有浮桥、平板桥、飞桥、风雨桥（廊桥）、索桥、跳墩子等，尤以风雨桥著称。虽然形式多样，但按照其主要结构形式大致可以分为：梁桥（包括伸臂梁式）、拱桥、索（吊）桥。

二、广西古桥的类型及结构特点

（一）广西古梁桥

1. 结构类型

梁桥又称平桥，是以桥墩和横梁为主要承重构件而建造的一种桥梁。梁桥是古桥中最基本、最重

要的一种类型。有史记载，早期的桥梁多半是梁桥。广西现存的古代梁桥主要为简支梁桥，简支式梁桥一般分为单跨和多跨。梁桥在广西原始社会时期就有了，独木桥、石板桥是最原始的形式。

2．结构特点

（1）上部结构

广西古代梁桥的上部结构一般采用板、梁、板梁结合三种形式。板式结构在小型古桥中常见，板的受力有限，因此跨度小、耐久性也差；梁的受力能力较大，多用在较大型的古桥中，但一般为了桥梁的美观和规模（宽度），多采用梁板结合的上部结构。

（2）下部结构

古代桥梁的下部结构主要指的是桥柱或桥墩以及桥的基础。桥柱一般体积较小，而桥墩则较厚重，所以同等条件下，墩较柱要结实。柱和墩并不是一种形式的不同延续，而是两种不同形式分别应用于不同的河流条件中。柱适宜于河水浅、水位变化不大、河床易于打桩的河道中，因为柱高不稳定，又易折断，所以桥身较低。墩则不同，因为墩厚而重，不怕被波涛冲击，很利于在较深的水中及通航的河流中建立。因此，两者因地制宜，各有其用。现在存留下来的古桥，采用柱的已经不多见了，有记载的也往往是石柱形式，桥柱一般不会很

图7-5-1　平南县大安镇大安桥

高。采用桥墩的古梁桥则遗存较多，桥墩大部分建造成有迎水尖的船形石墩，通常用条石垒砌，中间以石块填充，如平南县大安镇大安桥、忻城石板平桥、临桂县南边山乡双凤桥村双凤桥的旱桥部分（图7-5-1～图7-5-3）。

3．受力特点

简支梁桥的主梁简支在墩台上，各孔独立工作，不受墩台变位影响。广西古代简支梁桥各孔不相连续。简支梁桥随着跨径增大，主梁内力将急剧增大，用料便相应增多，因而古代的大跨径桥一般就不是简支梁桥。

图7-5-2　忻城石板平桥（源自网络）

图7-5-3　临桂县南边山乡双凤桥村双凤桥的旱桥部分

4．建筑材料

广西现存的古石梁桥以结构分，主要有石柱石梁桥、石墩石梁桥。石柱石梁桥在广西现存的古桥中并不多见，主要是石墩石梁桥。而两者的区别在于下部结构。

（二）广西古拱桥

1．结构类型

广西古代拱桥占广西现存古桥数量比例较大，种类繁多，分别可以从拱券的形状、孔数、材料三方面来进行分类。

（1）拱券形状

1）陡拱桥。其特点是桥面坡度较陡，中间高，两边低，站在桥头，彼此不相见，如桂林阳朔县白沙镇观桥村富里桥（图7-5-4）。

2）高拱桥。在广西古桥中不多见，拱券是普通的半圆拱，但拱脚以下墙砌筑颇高，因此桥孔显得高很多，多为联拱，桥面平缓，如灵山县灵城镇接龙桥（图7-5-5）。

3）半圆拱桥。是广西现存古代拱桥中数量较多的一种，其特点是拱券采用半圆拱，如罗城仫佬族自治县东门镇平洛村平洛乐登桥、南宁市邕宁区新江镇皇赐桥、钟山县石龙桥、忻城县永吉石拱桥、宾阳南桥等（图7-5-6）。

4）圆弧拱桥。此类拱券的拱桥在广西遗存较多，其特点是圆弧拱取圆周上小于半圆的弧度（即拱角小于180度）作为桥拱的弧度，如桂林市阳朔县白沙镇旧县村仙桂桥、兴安县界首镇界首村接龙桥、苍梧县石桥镇塘蓬村西边蓬木山沟石拱桥、大

图7-5-4　桂林阳朔县白沙镇观桥村富里桥

化瑶族自治县贡川乡清波村石拱桥、崇左市大新县桃城镇鸳鸯桥（图7-5-7）。

（2）孔数

按拱桥的孔数分，拱桥的形式有单孔和多孔联拱两种，广西最为常见的有单孔拱桥（一般建于河流水面较为狭窄的地方，这种桥形体规模不是很大，跨度小、坡度平缓，便于修建）和多孔联拱（一般指三孔及三孔以上的多孔拱桥，拱券数之多少视所建位置、水面的宽度和整体美观和谐的要求

而定），但广西现存古代拱桥中最多为7拱券，如忻城县永吉石拱桥（图7-5-8）。

（3）材料

可以用来建造拱桥的材料很多，比如用木材建造的称木拱桥，砖质的是砖拱桥，石质的是石拱桥，以及砖石混合的砖石拱桥等。由于各地资源的不同，建桥的材质各有偏重。广西古代拱桥最主要是用石材，石材的受压能力大大强于其受拉、受弯能力。

图7-5-5　灵山县灵城镇接龙桥

图7-5-6　宾阳南桥（源自：网络）

图7-5-7　崇左市大新县桃城镇鸳鸯桥

图7-5-8 忻城县永吉石拱桥

2. 结构特点

拱桥同梁桥一样，也是由上部结构及下部结构两大部分组成。拱桥的桥跨结构是由拱券及其上面的拱上建筑所构成，拱券是拱桥的主要承重结构。由于拱券是曲线形，人和车辆无法直接在弧面上行走，所以一般将其做成有台阶的高拱形式或是在桥面与拱券之间填充材料，用以传力，现代称为拱上结构。

3. 受力特点

拱桥与梁桥不仅在外形上，最重要的是在受力上有很大差别。拱桥在竖向荷载下，不仅产生竖向反力，还产生水平推力。因此拱的弯矩比相同跨径的梁的弯矩小很多，而且整个拱承受压力，可以充分利用抗压性能较好的石、砖等材料来修建。石拱桥在墩台之间以拱形构件承重，构件在承受荷载时，墩台支点处产生水平推力，使拱内产生轴向压力，减少了跨中弯矩，使石材的耐压特性得以充分发挥，因此石拱桥的跨越能力远远大于石梁桥，从而提高了桥梁跨径。

（三）广西古廊桥

廊桥即在桥面以上立柱构顶，桥面形成长廊式的走道的桥梁[14]，廊桥因其形象被称为"廊桥"、"屋桥"，因其功能被称为"风雨桥"，因其结构也被称为"鹊巢桥"等。在广西，侗族、瑶族、壮族的廊桥通常被称为风雨桥，汉族通常称为廊桥。侗族、瑶族的风雨桥除跨谷越涧的功能外，还要满足"风水"上的需要，有锁水口的作用，汉族、壮族的廊桥（风雨桥）则更多满足实际需要，少"风水"功能。广西地区的古代廊桥数量多，分布较广，造型、种类也比较齐全，其建筑工艺多样，最能展示建筑工匠技能，其背后承载着浓厚的人文气息和丰富的文化遗存，是我们了解广西古代桥梁文化的一扇窗口。

广西古代廊桥按下部结构可分为简支木平梁廊桥、伸臂式木梁廊桥、八字撑架廊桥、石拱廊桥；按上部造型可分为歇山顶廊桥、攒尖顶廊桥、混合顶廊桥等；按廊桥的空间形式又可分为开敞式廊桥、半封闭廊桥等。

1. 结构特点

（1）简支木平梁廊桥

简支木平梁廊桥，就是在木平梁桥的基础上，在水中再加木柱、石柱或者桥墩支撑平梁，以增加桥跨度，形成连续的双跨或者多跨。

（2）伸臂式木梁廊桥

有的河流跨度较大，便采用在桥墩、台上使用直角相交、层层挑出木架的方法以支撑简支木梁，使桥跨增大，即在两侧桥塊（单伸臂式）或桥墩（双伸臂式）之上用2~5行的粗大杉木架构成伸臂，以增加桥的承载能力。

1）单向伸臂式木梁廊桥。其营造技艺就是木廊桥的木梁靠岸一端压重，另一端单向向河心伸臂，再在左右伸臂端架上简支木梁，以增加桥梁的跨度。为了使伸臂更远和更为坚劲，以几层木梁，每层递出伸臂，这样可获得更大的桥跨。每两层伸臂木之间的横木起联系和分配力量到诸伸臂木的作用，如程阳风雨桥（图7-5-9）。

2）双向伸臂式木梁廊桥。当河面宽阔，单跨伸臂式木梁廊桥不能跨越时，就必须采用平衡（或双向）伸臂式桥营造技艺建造多孔伸臂木梁廊桥。双向伸臂木梁廊桥的营造技艺就是在河心桥墩顶叠架的木梁，向左右平衡地伸出于墩外，伸臂端搁悬孔而成。双向伸臂木梁廊桥始于简支木梁桥的柱顶托木。木柱简支木梁桥，在柱顶处加上与木柱榫接的短木托梁，可以使梁中弯矩稍有减少，同时还可以使木柱在纵向有一定的稳定性。广西侗族的风雨桥大多属于这种双向伸臂式结构的木梁廊桥，如岜团风雨桥（图7-5-10）。

（3）八字撑架廊桥

由于简支木平梁廊桥和伸臂式木梁廊桥的桥柱或桥墩需要水下施工，建造时必须要在河流的枯水期，施工中必须严格保证柱基的稳定性。特别是以木柱或石柱支撑的简支木平梁廊桥，桥面距离水面不能过高，使船运受到限制，在洪水期亦有被淹没的危险。因此，古代工匠们便将桥下的水中立柱改

图7-5-9　程阳风雨桥桥端单向伸臂式木梁

图7-5-10　岜团风雨桥双向伸臂式木梁

为斜撑，即在一孔简支木梁的基础上，加上一组八字形的斜撑，斜向撑于岸边，这一方面可以避免水下施工带来的麻烦；另一方面也可以增加桥体的净跨度，建造跨中有弹性支承的八字撑架木桥，如龙胜县伟江乡潘寨风雨桥（图7-5-11）。

（4）石拱廊桥

石拱廊桥其实就是在石拱桥上建造廊屋，即以块石砌筑桥拱，以卵石或块石砌筑桥面，再在石拱桥上建造木构桥廊或桥亭。石拱廊桥虽然在建桥工艺上不如木拱廊桥高超，但它比木拱廊桥更耐风雨侵袭和洪水冲刷，且施工维修也较方便，因此广西汉族、瑶族、壮族的廊桥多采用这种结构，如富川瑶族自治县油沐乡回澜风雨桥（图7-5-12）。

2．结构组成

（1）下部结构

1）桥柱

桥柱一般体积较小，适宜于河水浅、水位变化不大、河床易于打桩的河道中，因为柱高不稳定，又易折断，所以桥身较低，如桂林市龙胜县平等乡蒙洞村接龙风雨桥。

2）桥墩

广西侗族风雨桥的下部结构基本采用桥墩，墩较柱要结实，不怕被波涛冲击，很利于在较深的水中及通航的河流中建立。广西侗族的风雨桥的桥墩多为六棱柱体，中间以石块填充，确保密实稳固。六面柱的迎水角为68度以减小洪水冲击。桥墩上小

图7-5-11　龙胜县伟江乡潘寨风雨桥

图7-5-12　富川瑶族自治县油沐乡回澜风雨桥

下宽以8%收分，不仅坚固耐用，而且整座桥突出了木石风格。

3）桥拱

广西汉族、瑶族、壮族廊桥的下部桥跨结构是由拱券构成，即在墩台之间以拱形的构件来作承重结构，以天然石料来建造拱桥。

（2）上部结构

1）桥廊

桥廊包括桥板、廊亭柱、板凳、栏杆、桥门、桥檐等木质构架。桥廊的桥板主要是用优质且粗大的老油杉树锯成厚木板，并刨光，密实地铺在主梁上作为桥面，不仅是作为人们上桥过桥脚下踩踏的板面，也是承托廊亭柱的负荷的主要台面。廊亭的柱子就立在桥面木板上，高低有致，大小不同。廊柱有内柱和外柱，用短枋相接，上加上镶板做成板凳，供人乘坐歇息。在廊柱两边外侧装有栏杆以保安全，在栏杆下挑出的出水枋配有下檐，以防雨水浸湿桥梁，又增加了桥的整体美感。

2）桥亭

廊桥上的桥亭均为木质的穿斗结构，通常侗族的桥亭与侗族鼓楼的造型一致，其他民族的亭楼其造型更接近亭子。桥亭的形式有三种：一种是歇山式，如侗族岜团桥、富川瑶族青龙风雨桥等；一种是六角或者八角攒尖的塔形，多为5层或7层重檐，有四角、六角或八角几种形态，整体造型与塔形鼓楼相似，如龙胜县平等乡蒙洞村的接龙风雨桥，一廊五亭均为塔式；还有一种是二者的混合，如程阳风雨桥的中亭为六面攒尖顶，旁为四方的歇山式重檐。

（四）其他

1. 广西古索桥

在广西，出现最早的应该是藤索桥，竹索桥和绳索桥应该在藤索桥出现以后才出现，而最后出现的应该是铁索桥。早期广西的索桥一般位于山谷之中，所以建造的时候一般就利用当地丰富的竹、藤、麻等植物。广西桂平市黔江上的大藤峡，过去便以天生的藤为桥。《读史方舆纪要》记："志云，大藤峡口旧有藤，大逾斗，长数丈，连峡而生。"瑶族"借以渡峡间，走徒杠然"。天生连峡的藤萝，可以利用它作桥，是为证明。

在广西山区，山高谷深，山势陡峭，两山之间，河流湍急，阻断了交通。生活在这一地区的劳动人民，因谷深水急，难以修建一般的桥梁，开始时创造了藤条索桥，继又创造了竹篾索桥，人们坐在悬挂的藤（竹）索道上，滑渡于大河之上、两山之间。在藤（竹）索桥的基础上，进而发展到架设铁索桥，以解决大规模的交通需要。广西古代拉索桥的建造也源于此。

2. 广西古浮桥

浮桥的建造是比较简单的，不需要在河中砌筑桥墩，没有困难的水下作业，只要多建一些船只作为浮体，并列于江面，用缆索加以维系，锚固在岸上或水中，就可以在上面铺筑桥面，使车马行人安全通过。如：永济桥、甘棠渡桥、桂江桥……浮桥的宽度很不一致，它和当地交通量大小、投资多少、材料供应难易都有关系，一般情况，宽度在1.5丈左右，约合5米。最窄的是广西灵川甘棠渡浮桥，只有7.5尺。浮桥的桥面通常都铺有木板，用材大小与桥梁宽度和承载重量关系密切。

三、实例

（一）广西古梁桥

1. 平南县大安镇大安桥

大安石桥建于清道光六年（1826年），是一座多跨的石梁桥，在大王庙之右，横跨新客河，是昔日大安往西江武林港口必经之道。大安古石桥相传是根据"易有太极是生两仪，两仪生四象，四象生八卦"的理数来建造，全长35米，宽3米，有7跨，除其中的一跨为10条梯形石条铺成外，其余全为9条石铺桥面，共为64块，桥墩、桥梁、栏杆皆用花岗石料做成。大安桥4个桥墩，其中两个采用"石排架"（石排柱）墩，是桥梁史上较早的一种轻型墩，有很高的科学研究价值，另外两个桥墩造成船形，尖头向上游，减轻了水流的冲压力（图7-5-1）。

2. 忻城石板平桥

忻城石板平桥位于忻城县古蓬乡内连镇，始建于清末，1931年重修，属梁桥类。该桥全长122米，宽1.5米，共27孔，桥墩间距3.6米，桥墩上铺设石板，造型简洁，若玉带横亘山水间（图7-5-2、图7-5-13）。

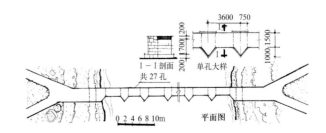

图7-5-13　忻城石板平桥平面、剖面图（图片来源：《广西民族传统建筑实录》编委会. 广西民族传统建筑实录. 南宁：广西科学技术出版社，1991.）

图7-5-14　阳朔县白沙镇旧县村仙桂桥

（二）广西古拱桥

1. 桂林市阳朔县白沙镇旧县村仙桂桥

仙桂桥在阳朔县白沙乡旧县村遇龙河支流上，是广西最古老的单孔石拱桥，南北走向。建于北宋宣和五年（1123年），南宋绍兴七年十二月初三（1138年1月5日）重修。桥高2.2米，长26米，宽4米，拱跨6.9米。桥体结构奇特，桥拱采用极为罕见的并列砖法，用9组券石拱砌，共用281块石并列而成。桥面铺石板，两端各有踏跺4级。拱壁建桥记："岁次癸卯宣和五年九月二十六日丙子朔甲时建架新卷石桥一座。""岁次了巴绍兴七年十二月初三庚申日乙时重新修架仙桂桥……"八百多年风雨侵袭和洪流冲击，字迹剥蚀，桥体完好（图7-5-14）。

2. 忻城县永吉石拱桥

永吉桥位于古蓬镇旧镇屯西南面滂江河上，建于清光绪十九年（1893年），原属庆远府通往宾州古道的重要桥梁之一。该桥桥身长72.6米，高6.8米，共6墩7孔，每孔跨度为6米。桥面宽3.6米，两侧以石柱挟住长方形石板为护栏，护栏高0.6米，

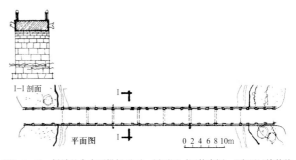

图7-5-15　忻城县永吉石拱桥平面、剖面图（图片来源：《广西民族传统建筑实录》编委会．广西民族传统建筑实录．南宁：广西科学技术出版社，1991.）

在2、3孔与5、6孔上方各饰一条石雕大鳌鱼，头向滂江上游，尾朝下游。桥墩、桥拱均用精细加工的方形料石干砌而成，砌面平整，接缝紧密，无灰浆勾缝，钉插难入，工艺精巧，在古石拱桥建造中极为罕见（图7-5-8、图7-5-15）。

3. 钟山县石龙桥

石龙桥位于广西贺州市钟山县石龙镇，横跨于石龙河南北两岸，始建于清乾隆十一年（1746年），清咸丰十年（1860年）被毁，清光绪六年（1880

图7-5-16　钟山县石龙桥

年）重建。该桥全长40米，宽5.2米，高12米，正拱跨度14米，副拱跨度7米，两拱共用82行方形及楔形青灰长条石进行排比砌拱。桥墩迎逆水面有分水尖，用以减轻河水对桥体的直接冲击。整座桥全用青石拱建而成，未用灰浆粘结。桥面两侧有石栏、望柱、栏板，栏板内侧均饰满浮雕图案，望柱外侧分别阴刻"龙蟠东水"、"石锁珠江"的大字对联，浮雕则以神话传说、民间故事及戏文掌故为题材，刻画得栩栩如生。内容包括八仙过海、三顾茅庐、泮矶访贤、西湖借伞、孔明祭风、十八相送、丹凤朝阳，以及花、草、鸟、兽等共74幅，全长80余米。浮雕构图和谐，造型美观，形象逼真，充满古朴风格（图7-5-16～图7-5-18）。

4. 阳朔县白沙镇观桥村富里桥

富里桥位于阳朔县白沙镇观桥村委南侧200米的遇龙河上，距离白沙镇5公里。富里桥建于明代，民国年间重修，是广西尚存石拱桥中体形规模较大者之一。该桥为单孔拱桥，桥身长26米，宽4.2米，拱跨16米，拱高8米，其高大的桥身虽略显单薄，桥面阶

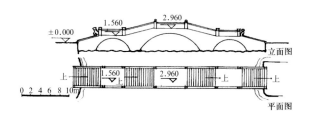

图7-5-17　钟山县石龙桥平面、立面图（图片来源：《广西民族传统建筑实录》编委会. 广西民族传统建筑实录. 南宁：广西科学技术出版社，1991.）

梯也凹凸不平。但桥体为错缝无浆干砌，目前仍然稳固，至今尚能发挥其正常的交通功能（图7-5-4）。

5. 钦州市灵山县灵城镇接龙桥

接龙桥位于灵城镇镇北街东侧，东西走向，横跨钦江上游鸣珂江，始建于清康熙三十一年（1692年），清乾隆二十七（1762年）重建。该桥为五孔石桥，全长57.7米，宽3.8米，桥墩以江中磐石为基，共5拱，由数百块长方体石灰岩巧砌而成。桥面两侧有以青砖砌成的栅栏（图7-5-5）。该桥选址独到，在桥偏东处建立一座半棱分洪墩，将江流

偏向东边，减弱对附城西向城区的冲击，使之成为交通和水利工程合璧之作，是桥梁与水利工程相结合的典范，对于研究桥梁史及古代桥梁技术是不可多得的实物资料。同时，该桥是开展商贸活动的重要见证，也是研究灵山县从清康熙年间至今经济文化新旧城区交流的力证。

6. 兴安县界首镇界首村接龙桥

界首接龙桥位于广西壮族自治区桂林市兴安县界首镇界首村，建于清代中期。该桥为三拱石桥，东西向横跨湘江，用规整的料石砌筑，桥拱、桥面完整，但桥面两边的护栏大部分丢失，仅存6块护栏石，自古以来就是上界首通往界首镇的主要道路桥。该桥通长15米，宽4.5米，拱高2.8米。因为界首地势较低，古代每年的雨水期间常被雨水围困，该桥是古镇居民在古代被洪水围困时联系外高地的唯一通道。该桥的引桥和桥上的边栏有部分损坏，主要是洪水、侵蚀及年久失修所致（图7-5-19）。

7. 大化瑶族自治县贡川乡清波村石拱桥

清波石拱桥位于大化瑶族自治县贡川乡清波村清波小学对面50米处的清波河上，横跨清波河，呈西南—东北走向。清波桥始建于明正统十一年（1446年），桥面高出水面5.4米，桥长21米，宽3.6米，为双孔石拱桥，单个桥孔跨度7.6米，高4.3米。中间桥墩厚0.6米，桥墩面向来水方向雕一龙头，桥面为石板路。因历史原因已部分损毁，桥上两侧石柱栏杆已完全损毁，西南引道的道路至桥下游码头的道路已于早年被洪水冲垮。桥梁下游30米处的码头，有一条长23米、宽1.2米的石板路连接到原来通往石桥的道路。此桥为明代思恩知府岑瑛所督建，全桥以料石干砌，勾缝得当，结构严谨，形态美观，代表当时当地建桥的最高水平，其有较高研究价值（图7-5-20）。

8. 南宁市邕宁区新江镇皇赐桥

皇赐桥又名新江桥，位于南宁市邕宁区新江镇新江社区新江街北端，建于清道光十七年（1837年），由邕武生例授卫午总勒授武略骑

图7-5-18 钟山县石龙桥雕刻

图7-5-19 兴安县界首镇界首村接龙桥

图7-5-20　大化瑶族自治县贡川乡清波村石拱桥

图7-5-21　南宁市邕宁区新江镇皇赐桥

李翘然（1784—1843年）慷慨乐助、为民造福独自捐资而建。该桥结构属上承式拱桥，呈东西走向，长60.45米，宽4.74米。桥用大砂石条砌建，每石块长1.13米、宽0.4米、厚0.3米，设四墩五拱，跨度10米，高6米，其中两端石拱略低于中间3拱，并依江边地形而建，有助于防洪排涝（图7-5-21）。

9. 崇左市大新县桃城镇鸳鸯桥

鸳鸯桥，又称利江大桥，位于广西壮族自治区崇左市大新县桃城镇伦理路利江上，建于清乾隆元年。该桥为单拱石桥，桥长14米，宽4米，高12米，是左江流域遗存下来的最大单跨拱桥。罗英著《中国石桥》一书对该桥的记述是"桥高约五丈，宽一丈多，跨径约四、五丈，自桥座处起，用长石条石层层排出，砌置于拱券石上……其结构苗绣，形式美观，好似一座天然石拱"。说该桥建成后，每年农历七月七日晚上常有一对鸳鸯飞到该桥底下河面栖息，故此桥亦称鸳鸯桥（图7-5-7）。

10. 宾阳县城南街宾州南桥

宾州南桥位于广西壮族自治区宾阳县城南街与三联街之间，横跨宝水河，是当年繁华的城南重要的交通要道。南桥为三拱石桥，建于明洪武六年（1373年），桥长24.5米，高6米，宽5.2米，拱洞每个跨度为6米。全桥用青石砌成，石灰勾缝，桥面铺垫石块，桥栏每边有13根石柱，14块石板，各雕刻有一幅精美图案：有双龙戏珠、双凤朝阳、鸳鸯戏莲、麒麟吐玉、鲤鱼跃龙门、猴子摘桃、花鸟、牛马鹿等，桥墩上嵌有一对雌雄螭兽石雕，图案逼真。两个桥墩上，嵌有一对石刻雌雄兽，雄兽逆水居右，与中国古代的阴阳五行学说相契合，在中国古桥中仅此一例（图7-5-6、图7-5-22～图7-5-24）。

11. 柳城县古砦仫佬族乡覃村屯覃村石拱桥

柳州市柳城县古砦仫佬族乡覃村石拱桥建于明永乐年间（1403-1424年），为三孔石拱桥。该桥全长36米，宽3.4米，东西走向。在用料上挑选质地坚硬的岩石，加工成长方形砌桥拱及桥墩，片石砌上部，石缝间不用辅料，历经600年风雨洗刷，至今依然坚固未损（图7-5-25）。

12. 罗城仫佬族自治县东门镇平洛村平洛乐登桥

乐登桥位于广西罗城县城西南面约4公里的东门镇平洛村境内，始建于明洪武十八年（1385年），为半圆形三孔石桥。该桥总跨度约27米，高3.6米，桥面宽4米，拱券跨度为3米。桥身由经雕凿过的方形石砖堆砌而成，桥的两头除各有一石狗外，还铺有石阶通往桥面，桥墩底中央处两头用方石雕凿出鲤鱼尾状，桥面有两块像草鞋印的方石在石砖上，民间传说是仙人留下的足迹，故称乐登仙迹（图7-5-26）。

13. 临桂县南边山乡双凤桥村双凤桥

双凤桥位于临桂南边山乡双凤桥村东的双凤河上，建于清咸丰十一年（1861年）由乡绅陈汝岐、秦永辉、陈西山捐资修建，清同治四年（1865年）落成。该桥是一座水陆双功能的石桥，由中段的单孔水桥和东西两段的旱桥组成，全长59.9米，为长方形巨石错缝砌成。水桥为主桥，虹式单拱，高于河床12.5米，跨径约13米，拱券高耸，造型古朴，气势雄伟，设计巧妙。桥堍东西各长8米连接旱桥，旱桥为平板石梁桥面，石墩支撑，东段长15米、宽1.6米，西段长8米，同宽。正常流量时，单拱水桥足以畅通，春夏河水暴涨时，两段旱桥即可泄洪，迅速

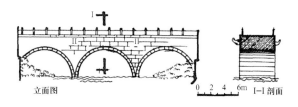

图7-5-22 宾阳县城南街宾州南桥立面、剖面图（图片来源：《广西民族传统建筑实录》编委会. 广西民族传统建筑实录. 南宁：广西科学技术出版社，1991.）

图7-5-23 宾阳县城南街宾州南桥雕刻

图7-5-24 宾阳县城南街宾州南桥螭兽

图7-5-25 柳城县古砦仫佬族乡覃村屯覃村石拱桥（源自：网络）

图7-5-26 罗城仫佬族自治县东门镇平洛村平洛乐登桥（源自：网络）

图7-5-27 临桂县南边山乡双凤桥村双凤桥中段

减轻洪水对主桥的冲击（图7-5-3、图7-5-27）。

（三）广西古廊桥

1. 柳州市三江县程阳永济桥（图7-5-28、图7-5-29）

程阳风雨桥，又叫永济桥、盘龙桥，位于广西壮族自治区柳州市三江县城古宜镇的北面20公里处，是广西壮族地区众多具有侗族韵味的风雨桥中最出名的一座。

程阳风雨桥是横跨林溪河的木石结构大桥，建于1916年，为石墩木结构楼阁式建筑，2台、3墩、4孔，墩台上建有5座塔式桥亭和19间桥廊，亭廊相连，浑然一体，十分雄伟壮观。桥面架杉木，铺木板，桥长64.4米，宽3.4米，高10.6米。桥中有5个多角塔形亭子，飞檐高翘，犹如羽翼舒展。桥的壁柱、瓦檐雕花刻画，富丽堂皇。

程阳风雨桥为伸臂式木梁廊桥，下部结构为侗族风雨桥常用的桥墩式，桥墩宽2.5米、长8.2米，全部用巨大青石砌成，内填料石。每个桥墩平面两端呈69°40′锐角，即桥墩平面为扁六棱形，以减少洪水的冲力。桥墩间相距17.3米，据测定，直径

图7-5-28 程阳风雨桥

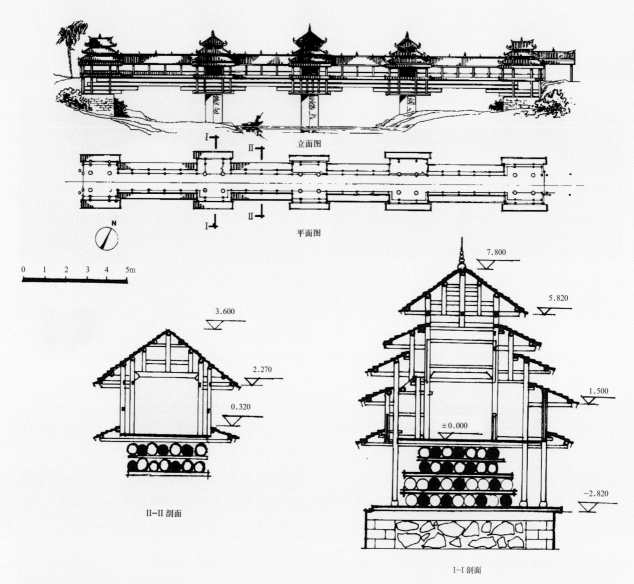

立面图

平面图

0 1 2 3 4 5m

3.600

2.270

0.320

II-II 剖面

7.800

5.820

1.500

±0.000

-2.820

I-I 剖面

图7-5-29 程阳永济桥平面、立面、剖面图（图片来源：《广西民族传统建筑实录》编委会，广西民族传统建筑实录。南宁：广西科学技术出版社，1991.）

为40厘米的杉木适宜跨度在10米左右的跨距，因此为减小桥面梁的跨度，在桥墩顶设双向伸臂式结构支承木桥梁，即在河心桥墩顶叠架木梁，用重叠的4排杉木组成梁，与下面两排各为9根的杉木穿榫编成一体，向左右平衡地伸出于墩外，每层向两边挑出约2米的距离。然后把另外两排每排4根的用木榫连成一体的杉木架于两个桥墩之间，承受了桥梁的主荷载，以此减少桥面梁的跨度，增加桥面梁的抗弯强度。此外，为了增加风雨桥的稳定性，在桥的上部建造了5座精美的桥亭，桥亭除了蔽日遮雨外，还能起着重力平衡的作用，增加了桥的稳定性，减小跨中的变形。

程阳风雨桥的桥亭为混合式，其中间3座为鼓楼式的攒尖顶，两侧为歇山顶，这5座桥亭由长廊连成统一的整体。桥亭、桥廊均采用穿斗式木构架，其中桥亭还采用了侗族鼓楼中常用的内瓜柱技术，解放了主柱高度对鼓楼高度和主柱内平面空间大小的限制。桥身开敞，桥廊两侧有栏杆和通长格栅窗，并设长凳供行人驻足休息、欣赏风景。

程阳风雨桥架设在村寨下方的溪河之上，既作交通之用，又有宗教方面的含义，它象征飞龙绕寨，以保年年风调雨顺、五谷丰登、吉祥幸福，故人们称之为风雨桥、回龙桥、永济桥、赐福桥……

2. 柳州市三江县岜团桥（图7-5-30、图7-5-31）

岜团风雨桥位于三江侗族自治县独峒乡岜团寨的苗江上，是三江县现存最老的风雨桥，建于清宣统二年（1910年），长50.2米，有两台一墩、人畜两廊、三亭。岜团桥的桥基部分有两个桥台、一个桥

图7-5-30 岜团风雨桥

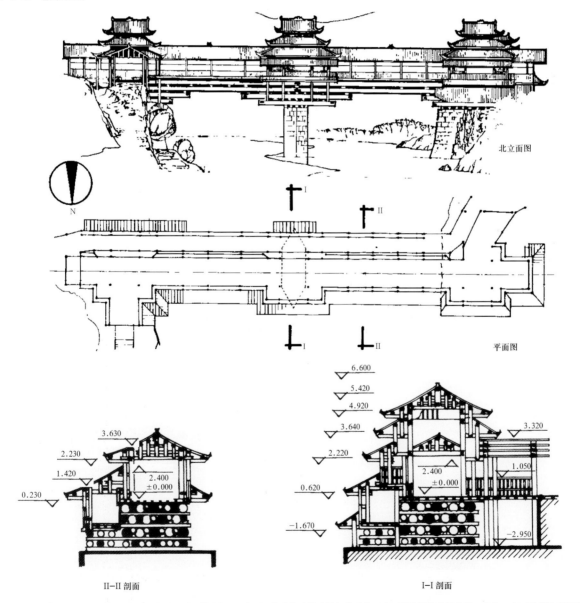

北立面图

N

I

II

I

II

平面图

6.600
5.420
4.920
3.640
2.220
0.620
−1.670

3.630
2.230
1.420
0.230

2.400
±0.000

2.400
±0.000

3.320
1.050

−2.950

II-II 剖面

I-I 剖面

图7-5-31 岜团风雨桥的平面、立面、剖面图（图片来源：《广西民族传统建筑实录》编委会．广西民族传统建筑实录．南宁：广西科学技术出版社，1991.）

墩，桥台间隔30.4米。桥台和桥墩都是砌以凿制规整的青石，桥台是青石护坡，而桥墩则是以青石砌成六棱柱体石墩立于河道上，内部以石料填满充实。为减少洪水冲击，桥台以8%收分，桥墩迎水角68度。

岜团桥是侗族风雨桥中唯一一座高低有致、人畜分道的廊桥，畜行道道宽1.4米，高1.9米，在由牌楼入口进桥的左侧，低于人行道1.5米；人行道高2.4米，宽3.9米。台墩上的桥面部分是木质结构的桥跨和廊屋。岜团桥为伸臂式木梁廊桥，下部结构为桥墩式，桥台用单向伸臂式木梁，木梁靠岸一端压重，另一端单向向河心伸臂，为了使伸臂更远和更为坚劲，在台墩上以横木和木墩做垫，其上9根直径40厘米杉木排开，向河心伸出2.8米，在伸出的端部开槽，以一根方木横贯，用木钉锁住；在上铺横木，横木垫上架9根更长的杉木，向河心伸出4米；然后继续铺一层横木，其上架连接桥台、桥墩的杉木梁。这里伸臂木之间的横木起联系和分配力量到诸伸臂木的作用。桥墩则用双向伸臂式木梁，在河心桥墩顶叠架向左右平衡伸出于墩外的杉木梁，构架方式与桥台处一致。与其他风雨桥结构

相异的是，岜团风雨桥的畜行道只有一层托架，伸出2.8米。

为了风雨桥的稳定及遮阳避雨的需要，在桥台和桥墩上分别建了一个歇山顶桥亭，重力作用使桥身的重量压在台墩的托架上，廊亭的加覆使桥身坚固，同时也使风雨桥的轮廓更丰富，更具观赏性。岜团桥入口的处理也别致而实用，为了适应地形，其入口顺应山间小道与桥轴呈80度，并设置了悬山顶入口门廊，门廊正脊与桥台的歇山顶呈T字相交，有宋代龟头屋的遗韵，也似昂首张口的龙头，与桥廊主体相呼应。

3. 龙胜县平等乡蒙洞村风雨桥（图7-5-32、图7-5-33）

龙胜县平等乡蒙洞村风雨桥位于回龙江蒙洞河上，蒙洞河又位于回龙江的上游，因此该风雨桥又被称为接龙风雨桥。蒙洞村风雨桥始建于清同治年间，民国11年重修，被毁于1962年的洪水，于1964年重建。该桥长64米，宽4.2米，高11.8米，下部以石柱桥柱为支撑结构，石柱宽0.6米，厚0.2米，高4.6米，每对石柱组成一组桥墩，石柱上留榫，

图7-5-32　蒙洞村风雨桥

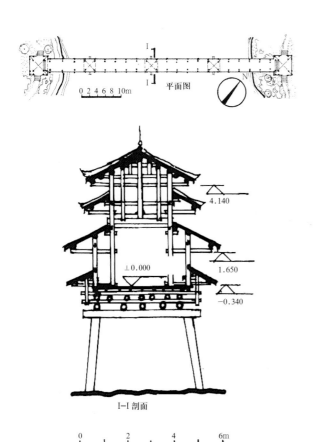

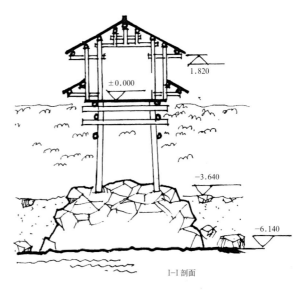

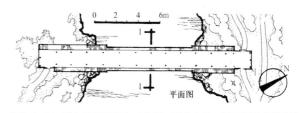

图7-5-33 蒙洞村风雨桥平面、剖面图（图片来源：《广西民族传统建筑实录》编委会. 广西民族传统建筑实录. 南宁：广西科学技术出版社，1991.）

图7-5-34 潘寨风雨桥平面、剖面图（图片来源：《广西民族传统建筑实录》编委会. 广西民族传统建筑实录. 南宁：广西科学技术出版社，1991.）

与其上粗壮的圆枕木相卯榫。为加固下部结构，在石柱外侧另立圆木柱辅助支撑枕木。桥廊、桥亭均为穿斗式木构架，其中桥亭5座，分别落于石柱组成的桥墩上以及桥的两端，皆为攒尖顶，桥廊为29间，两侧设木凳、栏杆，栏杆为封闭式，并设挑檐保护栏板。

4. 龙胜县伟江乡潘寨风雨桥（图7-5-11、图7-5-34）

潘寨风雨桥位于龙胜县伟江乡潘寨，始建于清光绪二十一年（1895年）。全桥长38.68米，宽3.15米，上下部均为木构，是广西遗存古桥中罕有的全木结构桥。桥的下部采用跨中有弹性支承的八字撑架结构，即在一孔简支木梁的基础上，加上一组八字形的斜撑，斜向撑于岸边，这样既增加桥体的净跨度，又避免了水下施工带来的麻烦。采用这种下部结构的桥在广西极其罕见，是广西现存古桥中的

孤例。

桥上部仅设桥廊，不设桥亭，桥廊共14间，采用朴素的单檐悬山顶，桥廊屋顶中间微微隆起，略呈弧形，与下部结构形制相呼应，使该桥整体呈弧状长带桥形，优美舒展而富有弹性。

5. 三江县良口乡和里村人和风雨桥（图7-5-35～图7-5-37）

人和风雨桥位于距县城西南40里的和里、南寨双溪合流处，与和里村的三王宫相对。根据桥头碑文记载，该桥始建于清光绪二十四年（1898年），于当年四月五日奠基砌拱，八月二十日合龙。其下部结构为非广西侗族风雨桥喜用的桥墩结构，而是广西汉族廊桥喜用的拱券结构。拱券由青石砌筑，为半圆形拱券的单孔桥，桥的拱券跨度约9.6米，拱高约4.8米。

人和风雨桥总长约50.4米，宽3.6米，桥亭、

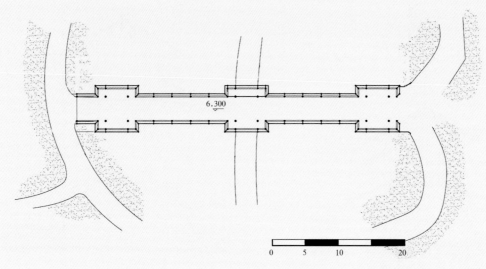

6.300

图7-5-35　人和风雨桥平面图（广西大学建筑10级高洪利等绘，韦玉姣指导）

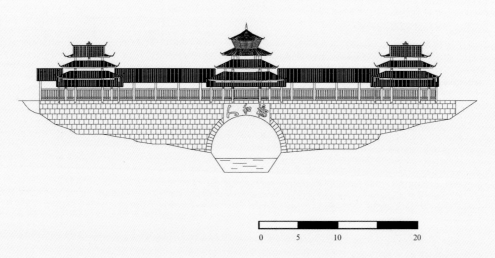

图7-5-36　人和风雨桥立面图（广西大学建筑10级高洪利等绘，韦玉姣指导）

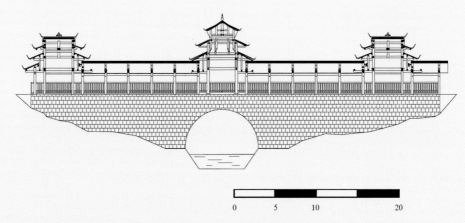

图7-5-37　人和风雨桥剖面图（广西大学建筑10级高洪利等绘，韦玉姣指导）

桥廊均采用穿斗式木构架。桥亭3座，其中桥两端各一座，采用重檐歇山顶，桥中心的拱券上一座，采用重檐攒尖顶；桥廊11间，两侧设木栏杆和长凳；桥面以青卵石铺就。

6. 贺州市富川瑶族自治县油沐乡回澜风雨桥、青龙桥

回澜、青龙两座风雨桥位于富川油沐乡界内的黄沙河上，当地瑶族人称之为"凉桥"或"风水桥"。其中回澜风雨桥年代久远，比三江侗族程阳风雨桥早300多年。回澜、青龙两座廊桥，皆为石砌、券孔、砖墙、木结构，以石券桥、桥亭和楼阁三者组合而成，是集我国北方的石券桥和南方的亭、阁于一体的杰作。

回澜、青龙风雨桥差异不大，主要区别在于圆拱数量和桥亭的做法上。两桥下部的墩台均采用外部条形方块青石饰面、内填料石的做法，其中回澜桥下部为半圆形三孔石拱结构，青龙桥为半圆形单孔石拱结构。两桥上部主体均为穿斗式木架构，木料为水杉木，长廊式通道两侧均建造护栏和木质长凳，桥面以大块条形青石铺地。廊桥一端为桥亭，另一端为马头山墙，桥廊中间亦设一悬山桥亭，但桥亭形制略有差别。

（1）回澜风雨桥（图7-5-12、图7-5-38、图7-5-39）

回澜桥为半圆形三孔桥，全桥长37.4米，宽4.64米，下部石砌部分高4米。桥廊为11间，桥头一端为码头山墙，通高6.3米，另一端为重檐歇山顶桥亭，通高11米，桥廊中间设单檐歇山顶桥亭，跨

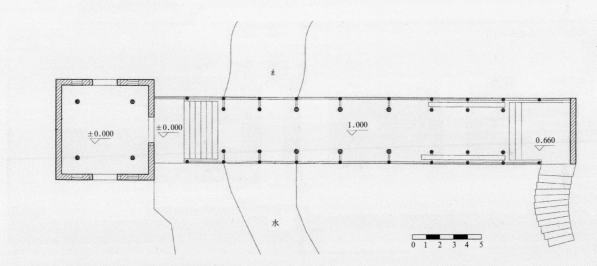

图7-5-38　回澜风雨桥平面图（广西文物保护研究中心绘）

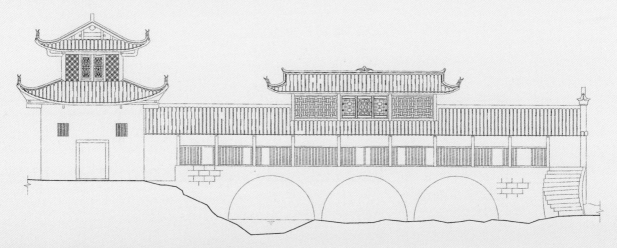

图7-5-39　回澜风雨桥东北侧立面图（广西文物保护研究中心绘）

度三开间，通高7.3米，无论是桥头还是桥廊中间的歇山顶桥亭，均采用悬山加披檐的构造方式。桥亭、桥廊以水杉木为材料，受桂东北汉族抬梁式木构架的影响，采用插梁式木构架，最低的大梁和随梁枋用扁作月梁，月梁下端向上凹进，梁肩、梁项皆隐刻在月梁上，两端穿过木柱；其上的梁则用素平的扁作直梁；平梁上设驼峰承托脊檩，脊檩两侧设梁枕木扶持，官帽状的梁枕木与驼峰连作，具有一定装饰性；除脊檩外，其他檩条下均用方形的随梁枋增加拉牵作用。歇山顶翼角起翘的方法是在挑檐檩上加生头木，并在屋顶转角部分伸出带斗栱状的挑

枋承托起翘的翼角，此挑枋的尾端置于抹角梁下。

（2）青龙风雨桥（图7-5-40～图7-5-42）

青龙桥与被称为回澜桥的姊妹桥，全桥长为35.3米，宽度4.9米，下部石砌部分高5.1米。桥廊为7间，桥头一端为码头墙，通高5.3米，另一端为重檐三滴水歇山顶桥亭，通高12.96米，有近100余个木质花窗；桥廊中间设两桥亭，其中靠近重檐三滴水歇山顶桥亭的为单开间悬山顶，高4.97米；靠近马头山墙的为单开间悬山顶，高6.19米。无论是桥头还是桥廊中间的歇山顶桥亭，均采用悬山加披檐的构造方式。上部木构部分皆以水杉为材料，但

图7-5-40 青龙风雨桥

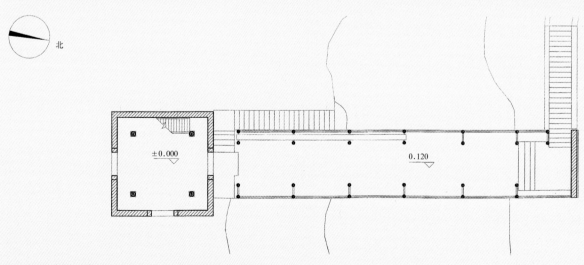

图7-5-41 青龙风雨桥一层平面图（广西文物保护研究中心绘）

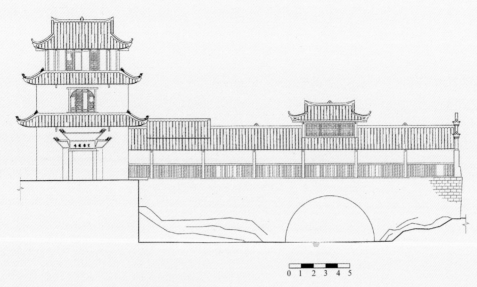

图7-5-42　青龙风雨桥东立面图（广西文物保护研究中心绘）

用料较回澜风雨桥略小，木构架则采用与回澜风雨桥类似的插梁式木构架，但也存在一定差异。如扁作月梁不是采用扁作直梁上隐刻梁肩、梁项的方式，而是在梁上两端真的做卷刹形成梁肩，梁底向上凹进，凹进部分的两端与梁肩连线，隐刻出梁项，两端伸出柱子的部分斩凿成鱼尾状，更具装饰性；此外，梁上短柱下端以驼峰和莲花状平盘斗承托，增加柱脚底与梁间的接触面，减小压强。

总体而言，回澜、青龙风雨桥以石拱木作，廊、屋、亭、阁于一体，设计符合地域特色，适应当地多雨的气候条件，天际线高低错落与周围山川树木相得益彰。

注释

① 罗哲文，柴福善.中华名塔大观.北京：机械工业出版社，2009：234～235.

② 《古风》编委会.古风——老牌坊.北京：人民美术出版社，2003：1.

③ 杨永明，吴珂全，杨方舟.中国侗族鼓楼 [M] .南宁：广西民族出版社，2008.

④ 胡仲实.桂剧源流考 [J] .学术论坛，1980（3）：43～46.

⑤ 顾乐真.桂剧的源流与形成 [J] .学术论坛，1981（4）：79～83.

⑥ 李文钊先生认为桂剧源于湖南戏的理由是：1.桂戏与湘戏的调子、行腔、台词、场面完全一致；2.演员不分彼此；3.所演剧目相同；4.从前在桂林演的多是湖南戏，上演的场所以湖南会馆为中心。李文钊.试论桂剧的形成演变和它的发展前途 [A] .广西戏剧史论文集（上）[C] .南宁：广西戏剧研究室、中国戏剧家协会广西分会同编印，1981：79.

⑦ 丘振声，彩调沿革初探 [A] .广西戏剧史论文集 [C] .广西壮族自治区戏剧研究，1981：31.

⑧ 顾乐真.广西戏剧史论稿 [M] .中国戏剧出版社，2002：186.

⑨ 若谷.论清代中期广西人口的剧增 [J] .广西地方志，1996（2）：41～44.

⑩ 王钊宇.岭南文化百科全书 [M] .中国大百科全书出版社，2006：51.

⑪ （清）顾祖禹.读史方舆纪要.卷一百六.广西一 [M] . http://gj.zdic.net/archive.php?aid-5129.html

⑫ 刘秀生.清代内河商业交通考略 [J] .清史研究，1992（4）：14.

⑬ 戏台上垂着的绣花幔子。

⑭ 中国土木建筑百科词典桥梁工程，北京：中国建筑工业出版社，1999.

广西古建筑

第八章 广西古建筑构架及形式

第一节　穿斗式木构架

　　穿斗式木构架的特点主要有两个：一是以柱（落地柱或短柱）直接承托檩条，将屋顶的荷载经由柱传递到地面；二是其水平构件穿（建筑进深方向）、枋（建筑面宽方向）都是以穿过柱身的方式，将柱子串连起来，成为一榀榀横向梁架（穿），沿面阔方向再用枋将若干榀梁架串连起来成为一完整的框架体系。

　　依据这样的特点，广西除了桂东、桂东南、桂中的广府系、客家系民居，以及桂西、桂西南的大叉手式木构架外，其余地区的民居皆用穿斗式木构架，但广西大部的宗祠、庙宇、会馆等公共建筑的重要殿堂均不用或少用穿斗式木构架。

　　广西的穿斗式木构架至迟到汉代便已成熟，在今天广西出土的汉代陶屋冥器中，我们可以清晰地看到穿斗式木构架的构架方式（图8-1-1、图8-1-2）。追溯其源头与瓯越、骆越人很早便已使用干阑式建筑相关。从榫卯特征分析，从干阑到穿斗的衍化具有逻辑合理性[①]：随着青铜器和铁器的使用，木材加工技术日趋精细，榫卯技术逐步发展成熟，使木结构组合更加稳固，这时木构建筑终于可以摆脱栽桩的方法，直接在地面加垫石立柱，由栅居发展成干阑（即以贯通上下层长柱代替下层短柱），使下部支撑和上部庇护结构成为一体，形成整体框架体系。当面阔、进深较小时，会出现两种做法：一是大叉手做法（即用斜梁来承托檩条），但不可能出现抬梁式，其缺点是横向联系较弱。因此，随着墙体的出现（即斜梁下端不固定在底架，而是由柱顶的檩条来支撑），内部空间跨度增大（即加大面阔、进深）时，必然导致横向联系的加强，这样在斜梁下端加上水平横梁，并在横梁上立短柱来支撑脊檩成为发展的主要方向，最终形成两落地柱上架横梁以支撑三角形屋架的构架形式；二是柱承重做法，即利用立柱直接支撑脊檩和檐檩，中柱与脊檩、边柱与檐檩构成三个纵架，纵架间以椽子相连，但这种结构不太稳定，仅适用于小跨度空间，当跨度增

图8-1-1　悬山顶干栏式铜屋（出土于合浦县望牛岭1号汉墓）（图片来源：中国国家博物馆等. 瓯骆遗粹. 北京：中国社会科学出版社，2006：132.）

图8-1-2　三合院重檐陶楼（出土于贵县粮食仓库19号东汉墓）（图片来源：中国国家博物馆等. 瓯骆遗粹. 北京：中国社会科学出版社，2006：198.）

大时，为了增加稳固性必然出现横向的拉牵构件（穿），形成三角形屋架。

　　当面阔进深加大、屋面建筑材料也继续加重时，必然需要辅助支撑，辅助方式要么是在梁（穿）上设柱，要么就是在室内增加落地柱，这时仅依赖檩条作纵向拉牵构建已无法满足稳定性要求，必然导致纵向上枋的产生和加入，最终形成整体性框架结构的雏形。整体式构架有两种：一是穿斗式木构架，柱直接承托檩条（即柱与檩条对位），蜀柱和落地柱成为承托屋顶荷载的主要构件，穿和枋是拉牵构件，这正是出现在广西陶屋明

器中的做法；另外一种是组合木构架，即大斜梁加蜀柱、落地柱的做法，以斜梁直接承托檩条，对屋顶荷载起主要支撑作用，柱和蜀柱与檩条不一定对位，起辅助支撑的作用，穿（梁）起拉牵作用，早期较少使用枋，仅靠檩条拉牵，当进深大或屋顶过重时都容易产生较大侧推力。第二种构架容易失稳，因此当人口增加，内部空间不断扩大，屋面材料换成更重、防水效果更好的瓦时，穿斗式木构架成为首选。穿斗式木构架的优越性在于：1. 穿斗式木构架是一种横架体系，能更好地抵抗水平方向的风力、地震力等各种水平推力；2. 因为横架的稳定性，可以抵抗更大的横向侧推力，所以当进深增大，屋顶增长、增重之时，穿斗式依然能稳固支承，给增加进深提供了发展空间，所以我们经常能看见进深10米左右的穿斗式木构架在桂北、桂东北汉族、少数民族民居中出现，为生活提供了充足空间；3. 其选址更为灵活广泛，在不易打桩的岩层硬土地区，照样可以建造；4. 基础工程量少，不用大材，节省木料，加快施工速度，提高建筑经济性。这最终导致穿斗式木构架在广西地区汉族、少数民族民居建筑中的广泛使用，但少数民族与汉族的木构架存在诸多差异。

一、少数民族穿斗式木构架

广西少数民族穿斗式木构架建筑主要分布在桂北、桂东北、桂西北、桂西，主要在民居中使用。广西少数民族穿斗式木构架建筑的屋面做法，通常是在椽板上直接冷摊瓦片，因此屋顶结构轻薄，不需要大尺寸的穿斗架构件。一般而言，广西少数民族穿斗式木构架建筑的柱径、檩径多为20厘米左右，穿枋、斗枋宽（厚）约6厘米，而高则达到16～32厘米，桂北、桂西北、桂东北杉木产区的通常用杉木，桂西、桂西北一些远离杉木产区的地方，也有选用当地木材的，如椿木或枫木等。木材的多寡与否也直接影响到穿枋的做法，如桂北、桂东北、桂西北木材相对丰足，因此这些地域的穿枋一般通长，将整榀梁架串接成一个完整的横架整

体，起到很好的拉牵、稳定作用（图8-1-3）；但一些地方由于木材不足，也常出现拼接或分间卯入柱中的不接续做法，如田东勿鲁屯等（图8-1-4）。

广西少数民族穿斗式木构架建筑面阔二至八间不等，其中桂北壮族的干阑建筑面阔通常四至六间，有的甚至达到八间，面阔数有奇、有偶，偶数利于分家，奇数则有利于强调本堂的地位（这与其

图8-1-3　龙胜龙脊村廖家寨百年老宅

图8-1-4　田东勿鲁屯干阑式民居木构架

汉化程度较高相关）。桂西壮族木构架建筑则大多面阔三间，中轴本堂意识及中轴意识强烈，祖先神台居于首要位置，火塘则偏于一侧，或置于次间（图8-1-5）。一些人口密集或地势陡峭的侗族、苗族、瑶族的穿斗式干阑建筑则大多面阔二至三间，但会根据地形在面阔方向增设挑廊或偏厦，偏厦一般作为辅房用，挑廊多是为竖向交通的遮风避雨而添加（图8-1-6）。地域不同、民族不同，广西少数民族穿斗式木构架建筑的进深也不一而足，一般进深四间，有的还在进深方向的二层设挑廊，挑廊一般深60~70厘米，增加堂或房的使用空间，如桂

北壮、瑶、苗族；有的增加前廊，如西林那岩寨的壮族穿斗木构干阑民居（图8-1-7）；人口密集或地势陡峭地区的也有进深两间的情况，如三江高定寨（图8-1-8）。

瓜柱的数量及其之间的水平距离决定了进深方向上的尺度，进深方向尺度最大的是桂北壮族建筑，通常进深达8~10米，落地柱间通常为三至四步水（后室五步水），每步水尺寸通常在2尺左右，但后室的则相对较小，一般为1.5~1.8尺左右，如龙胜金竹寨廖炳成宅（此宅有120年历史），后室每步水为1.5尺（图8-1-9）。桂北侗族通常进深2.5

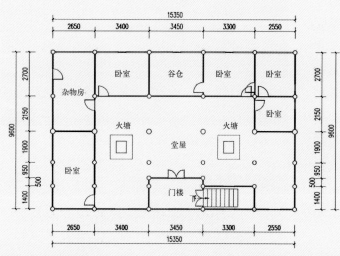

图8-1-5　龙脊村侯玉金宅二层平面

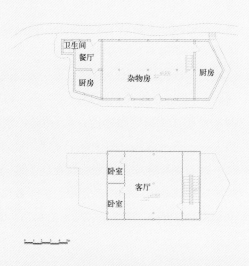

图8-1-6　三江高定寨吴飞格宅一二层平面（广西大学建筑04级绘，韦玉姣指导）

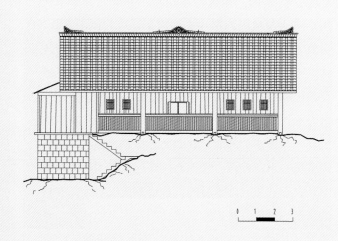

图8-1-7　西林那岩岑绍忠宅首层平面及立面图（广西大学建筑00级绘，韦玉姣指导）

图8-1-8 三江高定寨建筑组群剖面图（广西大学建筑04级绘，韦玉姣指导）

丈左右，落地二柱间通常为五至六步水，每步水尺寸通常在2尺、2.5尺（64厘米、80厘米）之间（图8-1-8）。桂北苗族、瑶族进深一般也为2.5丈左右，但落地柱间通常为三至四步水，每步2尺或2.5尺；桂西少数民族进深通常在2丈左右，落地柱间通常为三步水，每步2尺左右（图8-1-9）。当然，一些地方的匠师为了使建筑的尺度符合吉利，也有采用1.6尺、1.8尺（51.2厘米、57.6厘米），但这种做法无法在现代的尺子上取得整数，不利于现场操作，故较少见。

从构架上看，广西少数民族穿斗式木构架建筑基本上采用中柱落地的减枋跑马瓜式的构架方式。"跑马瓜"即瓜柱落在不同高度的穿枋上，"减枋"即除了大穿外，金柱与檐柱上的穿枋并不出金柱而与中柱相连（图8-1-10）。这样的做法一是可在保证木构架的稳定性的前提下节约木材，二是能在屋架层留出入口、过道，三是相对增加层高，这些都增加了屋顶层的实用性。为了增加纵向各榀梁架间的拉牵作用，使其成为一个较稳固的圈梁体系，各榀梁架除了以檩条拉牵外，还设立了枋，包

0 1 2 3

图8-1-9 西林那岩岑宅第一栋剖面图（广西大学建筑00级绘，韦玉姣指导）

0 1 2 3

图8-1-10 龙胜金竹寨廖炳成宅剖面图（广西大学建筑08级绘，韦玉姣指导）

括紧贴檩条的随脊枋、随檩枋，以及落地柱随檩枋下的顺身串等（图8-1-11）。但各地情况也不完全一致，如桂西一些木材缺乏的地区，仅在脊檩以及落地柱所支撑的檩条下设随檩枋，檐柱设额枋（图8-1-12）。

广西少数民族穿斗式木构架建筑的出挑和入口部分都有自己的次结构框架，这是在尽量保留耕地的"占天不占地"的建筑原则下形成的，是属于悬挑的做法。通常来说，少数民族建筑的二或三层（或二三层一起）的一面或多面采用悬挑的做法，一般挑出60～70厘米不等。一般进深面的悬挑主要用于增加堂或房的面积或组织竖向交通，面阔方向

上的悬挑则主要用于组织竖向交通。竖向交通所处的空间与主体结构空间有两种相对位置关系：一为包含，即竖向交通空间位于主框架体系内部，主框架体系包括了竖向交通体所在的次结构，如广西桂北、桂西的壮族干阑建筑（图8-1-5）；另一种是附加，即在主框架体系外部增加竖向交通空间，使交通空间与主框架体系从外围相接，如广西三江侗族干阑建筑。由于是在主框架体系外部增加空间，因此必然会在此空间上设披檐，所以侗族建筑与壮族建筑在外在形式上的最大区别就是侗族建筑有层层披檐（图8-1-13），而壮族建筑则少用或不用披檐，整体形象更为利落。各层竖向交通的组织可以

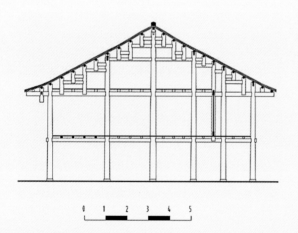

图8-1-11 龙胜龙脊廖家寨百年老宅剖面图（唐超龙等测绘，赵冶指导）

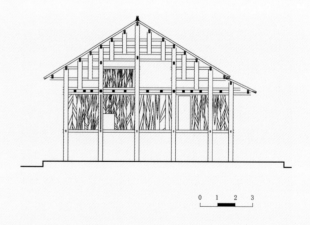

图8-1-12 西林那岩王文杰宅剖面图（广西大学建筑00级绘，韦玉姣指导）

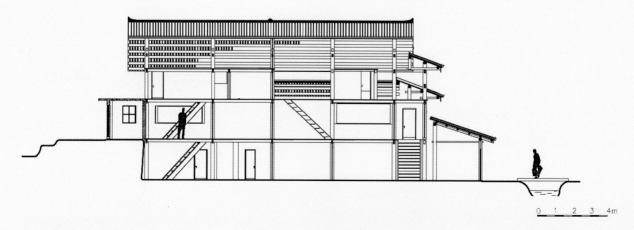

图8-1-13 吴氏双宅剖面图（广西大学建筑04级绘，韦玉姣指导）

分为以下三种主要类型：

1. 上下层竖向交通共同位于主体框架内的一侧或主体框架外的一侧，类似现代设计里的双跑楼梯概念，但缺点是竖向交通空间所占面积大，牺牲了部分主体空间（用地面积紧张的干阑建筑一般不采用该类形式）。如桂北壮族干阑建筑习惯将楼梯置于主体框架内的面阔面（即正面侧入），这样交通流线比较集中，可以形成一个半开敞的门楼空间，为家庭户外的休憩、劳作等提供了一个视线开阔的半室外空间，也为进入本堂提供了一个良好的过渡空间。由于门楼作为入户门前的过渡空间，只占堂屋开间，并且为了增加过渡空间的进深将门安在燕柱②位置，使入户大门有了汉族凹入式门的意象，强调了本堂的主体地位，具有初步的轴线意识（图8-1-5）。柳州三江县寻江以南地区则喜欢将上下层楼梯设在主体框架内的山墙面一侧，如三江良口乡和里村的木构干阑建筑，既保留了百越先民以山墙面为入口的遗痕，也使一层空间得以完整保留，但缺点是楼梯与堂屋呈90度角，削弱了入口的仪式感（图8-1-14）。

2. 将上下层楼梯分别加在主体建筑的山墙面，在主体框架之内或之外。这样的做法会导致流线不够集中，要上另一层需穿过二层、三层（如果高四层）平面靠正立面一侧的挑廊，对堂屋和卧室活动有一定干扰。这样的方式在三江县寻江以北的侗族干阑建筑中出现得较多（融水苗族干阑也有部分采用这样的方式）。一般采用这种方式的干阑建筑多选择在主体框架之外添加竖向交通空间的做法（图8-1-15），因此也在这样的空间上增加了披檐，使建筑的山墙面有若干层檐子，轮廓较丰富。

3. 一层楼梯与二层楼梯呈90度角，即一层入口空间的楼梯在山墙面，则二层楼梯与面阔方向相平行（图8-1-16）；如果入口楼梯设在一层正立面，则二层通往三层的楼梯就设在山墙面，或与山墙相平行。这种交通组织形式避免了纵向穿过整个面阔对本堂和卧室产生的影响，仅需部分集中的公共平面来组织流线，不必整个面宽作为交通空间，

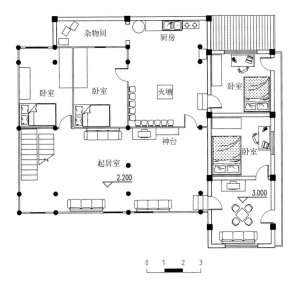

图8-1-14 良口乡和里村杨民格宅二层平面（广西大学建筑10级绘，韦玉姣指导）

图8-1-15 三江高定寨某宅二层平面图（广西大学建筑04级绘，韦玉姣指导）

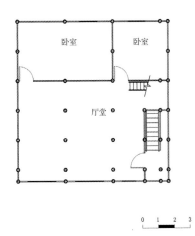

图8-1-16 三江高定寨吴仓启宅二层平面（广西大学建筑04级绘，韦玉姣指导）

这种方式在联排干阑建筑中用得比较多。

总体而言，面阔间数、进深大小、入口的位置、纵向交通空间的设计都与每个单体的基地情况相关，其首要原则是要顺应地势、保持主要功能房间的完整性，其次是要符合不同民族的文化心理。由于壮族基本上占据水源较为丰富的河谷平原，从事水稻耕作，汉化程度较高，因此其宅基地面积较为充裕，经济条件也较好，相应的广西壮族的干阑建筑一般面阔、进深较大，入口及纵向交通为比较耗费空间的正面侧入双跑式，但入口与本堂间的联系最密切，仪式感也最强。侗族人口较密集，而苗族、瑶族基本上居于较贫瘠的山地，耕地面积少，宅基地也并不富余，经济条件相对较差，因此这些民族的木构干阑建筑的面阔、进深较小，楼梯多设于山墙面，采用2或3类纵向交通组织方式，这种方式能充分适应山体走势，在面阔进深较小的情况下获得更多有效的使用空间。

二、汉族穿斗式木构架

广西汉族穿斗式木构架主要分布在浔江、黔江、红水河以北区域的汉族或受汉族影响较大的少数民族民居中，祠堂、庙宇等正殿（正厅）的边贴以及它们的辅房也用这类穿斗式木构架，有时一些小庙的正殿也使用，如全州精忠祠正厅明间梁架（图8-1-17）。广西汉族穿斗式木构架的整体构架特征与湘赣系民居较为接近，但由于年代、地理

图8-1-17 全州精忠祠正厅明间梁架

气候、物料、技术等的差异，其构造上既显示了继承性、被影响的一面，也展现了地域性、涵化的一面。

以民居正屋构架来看，广西汉族穿斗式木构架一般进深五柱十二架（或十三架）带前廊（或不带前廊），或者进深五柱十二架（或十三架）拖一架（或二架）带前廊，用中柱，以柱子直接承托檩条，各柱间用几层穿枋联系，构成一榀横架。每榀横架一般有4～5根落地柱，由4层穿枋联系，并保证落地柱间至少有两个衔接点。穿枋中以最下一层（第一层）最长、也最宽厚，一般从前檐柱贯穿至后金柱，甚至后檐柱，使整榀梁架成为一个稳固的整体。落地柱间一般为三个步架的距离（每步架宽约70～80厘米，前檐柱与前金柱有时为两个步架的距离），两柱间的檩条分别由两个不在同一水平的瓜柱承托。对于庶民的房屋，历代均有相关的等级规定，如明朝中期以前需严格按照"三间五架"来执行，但为了获得更大的空间，民间采取了许多"取巧"的方法，如加大檩距（檩距达4.6尺/步架，即檩距为147厘米）、加前廊、后拖一至三架等，其做法在流行于南方的《鲁班经匠家镜》[③]中有详细记载。但檩距加大意味着落地柱或瓜柱所承载的屋面荷载增加，而在清代早期，广西的杉木已普遍种植20年成材的速生杉，导致栽培加快，速生杉木直径一般为16～20厘米，性能逊于非速生杉木，不宜作强度要求较高的承重结构构件，加上清前三代（康熙、雍正、乾隆）人口激增，建房用材量加大，大材更是难求，因此用小材而为之的檩、柱，其承载力有限。因此，为了梁架结构的安全，也由于明后期至清对民宅梁架规定管理的相对松弛，广西穿斗式木构架缩小了檩距，形成两落地柱间设两瓜柱（即三步架）、70～80厘米/步架的构架形式。这样落地柱之间的距离加大到210～240厘米，五柱落地的一榀梁架进深达840～960厘米，其深度与《鲁班经匠家镜》中的梁架（进深27.6尺，约884厘米）基本一致。《鲁班经匠家镜》是明万历年间刊行的，由"北京提督工部御匠司司正午荣汇编，居匠所把

总章严全集，南京御匠司司承周言校正"，是流行于南方民间木工匠师的官方认可的职业用书，对南方民居有很大的规范意义。因此，广西汉族穿斗式木构架虽然用了十二架，甚至十三、十四架，貌似逾制，但其始终在一榀梁架中运用5根落地柱的构

架方式，以及梁架的总体进深尺度控制在《鲁班经匠家镜》要求范围的做法，都说明广西汉族穿斗式木构架是在体制范围内的自我调节，是在材料变迁情况下，为了结构的安全而寻求的不逾制但稳固的解决之法（图8-1-18～图8-1-21）。

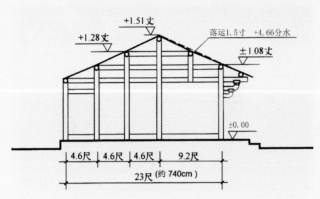

图8-1-18　五间三架后拖一架（图片来源：(明) 午荣. 鲁班经匠家镜. 海口：海南出版社，2003.）

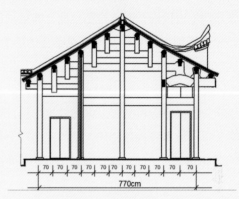

图8-1-19　桂北穿斗构架基本形式（一）

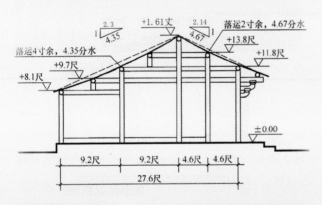

图8-1-20　五间三架后拖二架（图片来源：陈耀东.《鲁班经匠家镜》研究——叩开鲁班的大门. 北京：中国建筑工业出版社，2010.）

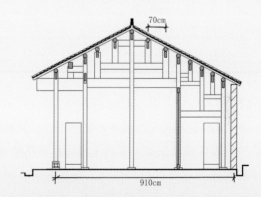

图8-1-21　桂北穿斗构架基本形式（二）

图8-1-22　灌阳月岭村某宅天井

图8-1-23　桂林大圩镇熊村某宅木构架

浮江、黔江、红水河以北区域的汉族穿斗式木构架民居一般为一明两暗的平面格局，中间为厅堂，朝天井开敞。为了厅堂的干燥、整洁，很多都设檐廊，檐廊通常以扁作月梁或扁作直梁来联系前檐柱和前金柱，并伸出前檐柱直接承托挑檐檩，使厅堂获得一个较大的从天井至室内的过渡空间。其挑檐和前厢房的挑檐一起形成围绕前天井的回廊。后檐墙外则不设檐廊，而直接用挑檐，即从正屋明间后檐柱直接伸出的扁作直梁直接承托的挑檐檩，其挑檐与后厢房的挑檐一起形成环绕后天井的回廊，遮风蔽日，利于行走（图8-1-22）。

此外，正屋每榀横架皆以纵向的檩、枋、顺脊串、顺身串、替木等构件相连，使其成为一个相互联系的圈梁体系，增加其稳固性，能很好抵御风力、地震力等水平推力。由于采用能承受较大转角弯矩的卯榫技术，横架构件之间，以及横架与纵向连接构件之间有许多重要的卯榫关节点，这些节点是荷载层层传递后的汇集之处，也是装饰的重点，是力与美的展示，也是地域特色集中表现之处。

（一）柱与梁枋的节点

1．梁、枋、柱的形式

（1）穿枋

穿枋即横截面为矩形的平直的枋子，以其贯通各柱，组成一榀榀梁架。穿枋上设短柱承托檩条，短柱有抹角方形（如灵川熊村、全州龙水乡锡爵村民居）、圆柱形（如灌阳月岭村、永福崇山村民居），其中以圆柱形居多。穿枋枋身一般素平，无任何纹样或线脚装饰（图8-1-23、图8-1-24）。

（2）扁作直梁

扁作直梁即横截面为矩形的平直的梁，没有向上的拱起，没有梁肩的卷杀，也没有梁项，主要用于房屋的挑檐部分，直接伸出檐柱或廊柱承托挑檐檩。广西的扁作直梁属连架式[④]结构体系，有较强的穿斗式特点，但由于梁上不用短柱承托檩条，而改用异形驼峰（如灵川县灵田乡迪塘村民居）（图8-1-25）或斗（如永福县桃城乡四合村木村民居）来承托檩条，具有一定的抬梁意象，因此将其归

图8-1-24　桂林永福崇山村某宅梁架

图8-1-25　灵川县灵田乡迪塘村某宅扁作直梁

入"梁"的范畴。因为直梁设在入口空间，因此往往在直梁上刻矩形阳线画框，其中装饰浅浮雕纹样（如兴安漠川榜上村民居）；梁枋下有时设无雕刻的雀替或插栱承托（图8-1-26），从等级到装饰都与穿枋相异。

（3）扁作月梁

广西汉族穿斗式木构架建筑的正屋一般设檐廊，檐廊的梁架通常用扁作月梁，月梁一般采用直梁隐刻出梁肩、梁项的方式，若梁身上刻一扇形画框，框内有时素平，有时装饰浅浮雕花卉纹样；梁底向上凹进；梁底两端有精美雕刻的梁垫（即梁下雀替），有浮雕和透雕两种做法。这样梁身高与榫厚一致，这为月梁伸出檐柱支承挑檐檩提供了结构上保证的同时，也使入口空间变得华丽而精美。

大户人家正屋的檐廊有时采用轩（或称卷）的

图8-1-26 兴安县白石乡水源头村秦家大院茂兴堂正屋扁作直梁

图8-1-27 灌阳月岭村多福堂正厅扁作月梁

图8-1-28 临桂六塘侨田村某宅扁作月梁

图8-1-29 全州锡爵村某宅扁作月梁

形式，因此扁作月梁上不用蜀柱而用斗或异形驼峰来承托其上的短轩梁，短轩梁一般采用扇形、花形、包袱形等具有装饰效果的形状，成为吸睛的焦点，如灌阳月岭村民居（图8-1-27）。即使是不设轩的檐廊，其上也不设短柱，而代之以异形斗或驼峰承托其上的月梁形或扇形的短梁，再以短梁来承托檩条。所以，总体来看扁作月梁具有抬梁式的意象，也是整榀梁架装饰最华丽之处。

广西汉族穿斗式木构架建筑的扁作月梁还有一种变异类型，即梁身上端向上拱起的扁作月梁。与前者在直梁上隐刻出梁肩的方式相左的是，其梁身略微向上拱起，形成真正的弧形梁肩（即梁身高度大于榫厚），梁项斜线则在梁身上隐刻出来，梁底向上凹进或隐刻出向上的凹线，整体呈一凸出的扇形，如临桂六塘乡侨田村民居（图8-1-28）。有

时梁底凹进弧度过大，使梁整体呈"C"字形的拱券状，如全州龙水乡锡爵村民居（图8-1-29）。这种弧形扁作月梁梁上亦不用蜀柱，而是用瓶形柱、斗、异形驼峰等承托上一层短月梁，同样具有抬梁意象和极强的装饰性。

（4）拼帮梁（枋）

拼帮梁（枋）就是在穿枋的上下或短柱的左右加辅料，使其截面增高，以加强拉牵稳定性的做法，在视觉上给人以粗壮感和安全感。拼帮梁的辅料一般用矩形断面的薄条板，通常薄于穿枋的厚度，最厚也不能超过穿枋的厚度。拼帮穿枋上的短柱通常延伸至穿枋拼帮的底边，增强拼帮梁的整体性（图8-1-30）。

（5）柱

柱子通常采用圆柱，直径通常为20~25厘米，

图8-1-30　临桂六塘侨田村某宅拼帮梁

图8-1-31　兴安县白石乡水源头村秦家大院某宅檐柱柱础

图8-1-32　灵川县灵田乡迪塘村某宅檐柱柱础

图8-1-33　全州县龙水乡锡爵村某宅前廊廊柱柱础

截面通常为圆形或圆中略带方或长方形（概因便于安装门窗隔断之故）。柱子略有收分，但不做卷刹。

柱础形式一般较为简洁，室内柱子一般采用柱顶石上直接搁柱子或柱顶石+木櫍的做法。檐柱则通常采用在柱顶石上搁木柱、柱顶石+石櫍（木櫍）、柱顶石+石础+石櫍（木櫍）等三种做法。其中柱顶石上加鼓形、方形或板形木櫍的做法尤为古老，从宋代传承至明清，许多地方早已消失，但在广西桂东北的宅第中仍有遗存，是古老柱础形制的活化石和见证（图8-1-31、图8-1-32）。檐柱这三种做法都相当朴素，无雕刻或仅以简洁的线条勾勒，其柱础的总体高度在6～8厘米左右，防雨水的效果较弱。

在较讲究的宅第，其厅堂设前廊或轩棚，或在檐柱上设木隔断而非敞厅，则檐柱、廊柱（轩棚柱）的柱础一般采用多段复合式柱础——柱顶石+石柱座+石覆盆+石櫍⑤（木櫍）、柱顶石+石柱座+石櫍（木櫍）、柱顶石+石柱座等形式，这使柱础高度达到30厘米以上，具有较好的防雨水效果。石柱座形式多样，是划分建筑区域的要素之一，桂北穿斗式木构架中的石柱座有方形、抹角方形、六角形、八角形、覆盆形、鼓形、瓶形等。石柱座和石櫍（石鼓）通常是石刻装饰的重点，很多雕有精美的图案，雕刻手法主要有"压地隐起"⑥、"减地平钑"⑦两种手法，内容多为花鸟瑞兽，也有仅刻图框，其内素平的（图8-1-33～图8-1-36）。

2.梁、枋与柱的节点方式

在穿枋下的节点一般采用直接榫卯插入的方式，端头削薄、削小穿过短柱（如六塘乡侨田村民居）（图8-1-30），或者不穿过短柱或落地柱，以鹰嘴形式与柱相卯榫（如大圩镇熊村民居）。扁作月梁、扁作直梁下的节点一般用雀替，呈三角形，减小梁枋的跨度，并在头部做蝉肚等样式的曲线，其上雕刻浅浮雕花纹或用卷草透雕，有厌胜防火的意象（图8-1-27、图8-1-29）。

梁枋上的节点主要是穿枋与短柱的榫卯关系，一般而言穿枋上的短柱只在柱脚留榫，直接榫卯插

图8-1-34　灵川县灵田乡长岗岭村卫守副府门厅轩棚檐柱柱础

图8-1-35　灌阳县文市镇月岭村某宅廊柱柱础

图8-1-36　临桂六塘镇侨田村某宅廊柱柱础

入梁枋预留的洞中，或半骑在穿枋上，柱脚有平形、鹰嘴形、如意纹形（图8-1-30）等，其中以平形居多。在一些庙宇或祠堂、会馆的门厅，其穿斗式木构架的短柱柱脚以平盘斗作为垫块，增加柱脚底与枋间的接触面，减小压强，平盘斗的形式通常为莲花式样。扁作月梁上的斗、驼峰或瓶形柱等则通常留榫头直接卯入梁身上的卯口中。扁作月梁、扁作直梁上的节点主要是斗、驼峰、柁墩与梁之间的卯榫关系，通常的做法是在斗、驼峰或柁墩下留榫头，直接卯入梁上预留的卯口中。

（二）柱与檩的节点方式

1. 顺脊串（随脊枋）

顺脊串（随脊枋）是指在脊檩的正下方隔一小段距离处再设一根檩条的做法，其横截面大多为圆形，少数为矩形，其直径一般小于或等于脊檩。由于清中、后期大户人家的屋身变高，为了增强两榀梁架间的纵向拉牵作用，使用圆形截面的顺脊串，其直径也相应加大，甚至超过脊檩（图8-1-23、图8-1-30），但一般民居的顺脊串尺寸通常等于或小于脊檩（图8-1-24）。顺脊串与承托脊檩的中柱间一般采取直接插入的方式，二者交接点的下方有时用替木（图8-1-37）。

2. 随檩枋

随檩枋是指在除脊檩外的其他檩条正下方紧贴檩条处还伴随的一根枋子。断面为矩形，通常高宽比为2/3，大小一般小于檩条。随檩枋一般直接榫卯入短柱或落地柱，一般不用替木（图8-1-37）。但早期的汉族穿斗式建筑一般直接用方形截面的檩条，不设随檩枋（图8-1-30）。

3. 梁枕木

梁枕木是插在支撑脊檩的中柱端头两侧，起到稳定脊檩及装饰作用的构件，后渐渐从一结构性构件转化为装饰象征性构建。通常的做法是在脊柱柱

图8-1-37　全州锡爵村某宅正屋梁架

端插入一小块雕刻精美或素平无花纹的略呈三角形的小薄板，其形类似古代官帽的左右两耳，因此有些匠师也将其称为梁帽，象征官运亨通（图8-1-37）。

（三）木构架装饰

广西汉族穿斗式木构架较为朴素，少事雕刻，不饰油彩，其为数较少的装饰主要集中在檐廊或轩棚的扁作月梁、插栱、驼峰、雀替以及中柱上端的梁枕木上。其中扁作月梁、插栱、驼峰、梁枕木通常以"压地隐起"的浅浮木雕进行装饰，或采用贴木手法形成"压地隐起"式的浅浮雕的视觉效果，立体感弱，线条感较强；雀替有采用浅浮雕的，也有采用透雕的，透雕更能增加立体感。

在装饰手法和内容上，扁作月梁习惯用贴木手法，以贴木的方式勾勒出阳线扇形画框及其内的浅浮雕花鸟兽图纹（一般不用人物形象），产生"压地隐起"的效果，这些图纹往往暗含吉祥寓意（图8-1-27、图8-1-29）。

插栱多出现在扁作直梁梁架的挑檐部分，其栱的部分多采用扁作"象鼻"样，"象鼻"栱上置方形的斗，斗上以扁作如意祥云承托伸出檐柱的直梁。插栱木雕通常用"压地隐起"的手法，直接将花草鸟兽或祥云雕刻其上，无线性画框，纹样随插栱形式布局，图纹圆和，略有凹凸，显得较为灵动（图8-1-26）。

扁作月梁上驼峰的形式往往因雕刻内容要与扁作月梁相配合而采用不同的形式，有时是云彩、有时是莲花，不一而足，但都采用"压地隐起"雕刻的做法（图8-1-29）。

梁枕木呈官帽状，其上大多素平无纹样，但在一些规模较大的宅第，其梁枕木上采用"压地隐起"的浅浮雕花卉或祥云进行装饰，但不会出现鸟兽及人物，这大概是因为梁枕木距离人的视线较远、无法看清细节、线条粗犷的祥云或花草反而更易于体现轮廓的缘故（图8-1-37）。

雀替使用"压地隐起"浅浮雕或透雕，一般情况下透雕手法仅出现在装饰较精美的扁作月梁下，以增强梁下空间的装饰性，扁作直梁或较朴素的扁作月梁则喜用浅浮雕雀替（图8-1-27、图8-1-29）。

第二节 抬梁式木构架

抬梁式木构架的主要特征是柱上搁置梁头，大梁上皮在收进若干长度的地方（一步架）设置短柱（瓜拄）或木墩，或大斗承托稍短的二梁，如此类推，而将不同长度的几根梁木叠置起来，以各梁的端部承托檩条而非短柱，最后在最上层的梁上设置脊瓜柱（短柱）支承脊檩。其结构特点是：屋面荷载由若干跨分别承托，各跨荷载依次通过檩条往下传递到相应的梁、柱，其中不同水平的梁所承担的荷载连同自重将一直往下传到最底层的大梁上，再由大梁传递到其两端的柱子上。

广西没有严格意义上的抬梁式木构架，但有一种木构架在构架和结构特征上与抬梁式木构架近似，这种木构架由若干跨来分别承托屋面的荷载，以梁头来承托檩条，不同水平的梁连同自重将屋面荷载一直传到最底层的大梁上，但底层大梁不是按"层叠"的方式[8]架于金柱柱端，而是以"连架"的方式榫卯进金柱内，呈现一定的穿斗特色。此外，同一榀梁架也出现前若干跨采用梁承檩、后一跨采用柱承檩的混搭方式，显示了极强的穿斗意味。但由于梁架的主体构架和结构方式符合抬梁式木构架的总体特征，与穿斗式、插梁式有较大区别，因此在本书中将其视为抬梁式加以剖析。广西的抬梁式木构架主要用于桂东北的庙宇、祠堂、会馆殿堂的明间梁架，以及桂东、桂东南、桂中的部分庙宇、祠堂、会馆、宅第的较早期或较重要的殿堂、厅堂明间梁架中，通常不设天花、中柱，内柱高于外柱，底层大梁插入落地柱柱身。由于地域不同、民系不同、工匠系统不同，桂东北的抬梁式木构架形制与桂东、桂东南、桂中的抬梁式木构架有一定区别，因此在下文中将二者分类进行探析。

一、桂东北的抬梁式木构架

桂东北[9]的抬梁式木构架一般为三跨或三跨加

前廊式，三跨中一般中间跨最大，达七至九架，其他跨一般为四至五架，其中前两跨均为抬梁式（以梁承檩），后跨往往采用穿斗式（以柱承檩）。有时为了增加殿堂的进深，将梁架后拖一跨或一架，形成四跨，以后墙承托梁架，这一跨基本使用柱承檩的构架方法，如全州梅溪公祠后厅（图8-2-1）。每榀梁架中

图8-2-1　全州梅溪公祠后厅梁架

每跨的檩间距是一致的，通常采用营造尺2~3尺的檩间距，使最大跨的大梁尺度达5.12~7.68米，扩大了室内空间。但由于建筑等级不一样，等级较高的庙宇通常采用2.5~3尺的檩距，民间祠堂主要采用2~2.5尺的檩距，因此即使都运用进深架数一样的梁架，但由于檩距的差异，庙宇的进深依然大于祠堂。由于庙宇和祠堂的进深较大，屋面荷载较重，因此梁柱断面较民居要大许多，一般柱径达1~1.2尺（1营造尺为32厘米），如灌阳县文市镇鲁水村廖中泉公祠正厅金柱（图8-2-2）。梁架一般广2~2.4尺，厚0.8~1.2尺，广厚比为2∶1~3∶1，接近明清木构架中梁的尺寸比例。

抬梁式构架横向各构件的受力方向为垂直向度的垒叠式，其柱、承托梁的柁墩、瓜柱等是轴心受压，梁是水平受弯、端部受剪，各构件间通过垂直向度的榫卯联系（底层大梁除外），仅是定位作用，拉牵作用较小，因此各构件是散置的，其稳定

图8-2-2　灌阳县文市镇鲁水村廖中泉公祠

性较穿斗式木构架弱。但由于其等级较高、装饰性强，重要建筑的殿堂明间梁架又非抬梁无以正身，因此为了弥补这一不足，广西抬梁式木构架采用了几种改进方法：1. 将最底层的大梁榫入落地柱中，增加每榀梁架的横向整体性；2. 在瓜柱下部添置角背或驼峰，或以三角形的异形驼峰来承托梁；3. 前跨、中跨设置随梁枋，随梁枋通常穿透落地柱，增加每榀各跨间的拉牵作用；4. 后跨采用穿斗式木构架，若干层的枋子增加了后跨与中跨的联系。

在纵向上看，各榀屋架除由檩条拉牵以外，设屋内额进行连接，各檩条下有随脊枋、随檩枋连接，与檩条一起形成T字形的檩枋组合，大型的庙宇殿堂还设三花檩、副檩等共同构成整体框架。这种构架方式的木构件之间虽然无受力榫卯，但在屋面荷载重压之下，各构件紧连在一起，可形成稳定的整体。

（一）梁枋形式及顺梁方向节点方式

1. 梁枋柱的形式

（1）圆作直梁

圆作直梁是指梁的断面为圆形或接近圆形的直梁，梁上设圆形短柱承托上一层短梁。为增加结构稳定性，最底层的大梁的直径与落地柱一致，梁身自上而下沉入落地柱，梁头保留与梁身相同圆柱体形状。圆作梁通体较为朴素，除了在梁端及蜀柱端头隐刻纹样外，不做其他装饰。使用圆作直梁的抬梁式木构架，多出现于湘赣系建筑与广府式建筑相交的区域，即清朝平乐府一带，如阳朔朗梓村祠堂正厅明间梁架（图8-2-3）。

（2）扁作直梁

广西抬梁式木构架中有相当一部分使用扁作直梁，扁作直梁主要用于中跨，梁的高宽比为2：1～3：1，梁上用雕刻精美、有吉祥寓意的异形驼峰或柁墩来承托上一层梁架，梁两端承托檩条，或在梁两端上设柁墩或异形驼峰承托檩条。驼峰或柁墩与梁端的交接点往往成为装饰的重点，用花草纹或瑞兽纹，有时为了视觉效果将二者结合起来共同设计纹样。梁身多通体雕刻花纹，如全州梅溪公祠、灵川熊村湖南会馆（图8-2-4），但一些小型

的祠堂则梁身素平，或仅在两端雕刻一些纹样，如永福桃城乡四合村宗祠（图8-2-5）。

（3）扁作月梁

扁作月梁一般用于前跨和中跨，有时屋内额亦用月梁。广西桂东北抬梁式木构架有以下几种做法：

图8-2-3　阳朔朗梓村祠堂正厅明间梁架

图8-2-4　全州梅溪公祠中厅明间梁架

图8-2-5　永福桃城乡四合村宗祠倒厅梁架

1）梁肩做卷刹，梁底向上拱起，梁项为斜线（在月梁上形成扇形图案），斜项的长与梁底凹进部分长度之比较大，入榫高度约为梁身中部高度的1/2，梁下设雀替式梁垫，梁项处理成"卷草"状穿出柱外，月梁做法接近宋《营造法式》，整体饱满有力而不失装饰性，如富川福溪村百柱庙、马王庙的月梁（图8-2-6、图8-2-7）。

2）采用直梁隐刻出梁肩、梁项的方式形成月梁的意象，其实质是直梁，但视觉效果是月梁。其做法是在梁厚于卯口的部分上做卷刹、下做斜项，梁端入榫部分的高度实际并未减少，只是略微变薄，这样在梁端入榫处，既加强了结构的抗剪性能，又不失梁肩卷刹的美观。月梁上不施短柱，以柁墩或驼峰承托上一层梁，梁端上再设驼峰大斗承托檩条，而非直接以梁端承托，驼峰、柁墩上刻以繁复的瑞兽花草图案，最下层大梁梁端亦设雀替，

增强月梁下皮向上凹进的效果。此外，这种月梁通常在梁项刻卷草花纹或简洁的满月形纹，梁身则较为朴素，通常素平，以凸显月梁梁肩、梁项本身弧度之美，如灌阳月岭村后山宗祠梁架（图8-2-8）。

3）抬梁式木构架前跨一般为轩棚，即前卷式，卷棚的轩梁亦采取隐刻月梁的形式，但做法与2）中所述有微妙差异，其最大区别是梁身并不厚于榫，梁身的高、厚与入榫部分大体一致，这样为月梁伸出檐柱支承挑檐檩提供了结构上的保证。其实质是在一扁平穿枋上隐刻出如扇形画框般的梁肩、梁项阳纹，梁底向上凹进；或者梁身上皮整体向上拱起，梁底向上凹进，形成若扁平拱券般的凸出的扇形状。此种月梁梁身上一般设驼峰、大斗承托上层月梁，梁身扇形画框内通常装饰浅浮雕花卉纹样，梁底两端设有精美雀替（雀替有浮雕和透雕两种做法），如全州精忠祠门厅轩棚（图8-2-9）。

图8-2-6 富川福溪村百柱庙月梁

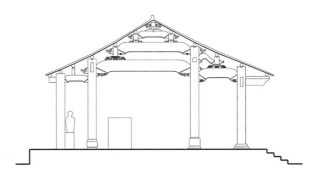

图8-2-7 富川福溪村马王庙明间剖面

图8-2-8 灌阳月岭村后山宗祠梁架

图8-2-9 全州精忠祠门厅扁作月梁

（4）劄牵（水束）

劄牵其实就是一步梁，但非《营造法式》中那样水平放置而是斜向放置。劄牵在民间又称为"水束"，是头大尾小形状犹如"拱背"（S形）的特殊扁作月梁，这种形式的劄牵至迟在元代江南一带的木构架中已经使用，在广西S形劄牵出现的时间也较早，因为早期庙宇、祠堂、会馆的檩间距相对较大，S形较为舒展，具有拉牵前后梁架的作用，而非后来的纯装饰构件。从劄牵在构架中的位置和作用来看，它应该是托脚和劄牵相结合的产物。广西桂东北抬梁式木构架中的劄牵隆起如拱背（S形），与福建、广东西部地区的水束形式相近，都为斜向设置，但较其他两个区域更扁一些，如富川福溪村百柱庙、马王庙明间梁架的劄牵（图8-2-7）。但这种形式的一步梁在桂东北的抬梁式木构架中出现得很少，主要集中在富川地区，在桂东、桂东南的抬梁式木构架中则使用率较高。

（5）柱

柱子采用圆柱，直径通常达30～35厘米左右，有的甚至达到40厘米（如鲁水村廖中泉公祠）。柱子截面通常为圆形，柱子略有收分，但不做卷刹。广西桂东北采用抬梁式木构架的建筑大多面阔三间，少数面阔五间，一般明间使用抬梁式木构架，次间采用硬山搁檩或穿斗式木构架，当建筑面阔五间或面阔三间（次间采用穿斗式木构架）时，其明间柱子粗于次间柱子（如恭城武庙前殿）。另外，为了强调4根金柱所形成空间的重要性和神圣性，有时采用金柱粗于檐柱的做法来加以诠释（如全州龙水乡锡爵村公祠正厅）。

桂东北抬梁式木构架的柱础形式一般较为精美、大气，通常采用多段复合式——柱顶石+石柱座+石覆盆+石櫍（木櫍）、柱顶石+石柱座+石櫍（木櫍），这使柱础的高度达30～40厘米以上，有的甚至达到50厘米以上。抬梁式木构架的柱础形式及雕刻手法也很丰富，有方形、抹角方形、六角形、八角形、覆盆形、覆莲式、石櫍形、鼓形、瓶形、瓜楞形、圆雕兽形等，雕刻手法除了"压地隐起"、"减地平　"外，还采用了剔地起突[10]、圆雕两种雕刻技法（图8-2-10～图8-2-15）。

因空间位置不同，柱础的形式、高度、雕刻手法和纹样都不一样，彰显着空间的等级。一般而言，同一座厅堂，檐柱柱础通常较高（也有相对低的，但不常见），以防雨水，其宽度小于高度，雕刻多采用"压地隐起"、"减地平钑"，以花卉、如意等为主要纹样；金柱柱础较低、较大，其宽度大于或等于高度，雕刻面较多或者形制较古老（如覆盆

图8-2-10　恭城文庙大成门后檐柱柱础

图8-2-11　恭城县嘉会乡豸游村周氏公祠正厅金柱柱础

图8-2-12　灵川县灵田乡长岗岭村卫守副府正厅前檐柱柱础

图8-2-13 全州绍水镇梅溪公祠侧廊檐　　图8-2-14 全州绍水镇秀溪村宗祠正　　图8-2-15 富川朝东镇福溪村百柱庙金柱柱础
　　　　　柱柱础　　　　　　　　　　　　　　厅前檐柱柱础

式等），很多采用"压地隐起"、"减地平钑"的手法，图纹除花鸟外也雕刻麒麟甚至龙凤等瑞兽（图8-2-11～图8-2-13）；若檐柱柱础与金柱柱础同高，则檐柱采用"压地隐起"、"减地平钑"，金柱采用更为突出图纹的"剔地起突"，以强调金柱的重要地位；有时祭坛与后金柱相结合，人们的看面主要集中在前檐柱和前金柱，则后金柱、后檐柱柱础较低矮，形式、雕刻较简单（如梅溪公祠前厅）。若是门厅，则为了彰显门楣之故，前檐柱柱础的形式、雕刻要精于后檐柱。若是前后两进建筑，则门厅的柱础形式、图纹要简于正殿（正厅）。但一些小庙或小祠堂，则删繁就简，仅考虑实用，而不强调空间等级，其前檐柱采用较高的柱础，金柱、后檐柱采用非常简单、低矮的石櫍式、覆盆式单段柱础，如全州大西江镇锦塘村四板桥村精忠祠。

2. 顺梁方向节点方式

梁枋下节点一般采用直接榫卯插入和用雀替、柁墩、斗栱等两种方式。

（1）前者是将梁的榫头伸出柱子的部分削成向上翘起的鱼尾状，或一方正的小榫尾，没有曲线，也不上翘（图8-2-16）。

（2）后者则在梁下用雕刻精美的雀替、柁墩或斗栱。

1）梁下用雀替。雀替为扁长三角形，主要用于减小梁的跨度，其上雕刻线脚或纹样。其中使用月梁的抬梁式木构架，通常只在最底层大梁及随梁枋下用雀替，大梁和随梁枋其实是扁作直梁，但在其上隐刻出梁肩、梁项，将梁项延伸至雀替，使雀替在视觉上与直梁融为一个整体，并构成梁底向上凹进的意象，使直梁有了月梁的形式，如全州绍水镇秀溪村祠堂正厅梁架（图8-2-17）。用扁作直梁的抬梁式木构架用雀替有两种情况，要么仅在最底层大梁之下使用，要么每层梁下都使用，若每层都用，则除大梁外其余梁下雀替都与柁墩或驼峰连作，其上雕刻纹样，形成统一的整体。

2）梁下用柁墩或驼峰。在用扁作月梁和扁作直梁的抬梁式木构架中，梁上承托上一层梁的大多为柁墩或驼峰。柁墩有莲花形、瑞兽形、工字形、纵长方形、横长方体形等，其中工字形、纵长方形柁墩似短柱的变体，多用于梁底中间的位置，减小梁的跨距，如恭城周渭祠正殿明间梁架（图8-2-18）。莲花形、瑞兽形等异形柁墩则多用于梁底两端，往往与梁头、梁上驼峰连作雕刻，成为一个整体。驼峰呈"山"字形，但广西桂东北抬梁式木构架中的驼峰大多为异形，呈非规则"山"字形，其上雕刻精美花纹，用于梁底的两端，有时蔓延到金柱柱端，与前、后跨梁架的雕花板（或驼峰）连成一体，如灵川熊村湖南会馆正厅明间梁架（图8-2-19）。

3）梁下用斗栱或驼峰斗栱。梁上立驼峰，驼

图8-2-16 灌阳月岭村总祠正堂梁架

图8-2-17 全州绍水镇秀溪村祠堂正厅梁架

图8-2-18 恭城周渭祠正殿明间梁架

图8-2-19 灵川熊村湖南会馆正厅明间梁架

图8-2-20 灵川长岗岭村卫守副府正厅明间梁架

图8-2-21 富川福溪百柱庙明间梁架

峰上置一跳或两跳顺檩方向的斗栱承托梁及檩条，或直接用斗栱。这种类似襻间斗栱的做法一般用在等级高、出现时间较早的建筑里，如灵川长岗岭村卫守副府正厅明间梁架、富川福溪百柱庙明间梁架（图8-2-20、图8-2-21）。

梁枋上节点一般采用以下几种：

一是直接榫卯插入，在柱上留榫，插入梁上的预留洞中，看似没有搭接部分。这种方式主要用于圆作直梁抬梁式木构架。

二是用平盘斗，指在短柱脚下有垫块，增大了柱脚底面接触面积，减小压强，平盘斗大多呈莲花形，也有圆形。这种方式较少运用，仅在个别庙宇中出现，如富川福溪村百柱庙、灌阳关帝庙（图8-2-21、图8-2-6）。

三是用缴背。缴背其实是一块施满精细雕刻的面板，有柁墩的视觉效果，但起到缴背的扶持作用，多出现于桂东北地区的抬梁式木构架，直梁或月梁上均有使用。一般置于梁上两端以承托檩条，增加檩条的稳定性，防止其水平摆动，往往雕刻精美，如永福桃城乡四合村宗祠（图8-2-5）。

（二）顺檩方向节点方式

广西桂东北抬梁式木构架除了使用顺脊串（随脊枋）、随檩枋、梁枕木外，还使用三花檩、屋内额和驼峰斗栱。

1. 顺脊串

桂东北抬梁式木构架中的顺脊串（随脊枋）断面为下方削平的椭圆形，其尺度较广西汉族穿斗式木构架中的大，通常等于或大于脊檩的直径，喜欢将其下皮中间铲平，饰以红色，极少数雕刻殿堂的修建年月，其下两端用蝉肚纹替木。顺脊串一般用驼峰或驼峰大斗承托，少数直接搭在平梁上或穿过平梁（图8-2-16～图8-2-21）。

2. 随檩枋

桂东北抬梁式木构架中每条檩条之下都紧贴随檩枋，其断面一般为矩形，尺寸小于檩条。一般由梁端上的缴背承托、扶持，其下两端不用替木（图8-2-8、图8-2-16～图8-2-21）。

3. 梁枕木

桂东北抬梁式木构架中的梁枕木主要有两种形式，一种呈三角形，似古代官帽两耳，由驼峰大斗承托（图8-2-8、图8-2-20）；另一种由驼峰承托，梁枕木与驼峰一起连做，填充平梁之上的三角空间，更具装饰性（图8-2-19）。

4. 三花檩

三花檩就是在脊檩左右与之相隔一些距离的位置对称设置的伴檩。桂东北抬梁式木构架中较少使用三花檩，仅在一些大型庙宇中使用，如百柱庙。

图8-2-22　朗梓村祠堂正厅梁架

百柱庙的三花檩由平梁上的梁枕木承托，其作用是增加屋架上部空间的稳定性及纵向联系，也可协助脊檩承担屋脊的荷载（图8-2-21）。

5. 屋内额

屋内额一般用于需要特别强调空间象征意义的厅堂金柱上，断面大多为矩形，极少数为下方削平的椭圆形，其尺寸通常等于或大于檩条，其下铲平，不饰花纹，屋内额榫入柱子的节点处通常以替木加固。这种样式的屋内额通常用于等级高的庙宇或厅堂（图8-2-21）。若是矩形，则其厚等于或小于大梁，其高约为大梁的1/2～2/3，但一些祠堂的抬梁式木构架门厅有时会采用类似随檩枋大小的枋木做内额，如朗梓村祠堂正厅梁架（图8-2-22）。

6. 驼峰斗栱

驼峰斗栱指在檩枋交界处起辅助支撑作用的构件，通常位于驼峰之上，并与檩条相平行。驼峰斗栱可以减小檩条的跨度，并构成倒三角形加强对檩条节点的支持作用。桂东北抬梁式木构架中只有少数等级高的建筑使用驼峰斗栱，如百柱庙南殿明间梁架平梁上的驼峰斗栱采用单跳斗栱形式，坐斗上直接承梁（图8-2-6）；百柱庙北殿明间梁架前三架梁上的则使用十字驼峰斗栱，于三架梁上置大斗，大斗上设一组完整的十字栱，十字栱的中心及四个栱头上各有一斗，其中横栱（顺梁方向）直接承托栱背式劄牵，纵栱（顺檩方向）承托随檩枋，这是岭南较早期驼峰的做法（图8-2-21）；卫守副府则采用驼峰双跳斗栱的方式，即驼峰上置大斗，斗上承梁，梁上承两跳顺檩方向的驼峰斗栱（图8-2-20）；全州柴侯祠前殿轩廊采用驼峰双跳斗栱，即大斗直接承托支撑轩棚檩条的花板，顺檩方向第一层纵栱承托其上第二层更长一些的纵栱（图8-2-23）。

（三）木构架装饰

广西桂东北抬梁式木构架主要采用木雕进行装饰，少数用到彩画。整体而言，抬梁式木构架的木雕装饰主要集中在木构架的前跨和中跨，木雕面积大、雕工精美、反映空间等级，极具观赏性。

梁架前跨是厅堂主要的入口及看面，通常采用扁作月梁来支撑轩棚，月梁间用插栱、驼峰承接，月梁下用雀替，无论是月梁梁身还是驼峰、插栱、雀替都采用"压地隐起"的浅浮木雕进行装饰，或采用贴木手法形成浅浮雕的视觉效果，其形式、纹样特点与广西汉族穿斗式木构架的前廊（轩廊）同（图8-2-1、图8-2-5～图8-2-8、图8-2-17、图8-2-19）。

中跨木构架有圆作直梁、扁作直梁、扁作月梁三种，其中圆作直梁最为朴素，仅在梁端及蜀柱端头阴刻纹样（图8-2-3），扁作月梁次之，装饰最繁复的是扁作直梁。中跨的扁作月梁通常梁身不饰或少饰雕刻，主要以其自身饱满有力的造型来达到装饰的效果，木雕仅施用于梁端、梁间的驼峰、柁墩及脊檩两侧的梁枕木，以及大梁下的雀替上，多

采用"压地隐起"的手法，部分驼峰、柁墩采用"剔地起突"的手法，雀替采用透雕。其中梁项通常刻卷草花纹或简洁的满月形纹；驼峰、柁墩上刻以繁复的花草或瑞兽图案，若是瑞兽图纹常用"剔地起突"的手法来凸显强调；梁项的雕刻有时与驼峰、柁墩的图纹连作，形成连续统一的主题，如云龙、凤头、夔龙纹等；祠堂雀替多用花草图纹，庙宇雀替有时用鳌鱼纹样；小型祠堂的梁枕木多为官帽形，其上浅浮雕花卉或祥云（图8-2-7、图8-2-8），大型祠堂或庙宇的梁枕木会延展开，类似江浙建筑中的"山雾云"，填充整个平梁至脊檩的空间，形成统一的主题，如蝙蝠、夔龙等（图8-2-17、图8-2-18）。

中跨扁作直梁的装饰最为繁复，一般通体雕刻纹样，梁间以压地隐起的花草纹或剔地起突的瑞兽驼峰（柁墩）来承接，有时为了视觉效果，将梁端雕刻与驼峰（柁墩）连作，使纹样续接成一个寓意祥瑞的大体量雕刻，突出了节点的重要性和装饰性。但一些较小的祠堂，其扁作直梁梁身不饰雕刻，仅在梁端雕刻图纹。扁作直梁通常不设雀替，梁枕木的装饰手法与扁作月梁同（图8-2-1、图8-2-4、图8-2-5、图8-2-16）。

此外，有极少数庙宇用到彩绘，如富川福溪村的百柱庙、马王庙及部分门楼，这些彩绘以红色勾边，以白色为底，其上以蓝、绿、红、黄为主色，没有箍头、卡子，直接梁身作画，梁项涂红色，其上不绘图纹。百柱庙、马王庙彩绘的内容多为"孟子见梁惠王"、"武松杀嫂"等民间故事题材，以人物故事为主；低一等级的门楼图纹多为祥云、飞禽、走兽（图8-2-6）。

二、桂东、桂东南、桂南、桂中[11]的抬梁式木构架

桂东、桂东南、桂南、桂中抬梁式木构架主要是斗栱式梁架（图8-2-24～图8-2-26）、夔龙纹式梁架（回纹或博古纹梁架）（图8-2-27）和柁墩抬梁式木构架（图8-2-28）。这类木构架主要用于

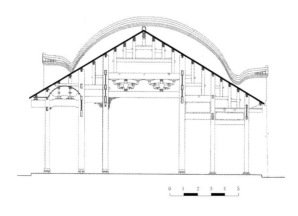

0 1 2 3 4 5

图8-2-23 全州柴侯祠前殿剖面图（广西区文物工作队绘）

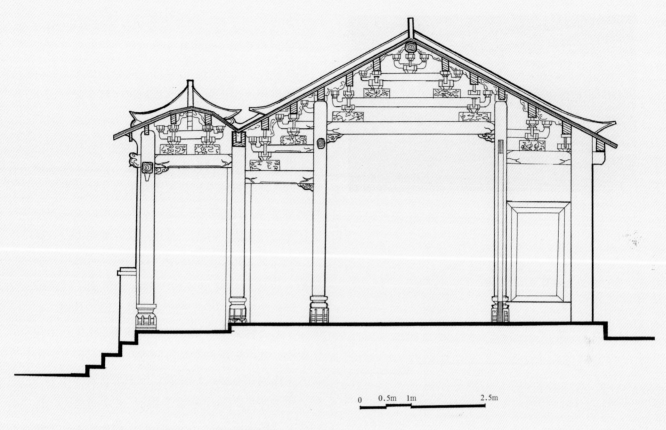

0 0.5m 1m 2.5m

图8-2-24 灵山大芦村三达堂官厅剖面（广西大学建筑98级绘，韦玉姣指导）

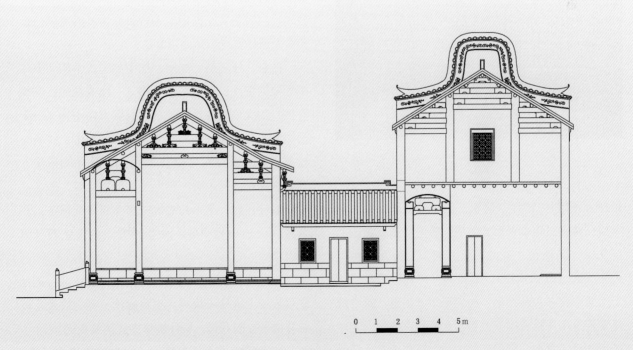

0 1 2 3 4 5m

图8-2-25 灵山苏村刘氏宗祠正厅剖面图（广西大学建筑98级绘，韦玉姣指导）

图8-2-26　苍梧粤东会馆正殿梁架

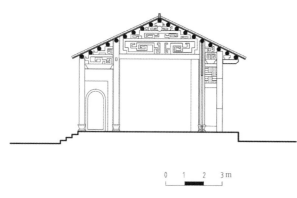

图8-2-27　来宾武宣河马乡金岗村刁经明祠堂正厅剖面

图8-2-28　来宾武宣三里镇李家老宅正厅梁架

正厅（正殿）、门厅、轩廊。正厅或正殿一般为前中后三跨或三跨加前廊式，中间跨一般最大，达七至九架，其他跨一般为四至五架，三跨及前廊均为抬梁式（以梁承檩），后跨的梁架直接搭在后墙上。其中桂东、桂东南、桂南正厅（正殿）的中跨通常都是用斗栱式梁架或柁墩式抬梁木构架，若中跨用斗栱式梁架，则门厅的前跨（后跨通常为插梁

式）和正厅（正殿）前跨及轩廊有时使用斗栱式、有时使用夔龙纹（或回纹、博古纹）梁架；若中跨为柁墩式梁架，则祠堂的正厅（正殿）前跨及轩廊用柁墩梁架，少用夔龙纹（或回纹、博古纹）式木构架。桂东、桂东南、桂南、桂中抬梁式木构架建筑中无论是正厅、正殿还是门厅，其内外柱都不同高，各部分之间在结构上相互独立，底层大梁直接插入内柱柱身或墙身，插入内柱的分为透榫和不透榫两种类型（透榫的较早），室内都不设天花。由于桂东、桂东南、桂南、桂中地区在明中期以后便受广府建筑文化的深刻影响，广府地区海风、台风肆虐，因此为了建筑结构上的安全增加了檩条数量，檩间距缩小。相应的桂东、桂东南、桂南、桂中抬梁式木构架中的檩间距就较桂东北抬梁式木构架要小，通常采用营造尺1.5～2尺的檩间距，使中跨大梁控制在3.84～5.12米。但由于建筑等级不一样，等级较高的庙宇通常采用2尺左右的檩距，民间厅堂主要采用1.5～1.8尺左右的檩距。另一个规律是明代或清早期的建筑，其檩间距相对较大，之后的建筑檩间距逐渐缩小。在屋顶举高一定的情况下，檩条的增加、檩间距的缩小会直接导致各层梁之间的距离缩小，梁架整体密度得到提高，稳固性增强，同时密集空间中的各种日益繁复的雕刻，也使梁架整体显得细腻而繁复。

桂东、桂东南、桂南、桂中抬梁式木构架中斗栱梁架的特点：采用驼峰斗栱（一跳或两跳、三跳斗栱）依次承托各梁及檩条，顺梁方向上，上层梁梁端常作为联系构件参与到斗栱的组织中，檩条与檩条间有时设斜置的劄牵（水束），构件的搭接方式为层叠式。其中有一种罕见的混搭梁架，即各层梁以瓜柱承托，梁上两端设驼峰斗栱承托檩条，其余皆同上述斗栱梁架，如苍梧粤东会馆正殿（图8-2-26）。

夔龙纹（或回纹、博古纹）梁架的特点：是在底层大梁上直接采用博古式或回纹、夔龙纹式花板承托檩条，而非梁，构件搭接方式为层叠式。

柁墩抬梁式木构架特点：以柁墩支撑各层梁，

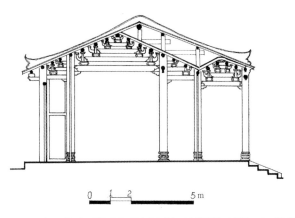

图8-2-29　东园别墅官厅剖面图及梁架图（广西大学建筑98级绘，韦玉姣指导）

以梁和梁上的柁墩承托檩条，这种构架主要出现在桂东南、桂南、桂中地区抬梁式木构架建筑的正厅（正殿）前、中跨，以及轩廊梁架。这些地区屋顶平缓，檩条较密，梁间距较小，因此以柁墩来取代斗栱或瓜柱，如来宾武宣三里镇李家老宅（图8-2-28）。

三种梁架的共同特点是：分成前中后三跨（有的再加前廊），内外柱不同高，各部分之间在结构上相互独立，不同跨有时采取不同的木构架方式，底层大梁直接插入内柱柱身，室内都不设天花。

（一）梁、阑额、檩、柱形式

1．梁、阑额的形式

（1）梁

梁通常采用月梁、虾弓形梁、圆作直梁三种形式。

1）月梁出现的时间相对较早，清早期的抬梁式木构架多用月梁，后期除了轩廊的轩梁外，一般少用月梁。月梁截面为近圆形（上下削平），梁身高于榫厚的部分刻出梁肩和曲线梁项，梁肩并无削透，梁尾榫入柱子部分并未按《营造法式》上规定有所减小，即榫头截面高度接近总梁高，且榫头亦少见穿透柱身，底层大梁两端用雀替，如灵山大芦村三达堂官厅梁架、东园别墅官厅梁架（图8-2-24、图8-2-29）。其中梁身的雕刻以及梁项部分的线条，雕刻越到后期越复杂，强调雕刻的技艺，而非以梁自身的纹理、造型来表达技艺和美感。

2）虾弓形梁出现于清后期，截面为矩形，折角处棱角分明，梁肩削透呈折角状并往中央推进，而梁底向上凹进许多，但不刻梁项，其造型就像一把弓，因此得名为"虾弓梁"。木构虾弓梁一般梁底雕刻花纹，如桂平寿圣寺大殿明间梁架（图8-2-30）。

3）圆作直梁一般用在柁墩式抬梁木构架，截面为圆形或近圆形，梁身素平，不做装饰，仅部分在梁端做卷杀，以与柁墩造型相应。这样的木构架在清中后期的建筑中使用较多。

（2）阑额的形式

阑额分为内额和外额，早期阑额无论内外均采用木质月梁式，额枋上置木质驼峰及一斗三升斗栱，如苍梧粤东会馆（图8-2-31）。后期，外额因防雨水的需要改用石材，其形式也随着材料而改变，由月梁式逐步转变为虾弓梁式，开始时额枋上置仿木构的石质驼峰斗栱，后改用石质狮子驮金花。内额由于没有防雨水的考虑，因此一直用木材，通常梁架使用月梁式，则内额也为月梁式，其横截面接近圆形，这种类型出现在较早期的建筑中，如苏村418号宅（图8-2-32）；如果梁架使用圆作直梁，则内额为木作虾弓梁或简洁的木圆枋。

2．檩的形式

桂东、桂东南、桂南抬梁式木构架檩条有两种类型：方檩和圆檩。方檩即横截面为矩形的檩，类似于枋，但较枋大，这样的檩条一般出现于清早期的建筑中，如寿圣寺大殿、大芦村镬耳楼后厅、横

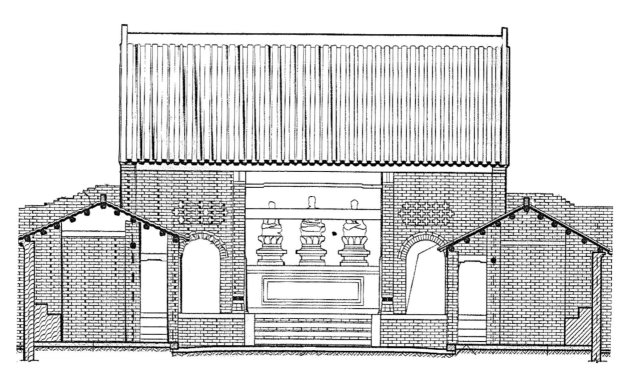

图8-2-30 桂平寿圣寺大殿正立面图（广西文物考古研究所绘）

图8-2-31 苍梧粤东会馆门厅外额

图8-2-32 灵山苏村418号宅内额

县伏波庙正殿，但这些梁架中的脊檩不用方檩，而用横截面为圆形的圆檩（图8-2-24）。从这可以看出圆檩较方檩等级高，在早期建筑等级制度管理较严厉的时期，仅可在重要位置用圆檩，后随着建筑等级制度管理的松弛，纷纷改用等级较高的圆檩，方檩因此逐渐被淘汰，圆檩被普遍采用。

　　3．柱的形式及柱础

　　柱子有木质、石质、砖质三种，其中内柱一直为木质柱，檐柱早期使用木质柱，后期为防雨水改用石质柱或砖质柱。

　　（1）内柱及柱础

　　内柱多为木质圆柱，早期（明中晚期、清早期）木柱有收分，其上端做卷杀，顶端置圆形大斗或在柱端刻出圆形大斗来承托方檩（如大芦村三达堂）或圆檩（如真武阁第三层内柱）（图8-2-24、图8-2-33），或上下都做卷杀，形成"梭柱"，顶端可置或不置大斗（如北海市合浦大士阁内柱）（图8-2-34）。清中后期内柱一般只做收分不做卷

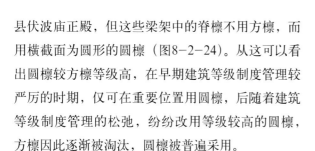

图8-2-33 真武阁第三层明间梁架

杀，但个别例外，如蒲庙那莲戏台，依然采用"梭柱"的形式。内柱柱础由柱顶石+柱座+覆盆+柱櫍四个部分组成，柱顶石、柱座、覆盆皆用石座，柱櫍早期为木质，其形似斗底拉长的圆斗，木櫍的纹路和木柱的呈90度，以防止水气沿木柱内导管渗透到木柱内部（如大芦村三达堂官厅金柱柱础）（图8-2-35）；后期则改用石质柱櫍，其形开始仿木质（如横县伏波庙正殿金柱柱础）（图8-2-36）。后石质柱櫍变成较扁的抹角方形、圆鼓形、莲瓣形、六

边形、八边形、瓶形等（图8-2-37）。石覆盆也由原来的覆盆状转变为圆形上刻覆莲纹或抹角方形。内柱中还出现了具有古意的木质瓜楞柱，但仅在灵山苏村刘氏宗祠中出现。

（2）檐柱及柱础

檐柱早期用木质圆柱，后改用八角形石柱，最后转变为普遍使用的抹角方柱。后期一些经费不足或等级较低的小祠堂、小庙、民宅檐柱也使用方形砖柱或圆形砖柱，其外批荡，使其类似石柱。石柱的材料有花岗石和麻石两种，在广西多用麻石。早期的石柱有略微收分，到了中后期，檐柱皆无收分，仅在木柱底部作卷杀处理。檐柱柱础也由上述内柱的四部分组成，但为防雨皆为石座，石覆盆部分早期有覆盆形、圆鼓形，中后期多为方形，有明显的束腰（图8-2-38）。

（二）斗栱、驼峰、水束形式

1．斗栱

斗栱由栱和斗两种构件组成，明代晚期的栱，栱身较宽阔，做卷杀，栱身不出锋，常与方斗搭（图8-2-39、图8-2-40）。清早期栱身用材变细，亦做卷杀，但卷杀线条开始变得婉转多变，栱身出

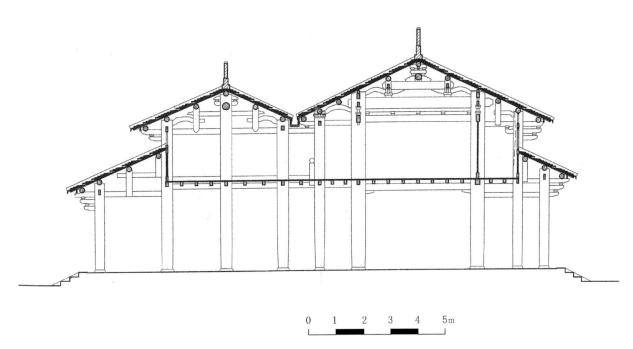

0 1 2 3 4 5m

图8-2-34 北海市合浦大士阁剖面图（广西文物保护研究中心绘）

图8-2-35　灵山大芦村三达堂官厅
金柱柱础

图8-2-36　横县伏波庙正殿
金柱柱础

图8-2-37　大芦村东园别墅官厅
前金柱柱础

图8-2-38　苍梧粤东会馆正殿檐
柱柱础

图8-2-39　岑溪南渡镇邓公庙正殿斗栱

图8-2-40　容县真武阁一层轩廊驼峰、斗栱

锋，常与莲花斗搭配，具有装饰性（图8-2-41）。到清晚期，斗栱栱身呈阶梯状的平级，不再做卷杀，栱身不出峰，栱逐渐摆脱官式中的原有形态，装饰性增强，其下的大斗依然用方斗，但方斗用材变小，斗底常带花瓣纹等装饰，如平南大安镇粤东会馆门厅前廊梁架（图8-2-42）。

2. 驼峰

驼峰是梁或阑额之上承托斗栱的构件，因其造型如"山"，极像骆驼的背峰，称为"驼峰"。驼峰在材质上有木、石两种，其中木质驼峰早于石质驼峰。早期驼峰的中间部分隆起，驼峰上不但有如意头还有卷草纹（图8-2-39、图8-2-43）；清中期，

驼峰中间不再隆起，但仍会在底部略微起翘，驼峰上刻有如意头或其他纹样（图8-2-44）；清中后期驼峰中间不再隆起，完全转化成横长方形的柁墩，其上雕刻戏剧人物，如金田三界庙正殿前廊梁架（图8-3-45），或者将横长方形的柁墩横向拉长，形成鳌鱼状或素平无雕刻，如来宾武宣东乡镇长塘村陈家大院后房梁架（图8-2-46）。

3. 水束

水束来源于《营造法式》中的托脚、叉手构件，类似于桂东北抬梁式木构架中斜置的劄牵，主要对檩条起到稳定及拉牵的作用，以增强梁架的整体性，这类水束呈S形或C形（C形或舒展的S形出

图8-2-41 大芦村三达堂官厅斗栱

图8-2-42 平南大安镇粤东会馆门厅前廊斗栱

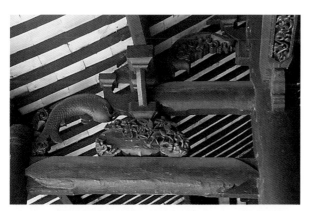

图8-2-43 横县伏波庙正殿驼峰、斗栱

图8-2-44 大芦村东园别墅官厅驼峰、斗栱

图8-2-45 蒲庙镇那莲村北帝庙门厅前廊梁架

图8-2-46 武宣东乡镇长塘村陈家大院梁架

现得较早，S形背隆起如虾弓背的水束出现得相对较晚，虾弓背式鳌鱼状水束大致在清晚期出现），但这只是桂东、桂东南抬梁式木构架中水束的其中一类形式及作用（图8-2-43、图8-2-45、图8-2-42）。另一类水束呈斜置的三角形花板状，位于斗栱最上层，斗栱至水束处不再出跳，类似于《营造法

式》中的耍头，主要作为驼峰斗栱抬梁式梁架中的承檩构件（图8-2-33、图8-2-47）。

（三）夔龙纹、回纹、博古架形式

在桂东、桂东南、桂南夔龙纹、回纹、博古架通常用于门厅、正厅（正殿）的轩廊（有时也在正厅的后跨使用）或拜亭、侧廊，较少用在正厅（正殿）中跨，但如用则采用以夔龙纹代替柁墩（驼峰）的形式来承托梁，再由梁来支撑檩条，如大芦村劳克中公祠正厅梁架（图8-2-48）；桂中地区则在正厅的明间梁架的中跨、前跨以及轩廊中使用这类梁架，其形式是将夔龙纹（或回纹、博古纹）放大，取代各层梁来承托檩条，如来宾武宣河马乡金岗村刁姓祠堂正厅明间梁架（图8-2-49）。

夔龙纹（或回纹、博古纹）梁架从清中期后才开始使用，到清后期达到高峰，此种梁架是由一层层的梁叠加组成的，叠加的方式比较自由，有的似夔龙、有的似回纹，有时还在其中加入各种雕刻精美的垫块，成为博古架的形式。由于这种梁架并无统一的程式，工匠可根据具体的情况（梁架的高低广狭）和个人（或主人）的喜好发挥，又显得繁复而精美，符合清中后期的审美，因此在清后期尤为兴盛。但也由于其自由不羁，与官方规范相左，因此在汉文化根深蒂固的核心区（桂东、桂东南），这样的梁架仅用于前廊、侧廊、拜亭等次要空间。在汉族与少数民族文化相交融的桂中地区，至清晚期，随着广府文化的强势辐射，精美的夔龙纹（或回纹、博古纹）梁架步入正厅（正殿）明间梁架的前、中跨，以灵动转折的夔龙纹、回纹承托檩条。

（四）顺梁方向节点构造

由于桂东、桂东南、桂中的抬梁式木构架要么采用斗栱式、要么采用柁墩式、夔龙纹式，因此其顺梁方向节点构造类型较桂东北抬梁式木构架少，一般有直接榫入不出榫和梁下用横架斗栱两种，以横架斗栱节点为复杂，主要有以下三类：

1. 单跳斗栱

驼峰上置大斗，大斗上直接承梁和顺檩方向的纵栱，梁端做斗口跳，梁上置斗（有时是叠斗），斗口跳支承水束，水束与纵栱一起稳固、承托檩条，如东园别墅官厅梁架、金田三界庙门厅前廊、横县伏波庙正殿梁架（图8-2-44、图8-2-47、图8-2-43）。

2. 两跳斗栱

用柁墩或驼峰上置大斗直接承托梁架，梁架端头做斗口跳，梁上再置大斗承第二跳及水束，如岑溪邓公庙前殿的前廊及正殿之前廊斗栱（图8-2-39）。

3. 两跳斗栱

驼峰上设大斗及第一层纵栱（顺檩方向），梁头做斗口跳，梁上置第二层一跳十字形斗栱（顺

图8-2-47 金田三界庙正殿前廊驼峰、斗栱

图8-2-48 大芦村劳克中公祠正厅梁架

图8-2-49 武宣河马乡金岗村刁姓祠堂正厅梁架

檩、顺梁方向皆出一跳）承托檩条及水束元宝梁，二层栱由梁头斗口跳及第一层纵栱承托，如容县真武阁一层轩廊梁架（图8-2-40）。

（五）顺檩方向节点构造

顺檩方向与桂东北抬梁式木构架一样采用梁枕木、屋内额、驼峰斗栱，但少用顺脊串（随脊枋），不用随檩枋、三花檩。

1. 顺脊串（随脊枋）

桂东、桂东南斗栱式抬梁木构架极少用顺脊串，仅出现在早期的建筑中，其横截面一般为圆形和方形两种，圆形其尺寸多大于脊檩，以平梁上的驼峰斗栱承托（合浦大士阁）（图8-2-34）或平梁上夔龙纹样大花板承托（大芦村镬耳楼后厅）（图8-2-50）；方形用得很少，仅在横县伏波庙正殿中出现，尺寸明显小于正殿中的方檩（图8-2-51）。圆形顺脊串一般采用月梁式，漆成红色，下皮削平，其上雕刻祥瑞图案，其下两端用雀替（雀替亦漆成红色）。但大多数桂东、桂东南斗栱式抬梁木构架不用顺脊串，仅用脊檩，脊檩用圆形，漆红色，以驼峰斗栱或圆作直梁式平梁承托，梁底削平，刻吉祥纹样（图8-2-42）。若承托脊檩的驼峰斗栱出纵栱承托它，则不再用雀替而改用替木（图8-2-28）。

桂中、桂南、桂东南柁墩式抬梁木构架则较多用顺脊串，顺脊串通常为圆作，以平梁直接承托，再以顺脊串支撑花板式梁枕木，如来宾武宣三里镇李家老宅正厅梁架（图8-2-27）。

2. 随檩枋

桂东、桂东南、桂中抬梁式木构架都不用随檩枋，直接以方檩或圆檩联系各榀梁架及山墙。

3. 梁枕木

桂东、桂东南、桂中抬梁式木构架中的梁枕木主要有三种形式：

第一种呈三角形驼峰状，一般由驼峰斗栱承托，这种类型主要出现于桂东、桂东南地区的抬梁式木构架，出现时间较早，中后期逐渐消失，如合浦大士阁梁架、横县伏波庙正殿等（图8-2-34、图8-2-51）。

第二种为花板状，即在平梁上置夔龙纹三角形大花板为梁枕木，将整个平梁上的空间填充，以此来承托脊檩和顺脊串，更具装饰性，这种类型在桂东、桂东南、桂中地区都有，时间从清早期延续到晚期，如来宾武宣河马乡金岗村刁经明祠堂、大芦村镬耳楼后厅（图8-2-49、图8-2-50）。

第三种不设梁枕木，这种情况主要出现在柁墩式抬梁式木构架中，平梁上直接以柁墩承托脊檩，不设梁枕木及顺脊串，如来宾武宣东乡镇长塘村陈家大院（图8-2-46）。之所以出现这种情况是因为在屋顶坡度一定的情况下檩条数量增多，檩条间的垂直距离大为缩小，因此没有空间做梁枕木。

除以上三种外，还有一种罕见的做法，即平梁上立蜀柱，蜀柱中穿插插梁式木构架喜用的圆作直

图8-2-50 大芦村镬耳楼后厅梁架

图8-2-51 横县伏波庙正殿明间梁架

图8-2-52 岑溪南渡镇邓公庙前厅屋内额

梁式梁枕木，梁枕木上再置驼峰斗栱承托驼峰状梁枕木，是斗栱抬梁式木构架梁枕木与插梁式梁枕木的混合（图8-2-28）。

4. 屋内额

屋内额一般用于需要特别强调空间象征意义的厅堂金柱上，早期的屋内额采用断面为下方削平的椭圆形月梁式，中后期出现断面为矩形的虾弓梁式内额。一般而言，梁架使用虾弓梁式，则内额多为虾弓梁式，若使用月梁式，则内额也为月梁式，月梁式内额两端用雀替（图8-2-52）。屋内额一般漆成红色，额底雕刻吉祥图纹，若是虾弓梁式，则通身雕刻花纹。早期个别建筑在前檐柱的额枋上设若干朵驼峰斗栱承托檐檩，类似福建地区的"看架"，但这样的案例遗存较少，如苏村418号宅（图8-2-32）。

5. 驼峰斗栱

其形式见"斗栱、驼峰、水束形式"一节，其构架类型见"顺梁方向节点构造"一节。无论哪种类型的斗栱承檩，其节点构造都是由斗栱承托水束和檩条，水束起到固定檩条防止其摆动的作用；顺檩方向上，纵向栱承替木再承檩条，替木可以在形体上衔接圆檩与其下的斗，若是方檩则极少用替木。

第三节 插梁式木构架

插梁式是一种融合穿斗和抬梁特点的构架方式，其重要特点是将承重梁的一端或两端插入金柱柱身，孙大章先生将其称之为"插梁式构架"。从

结构上看，承重梁传递大部分屋面的荷载（应力）到组织，具有抬梁特点，而檩条由柱子（落地柱或短柱）或类似柱子的承托构件支承，且瓜柱骑在梁头上，梁头均穿过短柱的做法就具有穿斗的特色。

图8-3-1 三江良口乡和里村三王宫西侧大殿木构架图

一、桂北式插梁木构架

桂北式插梁木构架脱胎于桂东北少数民族穿斗式木构架，其檩柱枋的做法、檩间距（依然用2尺左右的檩距）以及纵横向的节点方式都与桂北、桂东北少数民族穿斗式木构架一致，主要分布于桂北、桂东北、桂西北地区的少数民族庙宇、祠堂及一些汉族小庙宇。桂北式插梁式木构架一般分为前、中、后三跨，无中柱，中跨跨度一般七架，前后跨跨度一般为三至四跨，其中横架的，梁高约20~25厘米，厚约10~15厘米，采用上下削平、左右隆起的近圆形直梁，没有梁肩，仅在梁端厚于榫头截面的部分做曲线梁项，以消解梁端与榫头截面之间的转变。这样的梁枋通常穿透柱子，以鱼尾状端头伸出。

脊檩以蜀柱承托，蜀柱中间设梁枕木，地方称为"鸟膀"。有些鸟膀较短，仅有装饰意义；有的则较长，在其两端加设檩条，类似"三花檩"，对屋顶正脊起到辅助支撑作用，同时也增强了梁架间的联系。

桂北式插梁木构架的柱、檩尺度都较穿斗式大，其中柱子的直径增大到30~40厘米，上下均不做卷杀，平摆在石柱础上，柱础多采用八边形柱座+石櫍的形式，其上鲜有复杂雕刻，通常以阴线框边（图8-3-1）。

二、广府式插梁木构架

这种木构架主要分布于受广府建筑文化影响的桂东、桂东南、桂南、桂中的各类建筑（庙宇、祠堂、会馆、戏台、民居等），甚至桂北、桂西、桂西南街镇上的公共建筑。这种梁架根据瓜柱与梁交接方式又可分为穿式瓜柱梁架、沉式瓜柱梁架两类。

（一）穿式瓜柱梁架

主要特征是大梁之上的各层梁均穿过瓜柱并出扁平状梁头。即将梁端削成扁矩形的榫头，穿过瓜柱上的长方形卯口，在瓜柱的另一端出扁平状梁榫头，扁平状梁榫头常雕刻成夔龙头状。此类梁架出现得较早，早期梁架的檩间距较大，在屋顶坡度一定的前提下，檩间的高差也较大，因此梁上支撑檩条的瓜柱也相应较高（约80厘米左右），显得较为瘦长。瓜柱通常有较明显的收分，上端通常隐刻出圆形大斗，这也体现了早期建筑的特色。此外，梁是圆形，梁端要斩凿成矩形才好穿过瓜柱上矩形的卯口，为了让圆（梁）与方（瓜柱卯口）过渡得更自然，通常在梁端处作斜杀，形成"）"或"（"弧形，而瓜柱依然保持完整的带收分的圆柱状，不剜挖、雕刻（图8-3-2）。

（二）沉式瓜柱梁架

主要特征是将梁从瓜柱上端沉入瓜柱内，即在瓜柱上部挖槽，梁在交接口也相应削薄，自上而下放入瓜柱剜挖的槽内，这样梁头不需要斩凿成扁矩形，可以维持原来如梁身般的圆柱体，梁头常常雕回纹或涡卷纹。这类梁架大约在清中晚期才出现，这是梁架的檩条数增加，檩间距缩小（50~60厘米），在屋顶坡度相同的情况下，檩条间的高差变小，因此瓜柱的形态也发生了相应的变化，由瘦长的有收分的圆柱体变成上端小、下端极为饱满的葫芦状，瓜柱身呈现"）（"弧线，整体高度有所下降。由于瓜柱柱端开槽以便沉梁，而其槽口恰好如斗的斗口，能很好地卡住檩条，但因为沉式瓜柱梁架都是用圆檩，光靠斗口式槽口不能稳定圆檩，为防止其摆动，因此在槽口处添加替木，增加稳定性。但替木仅有槽口那么宽、长，因此从外观

之不见其出现。此外，不仅梁在交接处需要砍削成"）"、"（"状，而且瓜柱也相应的要斩凿成"）"、"（"状才能与梁相契合，因此瓜柱两侧的弧线是对称的"）"及"（"状（图8-3-3）。在穿瓜式过渡到沉瓜式构架的过程中，也出现只在梁交接处砍削成"）""（"状，瓜柱保持完整，不砍削的做法，如玉林大成殿（图8-3-4）。

图8-3-2　岑溪南渡镇邓公庙前厅梁架

图8-3-3　玉林粤东会馆正厅梁架

图8-3-4　玉林大成殿明间梁架

无论是穿式瓜柱梁架还是沉式瓜柱梁架，一般分为前、中、后三跨，其中前跨大多做成轩棚，用斗栱式或夔龙纹式抬梁木构架；中跨和后跨用瓜柱插梁式木构架，其中中跨跨度在七至九架，后跨为三至四架。瓜柱梁架通常用圆作直梁、圆檩、圆作梁枕木，不用顺脊串、随檩枋、三花檩等，梁下也不设雀替，整体显得疏朗、大方。其装饰主要集中在前廊、脊檩及内额：前廊的抬梁式木构架本身较插梁式繁复，具有装饰性；脊檩漆红色，下皮削平，雕刻吉祥纹样、文字；内额一般位于金柱上，通常用圆作月梁式，额枋底部削平雕花，两端底部与柱交接处用雀替。但也有用枋木形内额的，这种内额一般出现于中晚期的小庙、祠堂、民居中，无雕刻、无雀替，仅起到穿枋似的拉牵作用。

第四节　硬山搁檩式木构架

硬山搁檩式木构架即直接以山墙承托檩条的木构架形式，广西硬山搁檩式木构架最早见于清中期，分布范围极广，包括桂北、桂东北的祠堂、庙宇边贴，桂东、桂东南、桂南、桂中的民居及祠堂、庙宇的正厅（正堂）边贴、门厅及辅房，桂西北、桂西、桂西南的少数民族地居式民居等。硬山搁檩结构是一种古老的结构，早在汉代建筑中就已经运用这类木构架，以夯土墙承檩，直至唐宋。但宋以后随着木构架技术的成熟、发展，木构梁架对地形的适应以及对门、窗的解放使硬山搁檩方式

逐渐减少。但明清以来随着人口的发展、建筑的增加，大量耗费木材，到清以后适于建筑梁架的大料日趋减少，使工匠和业主不得不另辟蹊径，使用以墙承重为主节约大材的硬山搁檩式木构架。

硬山搁檩式木构架的横架即稳固的墙体，其重点是要解决墙体间的拉牵问题，而在硬山搁檩式木构架中起到纵向拉牵作用的就是檩条及纵向的穿枋，其中檩条的作用更大。为此，硬山搁檩式木构架的檩条排布尤为密集，特别是受具有海洋文化背景的广府建筑文化影响的桂东、桂东南、桂中，其硬山搁檩式建筑的檩间距大多为30~40厘米（图8-4-1），而其他地区的檩间距相对大些，一般有50~60厘米。

一、墙体材料和工艺

广西硬山搁檩式木构架建筑的山墙按材料和工艺来分，有以下几类：

（一）夯土墙

夯土墙是桂中、桂东、桂东南的客家民居中使用得较多的墙体，在桂西北、桂西、桂西南少数壮族地居中也有使用，是最经济的墙体之一。主要用土夯筑，土用好的沙质土或田泥，拌上少量水分，反复捣细，让其充分发酵而成熟土。其要求是干湿适宜，使泥一抓成团，一扔着地即散。夯筑时以两块厚约7厘米，长约1.5~2米，高约40厘米的杉木板作为模板，将熟土倒入，以舂杵棍进行夯筑。每板上泥夯筑至1/3与2/3之间放竹筋或杉木枝条为

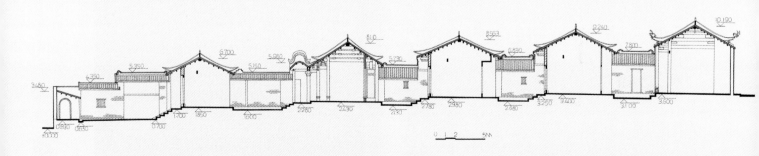

图8-4-1　灵山大芦村镀耳楼纵剖图（广西大学建筑98级绘，韦玉姣指导）

墙骨，有拉筋作用，然后上泥再夯，直到夯完一板。每板最上层要形成凹凸不平的毛面，这样采用利于上下板墙体间的粘结；每板墙都要形成矩形，以方便墙体的横向衔接。按照这样的方法夯完一周后，才能进行第二层的夯筑。夯第二层时，不能在一层原板位置上夯筑，要使其与一层的板缝相错。墙转角处要先挖好交接墙坑，放好较大的杉木做交接骨，然后才夯筑。此外，每天不能夯筑超过2～3层，否则泥墙易收缩不均而产生倾斜。此外，要在需要搁置梁架的梁底下方，放木垫板或条石或砖，其目的一是防止水气随泥墙的毛细渗透到木梁架中；二是增加受力面积，防止土墙局部压陷。夯土墙的墙基一般以石头或砖垒砌；墙体下厚上薄，有较明显的收分，以增强其稳定性。采用这种墙体的硬山搁檩式木构架建筑通常用屋檐悬挑较大的悬山顶，灰色合瓦屋面的悬山顶搭配厚重的黄土墙，显得分外朴实无华（图8-4-2、图8-4-3）。

图8-4-2　贵港市港南区木格镇围屋群之云龙围夯土墙

（二）土坯墙（泥坯砖）

土坯墙在广西各地的汉族民居中都有使用，通常一般人家的墙体采用金包银的方式，即里面是土坯墙，外面包砌青砖，而一些较贫困人家则直接以土坯砖砌房。土坯砖墙的做法首先是制作土坯砖，先取土或田泥与水相混合，让其发酵，用人力或畜力将其踩细、踩熟，适量拌入短稻草，再用木质模

图8-4-3　田林县浪平乡平山村老寨屯（瑶）夯土墙

板入泥，脱模后将其晒干、待用。砖的尺寸通常是30厘米×20厘米×7.5厘米，砌筑时按一定规律丁顺交错进行，以泥浆或泥浆加石灰作为粘合剂粘合。为防水、防潮，一般用卵石、不规则乱石、烧砖砌筑勒脚。规格化的泥坯砖在砌筑时较夯土墙略微复杂，且砌缝不密集、沉隔性较小，但砌筑快，能在较短的停雨期施工，并且不易产生通缝、易于维护（图8-4-4）。

（三）石墙

广西采用石墙的较少，主要集中在桂中来宾武宣东乡镇一带、桂林全州的部分地区，以及一些防御性强的公建、民宅。武宣东乡镇及全州部分地方的田垌中或河床里富含大量卵石，人们便就地取材将其作为房屋墙体的主要材料，形成独具特色的墙体肌理。以鹅卵石作为墙体材料，在砌筑时一般将较大的卵石放下部，较小的放上部，以达到墙体的稳定性。通常一层大鹅卵石，再一层小鹅卵石，小的鹅卵石主要起到丁头砖的作用，各层间以黄泥粘结，有些会以三合土饰面（图8-4-5）。

（四）砖墙

砖墙是广西汉族应用最广泛的墙体，也是硬山山墙的主要材料，各地青砖的尺寸不尽相同，但基本采用30厘米×15厘米×6厘米左右的青砖。青砖墙按砌筑技术不同，可分为磨砖对缝、丝缝、淌白、糙砌等。在广西较富裕的宅第多采用青砖实墙或青砖空斗墙，实墙有三顺一丁、五顺一丁、七顺一丁、九顺一丁的做法等；空斗墙则具有节省材料、隔热、隔声的特点，通常采用25厘米×15厘米×8厘米的青砖砌筑，其做法是用立顺砌及立丁砌法，交互插接形成空斗，空斗内填塞碎砖瓦片等。为了稳定性，空斗墙坚持下实上空（下为石砌墙体或砖砌实墙）、空墙内有拉牵的原则，即斗砖层（立砖层）上部要平砌一至几皮卧砖，有时还在斗砖层采用立砖顺丁交错的做法加强拉牵，经常用的是一眠一斗（图8-4-6）、二眠一斗（图8-4-7）。一般人家则使用"金包银"的做法，即内为土坯砖，外包砌青砖，甚至有一些仅在外墙贴一层青

砖，室内仍暴露土坯砖。

二、维持墙体稳定的构造方法

（一）通过墙体自身的处理达到稳定

如墙下部厚于上部；下部实砌，上部空斗；下部用石材，上部用砖砌；墙体作收分；注意用丁砖来加强拉牵作用等。

（二）在墙体的填阗内埋设木构件以增加稳定性

如在墙体内埋设竹筋或木筋；在墙体陷砖中，从下到上每1.5~2米埋设一根通长的顺墙木，并用铁制扒钉对墙体内侧及内柱进行拉结，外侧伸出墙外。

三、墙体形式

（一）人字山墙

人字山墙是最朴素、最普通的山墙，广西各地的小型民居中均有使用。其特征是山墙面是非常普通的三角形山尖，墙体没有高出屋面，仅在山墙上端大约博风板位置的墙楣抹灰。其中桂北、桂东北、桂西北喜白底，少做灰塑；桂东、桂东南、桂南喜黑色底灰，其上勾白色图纹或饰白色卷草灰塑，显得朴素简洁。

（二）金字山墙

金字山墙主要流行于桂东北的各族民居中。其特点是在人字山墙的基础上，将前后垂脊的端头部分垫高、翘起，像金字形，山墙略高于屋面。这类山墙通常前檐高于后檐，前檐也短于后檐，呈前浅后深、前高后低的形态，这导致金字山墙前后不对称。山墙山尖（三角形部分）抹白灰，其上以若干层叠涩而出的拔檐或博缝进行装饰，以砖叠涩形成挑檐及墀头（在桂东北硬山民居中，以木枋伸出形成挑檐，上托墀头的形式也常见）。墀头或素平无饰，或抹白灰，其上装饰浅浮雕灰塑等（图8-4-8）。

（三）马头墙

马头墙主要分布于桂东北地区，在桂中的一些庙宇中偶尔出现，多用于山墙面和三合天井的正面（中间低两侧高）。马头墙墙头都高出于屋顶，轮廓作阶梯状，脊檐长短与房屋的进深相关，即以斜坡

图8-4-4　临桂县六塘镇侨田村泥坯砖民居

图8-4-5　来宾武宣东乡镇洛桥村鹅卵石民居

图8-4-6　全州绍水秀溪村红一军团指挥部后堂马头墙之一眠一斗式砌法

图8-4-7　灵川江头村镬耳山墙

图8-4-8　灵川长岗岭村莫氏宗祠

长度定层数，每层层顶覆小青瓦，檐下设三层叠涩拔檐，拔檐在每层端头伸出，其上承托翘起的"座头"或"马头"，每层端头拔檐下的砖叠涩挑檐形成墀头（图8-4-6）。马头墙有一山式、三山式、五山式、七山式几种，通常三山式、五山式更常见。"三山式"即向两侧跌落一次，"五山式"即向两侧各跌落两次。马头墙墙顶都有墀头，墀头上是三角形山花式脊顶，其上覆人字形小青瓦。脊顶山花面或抹以白灰，或饰以浅浮雕灰塑花饰，或绘上简单的植物纹样。人字形小青瓦的脊角部分一般用瓦或砖垫高，以内埋铁筋、外饰青灰的向上起翘的"卷草"结束，高高翘起的卷草，使沉重的墙体显得轻巧。

（四）镬耳山墙

主要分布在桂东、桂东南地区的大型民居以及祠堂、庙宇、会馆等公共建筑中，桂北、桂东北地区的庙宇、祠堂、戏台、民居中也有少数使用镬耳山墙，但并不称为镬耳，而以"猫耳"式山墙称之。广西东部、东南部的镬耳山墙，其顶部近半圆，两肩为斜肩，山墙上有排山沟滴，有的肩上饰

博古脊（如灵山苏村刘氏宗祠山墙）（图8-4-9），有的则不设，而是将脊尾微微翘起，作卷草样。如贺州市仁义镇保福村陶家大院山墙，山墙上方墙楣处施黑底白纹灰塑，并于两肩位置施卷草纹理的白色灰塑。桂北、桂东北地区的猫耳山墙则偏扁，是扁平状的几字形，与前者的最大区别，是喜欢在脊尾处设翘起的"座头"或"马头"，如灵川江头村镬耳山墙（图8-4-7）。

无论是镬耳山墙还是猫耳山墙，除了具有很强的装饰性外，还有很强的实用性：具有良好的防火功能；能遮挡太阳直射，可投下浓重的阴影，在炎热的夏季减少屋内日晒所带来的闷热；在起风时，可挡风入巷道，进而通过门、窗流入屋内，起到通风的效果。此外，这种山墙类似官帽，蕴含独占鳌头、富贵吉祥之意。

（五）带式垂脊山墙

主要分布在桂东、桂南、桂东南地区，但在其他地区的街镇上，一些受广府建筑影响的公共建筑中也用这样的垂脊山墙。其类型主要有以下两种：

图8-4-9 灵山苏村镬耳式山墙

1. 大式飞带垂脊

一种脊顶隆起如山峰，脊底如船脊般端向上翘起（图8-4-10）；另一种是脊顶亦如山峰，但脊底端不上翘而是转化为博古或狮子造型，或者两者兼而有之。

2. 直带式垂脊

其特点是脊底端不起翘，脊顶隆起如山峰，并以直线延伸到底，其上的排山滴水加强了这种刚毅感，显得更威严。这类又为两种：一种一直到底，没有抛物线的弯曲，也没有其余装饰；另外一种也是一直到底，没有抛物线的弯曲，但在脊端部饰博古或狮子（图8-4-11）。

四、墙体、屋顶装饰

（一）桂北、桂东北硬山建筑

1. 墙体装饰

桂北、桂东北硬山建筑的山墙、墀头、墙楣多采用灰塑、泥水彩绘等装饰方法。

灰塑多用突出墙体5毫米内的浅浮雕，一般用于山尖、墀头、山墙檐下（含马头墙檐下）（图8-4-6、图8-4-12），山尖图纹多为如意或结带花草，其他位置的图纹多用花草虫鱼，偶在马头墙檐下两端用夔龙、草凤图案，草凤透露了尚鸟、尚凤的楚文化对桂北、桂东北建筑的影响。突出墙壁较多的高浮雕灰塑，则多用在等级较高、规模较大的庙宇、祠堂、会馆的墀头、墙楣，有时与圆雕灰塑一起，达到起伏感强、层次分明、前后景清晰的构图效果，图纹多用瑞兽及戏曲中的人物，如恭城湖南会馆戏台墀头（图8-4-13）。

泥水彩绘是以泥为底，其上抹纸筋灰，再绘制图纹的装饰方法，桂北、桂东北硬山建筑的泥水彩绘通常用在山尖、马头墙檐下。山尖的泥水彩绘多与灰塑相配合，其实质是染色的浅浮雕或高浮雕灰塑；马头墙檐下的泥水彩绘多以白色纸筋灰做底，其上墨绘卷草图案，但富川地区的祠堂博风却喜用黑色底灰，其上饰白、蓝、黄等色的图纹。桂东北恭城地区的寺庙、祠堂受广府建筑文化的影响

图8-4-10　苍梧粤东会馆门厅大式飞带垂脊

图8-4-11　百色粤东会馆直带式垂脊

图8-4-12　全州绍水镇梅溪村民居浅浮雕灰塑

图8-4-13　恭城湖南会馆墀头、墙楣高浮雕灰塑

较大，其泥水彩绘则多出现在内、外博风和前墙内外墙楣、后墙内墙楣等位置，一般外博风以黑色为底，上绘白色卷草图案；内博风山尖饰以蝙蝠等彩色灰塑，博风带本身则与墙楣水泥彩绘一样，分为若干画框，框内作画，画的主题多与建筑的功能相符，如佛教建筑的主要看面多为佛传、佛本生故事的图纹，祠堂的图纹则多与子孙满堂、科举致仕相关，根据空间等级的不同，在祠堂的不同位置绘制人物、山水、瑞兽、花草、器物等，如恭城县嘉会乡豸游村周氏公祠（图8-4-14）。

此外，檐墙的檐子也是桂北、桂东北硬山建筑装饰的重点之一，通常采用砖檐的形式，有菱角檐、混枭线脚檐、丁头栱檐等（图8-4-15），等级较高的公共建筑，则在砖檐下做墙楣画或墙楣灰塑，增加装饰性。

2. 屋顶装饰

桂北、桂东北硬山建筑屋顶的装饰架较为朴素，一般民居屋顶都是檩上搁置椽板，椽板上是合瓦屋面。为了便于排水，通常底瓦大头向上、盖瓦大头向下，盖瓦至檐口处，其瓦端头以扇形白灰堵头遮挡瓦垄口空档，有时还在堵头上装饰灰塑浅浮雕纹样。讲究些的宅第或公共建筑，其底瓦到檐口处用滴水瓦，滴水瓦下连有类似"滴水"的垂尖形瓦片，其上时常有漂亮的纹样；檐口处的盖瓦端头带波浪状花边，花边下连缀花式垂边，以遮挡瓦垄空档（图8-4-16）。等级高的公共建筑（如庙宇），

则用筒瓦或为灰裹垄，檐口以琉璃剪边。

屋脊通常用竖瓦通长砌置，脊中央用瓦堆成金钱、梅花、空花等图式；若用人字或金字山墙，则脊尾略微向上翘起，其中全州地区起翘较缓（图8-4-12），至贺州富川，在前后屋面边垄合拢处砌灰挑高，使正脊两端高高翘起（图8-4-17）。若用马头墙或猫耳墙，屋面两侧不用盖瓦收口，而用底瓦收口，屋脊则呈水平状，不在端头起翘。庙宇、祠堂等公共建筑的屋顶就略微复杂些，其正脊、垂脊、戗脊都用灰浆砌筑，其上饰浅浮雕、高浮雕，甚至是圆雕的灰塑，一般正脊中央饰宝珠，两端饰鳌鱼或龙凤，垂脊或戗脊则喜在其尾端用高高翘起的灰塑卷草，如全州大西江镇锦塘村四板桥村精忠祠戏台。

（二）桂东、桂东南、桂南硬山建筑

1. 墙体装饰

桂东、桂东南、桂南硬山建筑的装饰可以用"三雕二塑一绘"来概括，"三雕"即砖雕、石雕和木雕，"二塑"即灰塑和陶塑，"一绘"指泥水彩绘，其中与墙体装饰密切相关的是灰塑、泥水彩绘以及砖雕。

灰塑多用于山墙博风、墙楣、女儿墙、墀头等位置。山墙博风的灰塑多为浅浮雕，其做法是先顺着山墙斜坡刷一道宽约40～70厘米的黑地饰带，以模仿悬山建筑的木质博风，再在其上用灰匙堆塑线条流畅的卷草或草龙图纹，并以白灰水涂抹。墙楣

图8-4-14　恭城豸游村周氏公祠泥水彩绘

图8-4-15　灵川江头村民居丁头栱砖檐

图8-4-16　兴安县漠川乡榜上村某宅檐口铺瓦

图8-4-17　富川朝东镇东山村民居屋面

即墙体最上端檐口之下的位置，由于桂东、桂东南、桂南檐口出檐小或不出檐，因此采用墙楣灰塑来装饰之，使墙体与屋顶的过渡更为自然。民居正立面外墙墙楣灰塑多为浅浮雕灰塑，题材以植物纹样为主（图8-4-18），寺庙等公共建筑有时会用高浮雕灰塑以凸显建筑的等级，题材以瑞兽为多。庙宇、祠堂、民居的女儿墙也多用高浮雕灰塑，通常一幅，其中祠堂、民居以花鸟或风景题材为主（图8-4-19），寺庙有时会用人物场景题材，如横县伏波庙女儿墙。墀头也是桂东、桂东南、桂南硬山建筑装饰的重点，通常采用一段式和二段式，一段式即仅有一个主题的样式，其中一种是以黑地画框为界，其上叠砌浅浮雕灰塑（图8-4-20）；另一种则不用画框，直接以灰塑如意海草作为墀头装饰。二段式，即墀头由两部分构成，通常上段是灰塑如意海草，下段为框式灰塑主题（图8-4-21）。檐墙的檐子也常用灰塑装饰，桂东、桂东南、桂南硬山建筑的檐子有丁头栱、如意海草、菱角檐三种，其中

广西古建筑构架及形式

二六五

图8-4-18　钦州市灵山县苏村某宅墙楣灰塑

图8-4-19　桂平中沙镇南乡村尚德堂女儿墙灰塑

图8-4-20　钦州市灵山县大芦村某宅灰塑墀头

图8-4-21　钦州市灵山县苏村某宅墀头灰塑

图8-4-22　桂平中沙镇南乡村尚德堂内博风泥水彩绘

丁头栱出现得最早，现在鲜有遗存，遗存较多的是源自如意斗栱造型的灰塑如意海草檐子，因有厌胜镇火的意味，又体现海洋文化，因此为此区所常用（图8-4-18）。

泥水彩绘是桂东、桂东南、桂南硬山建筑墙体装饰的重要特点之一，通常范围极广，包括檐子、内外墙楣、内博风等，其中在日晒雨淋位置的泥水彩画，多用黑地白纹、间以黄蓝色，纹样以卷草纹和草龙纹为主。室内墙楣、内博风及门廊位置的泥水彩绘则以多主题的框式彩绘为主，框内以白色做

底，其上绘风景、花鸟，画框则是黑地为多，其上缀以程式化的花卉纹样。一些年代稍近的豪族宅第，其泥水画的画框以蓝色为地，并将整组画的边缘绘成折叠的织物状（图8-4-22）。但值得注意的是彩绘的颜色和图纹会随着建筑空间位置的不同而变化，如宅院中路的内博风以多框式彩绘为主，边路建筑的内博风则使用较简单、朴素的黑地白纹彩绘。然而令人意外的是，中路最后一进建筑的内博风、墙楣通常也以黑白色为主，不似中路门厅、中厅那般多彩，这大概是因为最后一进多为祭拜之

地，讲究肃穆之故。

砖雕大多用在寺庙、会馆的墀头及墙楣，主题多为人物、人物场景或织物纹样，通常是浅浮雕，造型较灰塑更为精美（图8-4-23）。

2. 屋顶装饰

桂东、桂东南、桂南硬山建筑与广东广府建筑一脉相承，其屋面多用筒瓦、碌灰筒瓦（亦称辘筒瓦面），屋顶平缓、厚重，有抗台风之效。筒瓦屋面是以凹面向上的板瓦做底瓦，用半圆形的筒瓦做盖瓦，接缝处用灰勾缝。其底瓦到檐口处用滴水瓦，其上饰漂亮图纹；其筒瓦盖瓦的端头则为勾头，勾头面有纹样，起到很好的檐口装饰作用。讲究一些的祠堂或民居多用碌灰筒瓦，即以灰浆包抹筒瓦表面，呈筒状（图8-4-10）。等级高的公共建筑（如庙宇），则用琉璃筒瓦，或仅用琉璃勾头、滴水剪边。一般的民居也有用合瓦的，为加固屋顶，有些是在灰梗屋面基础上覆板瓦的盖瓦。

桂东、桂东南、桂南硬山建筑正脊较桂北、桂东北的厚重，多以青砖和灰塑砌筑，有较好的抗风效果。从形态上讲，桂东、桂东南、桂南硬山建筑正脊多用船脊、博古脊、陶脊，民居多为船脊，祠堂船脊、博古脊都用，大型公共建筑（如寺庙、会馆）多用陶脊，其中船脊出现最早，博古脊次之，陶脊则是清中期广东佛山琉璃陶瓷发展的产物。船脊一般用灰塑制作，脊的两端向上翘起，脊尾收分，整体形态似龙舟，两端脊身饰以浅浮雕灰塑卷

图8-4-23　北流市粤东会馆门厅墙楣砖雕

草纹。后期船脊脊身增高，并分为一主两次画框（以中央框为主），同时在脊上装饰很有广府特色的鳌鱼（图8-4-24）。画框内装饰主题明确的浅浮雕灰塑，其中主画框多为人物场景或鲤鱼跃龙门、松鹤延年等吉庆主题，次框以花鸟、风景、诗文主题为多，次框后期演变成镂空花窗。源于夔龙纹的博古脊出现时间较船脊晚，至清中期才后始盛行，其高度进一步增大，近三尺的高度为灰塑提供了展示的舞台。博古脊一般由博古头、小品、主画、宝珠组成，其中主画和小品均为画框式，对称布局，中央为主画，两侧为小品，其间叠砌灰塑（图8-4-25），内容是具有隐喻意义的主题，如诗礼传家、三狮图、花鸟山水等。陶脊较博古脊更为高大沉重，其高多超过三尺，其材是琉璃陶瓷，其主题多为点缀有亭台楼阁的戏曲人物场景，因此又称人物瓦脊。陶脊上通常装饰一对圆雕陶塑鳌鱼，中央会有宝珠，有时陶塑瓦脊底下还设灰塑底座进一步增加

图8-4-24　苍梧粤东会馆门厅正脊

屋脊高度，使屋脊更为壮丽（图8-4-26）。

桂东、桂东南、桂南硬山建筑的垂脊、戗脊有大式飞带垂脊和直带式两种，但无论何种，都以黑色为底，并在其脊低端装饰浅浮雕灰塑，纹样通常为卷草或草龙，脊底都会以陶塑或灰塑圆雕狮子或人物结束，使屋脊更为生动。若是大式飞带式则低端直接形成向上卷曲的灰塑卷草；若是直带式，则低端为灰塑夔龙纹。讲究些的大式飞带脊会将其山峰状顶部分为三个画框，以中央倒"V"形框为主，两侧画框次之，框中饰以高浮雕灰塑，次框边上有时会有形态活泼的灰塑圆雕小动物，增加了屋顶的装饰性和趣味性（图8-4-27）。

第五节　大叉手式木构架

所谓大叉手，是指民居建筑的屋顶采用交叉的两根斜梁承托檩条的方式，这种屋架结构简单，但由于屋面荷载过重，水平推力常造成墙体外倾，后来就增加了联系梁，即在各柱之间用横梁拉住，整体上构成了框架。

大叉手是我国早期普遍存在的一种构架方式，起源于原始人类"构木为巢"时期的三角形人字棚架[12]，考古资料表明，氏族社会时期的房屋已经开始使用"大叉手"屋架。实物资料证明，半坡F13门道顶篷遗迹已说明大叉手的形成，它是这一时期的主要屋架方式，直至商、周

图8-4-25　玉林市玉州区高山村牟绍德祠门厅博古脊

图8-4-26　玉林市粤东会馆陶脊

图8-4-27　桂平市中沙镇南乡村尚德堂民居垂脊

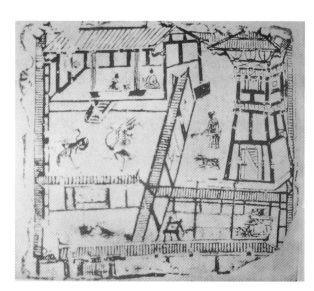

图8-5-1　东汉庭院画像砖

的宫殿，仍然沿用[13]。四川"庭院"画像砖上所示，基本上就是抬梁屋架，但无脊瓜柱，应是结合叉手提供脊檩的支点（图8-5-1）。在武梁祠上已看到汉代的"叉手"做法，从洛阳北魏宁懋墓石室中也可看出梁上起叉手支承脊檩的做法，这说明汉魏时简单的三角形屋架早已萌芽[14]。其实广州汉代建筑明器显示出三角形屋架较多[15]（图8-5-2）。傅熹年、杨鸿勋先生等在复原先秦时期的建筑时，均采用这一构架方法，如杨鸿勋先生在复原二里头宫室的廊庑时，推测其应是大叉手（人字木）梁架，即斜梁上承檩（图8-5-3）。傅熹年先生认为，"斜梁实际也是古代传统，并延续了下来。在周原附近的农村中，很多传统建筑用了斜梁"[16]。

氏族社会时期的大叉手屋架，开始没有水平的

拉杆，直接以斜梁承托椽子或椽子和檩条。如1978年3月在河南固始侯古堆一号墓中，出土的三乘肩舆。其中一乘为屋顶式，全为竹、木构架，庑殿顶，正侧面做法几乎一致，都是利用密排的斜梁，其上均布檩条，檐口处斜梁伸出檩条少许，与木屋构架如出一辙[17]（图8-5-4）。这"暗示着椽承重的可能性，或至少是椽、桁并用制度"[18]

后来由于屋面材料由"茅茨"转变为墐涂屋面，屋面荷载加大，墙体常因水平推力而向外倾斜，易坍塌，因此后来添加了水平构件——联系梁，即在各柱之间用横梁拉住。随着文明的发展，到了奴隶制社会，宫室的高度增高，联系梁成为必不可少的构件。到了周代，随着宫殿面宽、进深、高度均不断加大，不但各柱间都已用横梁拉住，整体构成了框架，而且由于建筑跨度加大，大叉手屋架不能满足稳定性的要求，遂在联系梁上设立短柱以加固顶部节点的支承[19]，于是联系梁转变为承重梁，并且受屋架结构的限制，大叉手屋架决定了屋盖均采用直坡形式。这样结构、形式的大叉手一直传承到今天，广西一些少数民族建筑至今还有相当一部分采用这种简易、经济的有联系梁和短柱的大叉手屋架（有的短柱与檩条不对位，有的与檩条对位），包括桂西南壮文化区、桂西壮文化区，以及桂北融江、融水一代的苗族民居。

曲尺形住宅（广州汉墓明器）

图8-5-2　广州汉代建筑明器三角形屋架

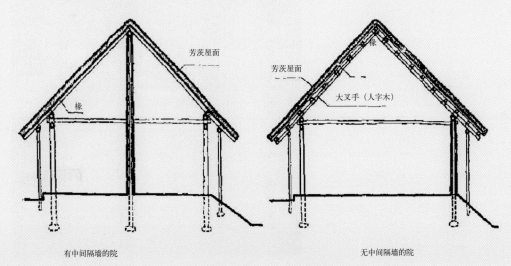

图8-5-3　二里头宫室廊庑的大叉手梁架（图片来源：杨鸿勋．建筑考古学论文集：75．）

广西大叉手木构架的具体做法是在交叉处绑扎或榫接成三角形棚架，若干排三角形叉架上搁置檩条，上钉椽皮，再铺瓦片形成整体屋面。这种屋架形式构造简单，斜梁可以保证屋面的整体性较好，檩条按照40~60厘米左右的间距均匀搁置在斜梁上，在斜梁上钉小木块或木楔子以阻止其滑动（图8-5-5）；檩条一般采用每榀搭接方式。大叉手的屋架，由于檩条位置不用和柱顶或瓜顶对应，避免了复杂的榫接构造，其做法简单，对木材的加工和建造技术要求相对较低。有大叉手屋架的民居，其挑檐是大叉手斜梁直接伸出承托挑檐檩而成（图8-5-6），檐柱直接支撑叉手斜梁，没有吊瓜、挑檐枋（水串）等复杂结构，因此其出挑深度不及穿斗式建筑的出檐。

由于生活的需要，大叉手木构架的民居进深加大，有的进深达10米或10米以上（如人口稀疏的桂中大山地区壮族干阑民居，进深达五至六间，约15米左右），相应的屋顶高度增高，屋面材料也在近代由原来的茅草、树皮等较轻质的屋顶，转变为冷摊瓦屋面，屋面荷载增大。因此，广西大叉手木构架的水平构件也在不断的增多，从原来的仅由檐柱、金柱、中柱承托大叉手，仅以一通长的穿枋联系这些落地柱的方式，转变为在通长的联系穿枋上置短柱（两落地柱间设一根短柱），短柱与落地柱间以较短一些的穿枋相连，水平卯榫，形成抗水平推力（如风荷载）较好的横向架构式木构架形式。但在桂西南一些地区，依然用横向联系构件极少的大叉手木构架形式，是大叉手转变过程的活化石。在广西大叉手构架形式主要有以下两种。

一、用中柱，柱与檩不对位

这类大叉手式木构架采用落地的中柱，大叉手相交于中柱柱端，落地柱、瓜柱与檩条不对位，主要在桂西南壮文化区，包括左江一带的崇左、宁明、凭祥、龙州、大新、天等、德保、靖西、那坡

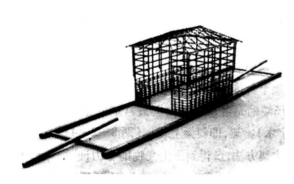

图8-5-4 河南固始侯古堆一号墓肩舆（图片来源：《文物》1981年第1图期版）

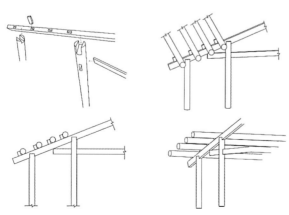

图8-5-5 檩条与斜梁的连接构造（赵冶绘）

图8-5-6 那坡达文屯壮族民居中叉手梁挑檐

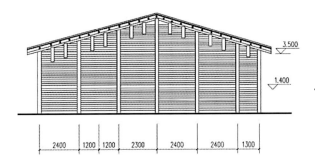

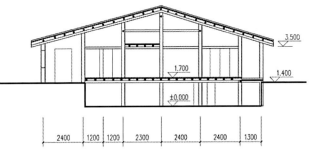

图8-5-7　龙州板梯村民居山墙构架与室内构架比较（赵冶绘）

等县，以及融水一带的广大村寨中使用。

（一）不用瓜柱

即直接以落地柱（中柱、金柱、檐柱）承托大斜梁，不用瓜柱，斜梁相交于中柱端头，呈交叉状承托脊檩，落地柱与檩条不对位。柱间以一根通长的穿枋拉牵，其中金柱间再以一道相对较短的穿枋穿过中柱相连接，以增加柱间的联系。但这类大叉手木构架一般用于明间，其山墙面要么使用满枋跑马瓜式木构架，要么使用硬山搁檩的方式，以此来保证梁架整体的稳固性。如龙州县金龙镇板梯村那傍屯、融水卜令屯的大叉手木构架建筑（图8-5-7）。

（二）满枋满瓜

即在两落地柱间设一根瓜柱，落地柱、瓜柱与檩条不对位，瓜柱柱脚皆落在最下一层通长的穿枋（大串）上，穿枋满穿各瓜柱[20]，落地柱和瓜柱柱端下设1～2条设方形或圆形截面的牵枋（有的仅在落地柱柱端下设一条牵枋），增强各榀梁架间的整体性，如百色德靖台地的那坡达文屯的壮族民居大都采用此种做法（图8-5-8）。这种做法，瓜柱较长（且各瓜柱高度有别），穿枋穿越其所在水平层的所有瓜柱和落地柱，比较耗费木材，也给木材的加工增添一些麻烦（构件规格增多），并且由于瓜柱和穿枋较密，阁楼空间使用起来不方便，但是这种结构非常牢固，适合那坡达文屯那种进深达10米的建筑。然而由于采用大叉手构架的屋顶相对比较笔直、陡峭，进深过大时，存在檐口高度过低，不利于采光的问题，因此这一区的建筑室内十分昏暗，一般在前廊上工作。

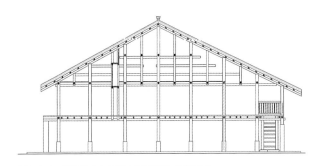

图8-5-8　那坡达文屯民居大叉手屋架（赵冶绘）

（三）与插梁木构架相结合

即承托檩条的仍然是大斜梁，但支撑大斜梁的是插梁式木构架，插梁木构架的瓜柱与檩条也不对位。通常这种木构架的大叉手并不直接伸出承托挑檐檩，而是止于檐柱或檐墙，另设挑枋承托挑檐檩。其边帖一般采用硬山搁檩的方式，从外观看，其形制接近桂东南广府式建筑。这种形制的构架大多出现在桂西、桂西南壮族的公共建筑或较高等级的宅第建筑中，是受广府建筑文化影响的结果，如西林岑氏家族建筑群之南阳书院（图8-5-9）。

二、柱与檩对位，中柱或有或无

这种构架形式仍然采用交叉的斜梁，檩条依然是搁置在斜梁之上，通过在斜梁上钉木条或木楔子来固定，但是各柱及各瓜柱与檩条相对齐，这种做法其受力传导比较清晰，保证了屋架的强度。此外，脊檩下设随脊枋，金柱或相当于金柱位置的瓜柱柱身设牵枋（枋下两端有时设替木），以增强两榀梁架间的整体性；木构架整体用料较为整齐、笔直（图8-5-10）。这种类型的大叉手主要出现在桂

图8-5-9　西林岑氏家族建筑群之南阳书院剖面图（广西文物保护研究设计中心绘）

图8-5-10　龙州县上金乡上金旧街55号宅梁架

图8-5-11　百色田林县平山乡香维村民宅梁架

西壮文化区的城镇及乡村，即邕江北部到右江河谷一带的横县、宾阳、邕北、武鸣、隆安、平果、田东、田阳、百色等，桂中北壮文化区的忻城、宜山的乡村，以及桂西南壮文化区的城镇及左、右江流域的城镇和右江流域的乡村。

右江、左江是通往滇黔越的重要交通枢纽，至清以后越来越多的广东商人进入这一带的城镇经商，不久他们便站稳了脚跟，在这些地方开商铺、建会馆、置房买田、放贷得利，同时也将广府建筑木构架的做法带入，如会馆直接延请广府师傅修建，从木构架到建筑装饰都是典型的广府味，建筑热闹而精美，成为此区域各族争相模仿的对象。因此，左、右江流域的大叉手木构架加入了插梁式木构架特点：如不一定设落地的中柱，以脊瓜柱柱端与大叉手相交，使金柱间的跨度达5米，穿枋不仅具有拉牵作用，还具有承托屋顶荷载的作用，有了插梁式木构架的意象；脊檩下设粗大的随脊枋，随脊枋下两端设替木，随脊枋及替木漆红色；瓜柱低端有卷刹骑于枋上等（图8-5-11），这些都不是壮族建筑传统的做法，而是受汉族民系建筑，特别是广府建筑影响的结果。

注释

① 杨昌鸣．东南亚与中国西南少数民族建筑文化探析．天津大学出版社，2004．

② 金柱前的不落地的长瓜柱。

③ 陈耀东．鲁班经匠家镜研究［M］．北京：中国建筑工业出版社，2010．

④ 连架式是张十庆先生在《从建构思维看古代建筑结构

的类型与演化》一文中提出的基于建构思维的两类结构类型之一。

⑤ 桂北称石櫍为石鼓，因其形式圆润、饱满近鼓形之故。

⑥ 压地隐起是一种浅浮雕，它的各部位高点都在装饰面的水平线上，有边框的雕饰面高点不超过边框的高度，饰面可以是平面，也可以是各种形状的弧形。装饰图案的外轮廓或圆讹或卷尖，力求圆和。"地"大体在一个平面上，有时也做成微小的弧面。

⑦ 减地平钑即"剪影式"凸雕，它的特征是凸起的雕刻面和凹下去的"地"都是平的，因此又称为"平浮雕"。

⑧ 层叠式是张十庆先生在《从建构思维看古代建筑结构的类型与演化》一文中提出的基于建构思维的两类结构类型之一。

⑨ 桂东北指清代桂林府及平乐府大部。

⑩ 剔地起突即高浮雕。

⑪ 桂东指清代梧州府及平乐府的昭平、贺县；桂东南指清代的郁林府、廉州府、浔州府；桂中指清代柳州府马平以南区域。

⑫ 杨昌鸣. 东南亚与西南少数民族建筑文化探析 [M]. 天津：天津大学出版社，2004.

⑬ 刘叙杰. 中周古代建筑史（第一卷）[M]. 北京：中国建筑工业出版社，2003：103.

⑭ 中国科学院自然科学史研究所. 中国古代建筑技术史 [M]. 北京：科学出版社，1985：41.

⑮ 广州市文物管理委员会. 广州出土汉代陶屋 [M]. 北京：文物出版社，1959：5.

⑯ 傅熹年. 傅熹年建筑史论文集. 北京：文物出版社，1998：58.

⑰ 周学鹰. 解读画像砖石中的汉代文化 [M]. 北京市：中华书局，2005；369~476.

⑱ 汉宝德. 斗拱的起源与发展 [M]. 台北：台湾明文书局，1988：6.

⑲ 杨鸿勋著. 宫殿建筑史话 [M]. 北京市：中国大百科全书出版社，2000：70.

⑳ 孙大章. 中国民居研究 [M]. 北京：中国建筑工业出版社，2004：322.

广西古建筑地点及年代索引

名称	类型	地点	建成年代 （变化情况）	材料结构	文保 等级
桂林王城	古城	桂林市秀峰区	建于明洪武五年（1372年），洪武二十六年（1393年）筑城墙，1650年毁于兵火，清顺治十年（1657年）在靖江王府故址上修建贡院，1921年孙中山准备北伐于王城设立大本营。孙中山离桂后，王城内曾辟为中山公园，并为广西省政府所在地。于抗日战争时期（1944年）毁于战火，抗日战争胜利后著名建筑师钱乃仁规划设计于1946-1947年间，花了18个月才建成现在的王城		全国历史文化名城
南宁古城	古城	南宁市兴宁区	建于宋，明清沿袭宋城，清末沿江向东西两侧扩展		
贺州市贺街镇临贺故城	古镇	贺州市贺街镇	建于西汉早期，五代时将西、北城墙内缩90余米，重新夯筑土城墙630米，南宋时包砌青砖，元、明、清沿用宋临贺城。清中叶以后形成河东故城，内有石板街、民居街巷及粤东会馆、文庙、魁星楼、八圣庙、观音楼等	城墙夯土、砖包土、建筑木构、砖木结构	国家级
柳州三江县丹洲古城	古城	柳州市三江侗族自治县	始建于明朝万历十九年（1591年），从城故（老堡）迁建于此处直至民国21年（1932年）迁治古宜（现在的三江县城）为止	城墙砖石结构，建筑砖木结构、木构	自治区级
桂林市大圩古镇	古镇	桂林市灵川县	始建于公元200年即北宋初年，中兴于明清，鼎盛于民国时期	砖木	国家级
黄姚古镇	古镇	贺州市昭平县	发祥于宋朝年间，兴建于明朝万历年间，鼎盛于清朝乾隆年间	建筑为砖木结构	国家级
柳州市鹿寨中渡古镇	古镇	柳州市鹿寨县	最初形成于西晋武帝泰始元年（公元265年），设置长安县，南北朝时期长安县改名为梁化县，属梁华郡。隋代开皇年间又改名为纯化县。唐、宋隶属洛容县，元在今中渡镇域设置大岑、桐木、银洞三个关隘，并设百夫长。明万历四年（1368年），设置巡检司于平乐镇，即今中渡古镇	建筑为砖木结构	国家级
兴安界首古镇	古镇	桂林市兴安县	界首古镇，是一座具有1000多年历史的古集市。明朝地理学家、旅行家徐霞客曾到此一游	建筑为砖木结构	国家级
桂林兴坪古镇	古镇	桂林市阳朔县	兴坪古镇历史悠久，该地三国时吴甘露元年（公元265年）起即为熙平县治，治所设在今兴坪镇狮子村。隋开皇十年（公元590年），熙平县治由狮子崴迁往阳朔镇	建筑为砖木结构	国家级
瑞枝公祠	祠堂	桂林市阳朔县高田镇	清同治年间	砖木	无
习经明祠堂	祠堂	来宾市武宣河马乡	清咸丰年间	砖木	无
周氏宗祠	祠堂	桂林市恭城瑶族自治县豸游村	清光绪六年（1880年）	砖木	自治区级
莫氏宗祠	祠堂	桂林市永福县桃城乡四合村	清同治年间	砖木	无

名称	类型	地点	建成年代 （变化情况）	材料结构	文保 等级
梅溪公祠	祠堂	桂林市全州县 绍水镇梅塘村	清后期	砖木	县级
爱莲家祠	祠堂	桂林市灵川县 九屋镇江头村	清光绪八年	砖木	国家级
牟绍德祠	祠堂	玉林市玉州区 高山村	清雍正至乾隆年间	砖木	自治区级
梁氏宗祠	祠堂	玉林市兴业县 石南镇庞村	清乾隆四十一年，嘉年间大规模扩建，至晚清基 本定型	砖木	自治区级
黎氏祠堂	祠堂	贵港木格镇 云垌村桅杆城	清咸丰年间	土木砖	市级
朱氏宗祠	祠堂	梧州藤县　江镇 双底村	清中期	砖木	无
陈氏宗祠	祠堂	北海市合浦县 曲樟乡璋嘉村	清嘉庆十九年	砖木	无
伯玉公祠	祠堂	钦州市浦北县 小江镇	清光绪二十二年（1896年）	砖木	自治区级
蔡氏宗祠	祠堂	玉林市博白县 那林村	清晚期	砖木	无
春台梁公祠	祠堂	来宾市七建乡 龙腾村	1792−1804年	砖木	无
陈嘉（勇烈）祠	祠堂	崇左市龙州县	清光绪二十三年	砖木	自治区级
黄氏家祠	祠堂	南宁市横县龙乡 下白面黄氏家祠	清同治八年	砖木	无
廖仕隆宅	宅第	桂林市龙胜县 和平乡龙脊村	建于清末同治至光绪年间	木构	无
赵恒钟宅	宅第	百色市德保县 足荣镇那雷屯	有200余年历史	木构	无
梁进文宅	宅第	百色市那坡县 龙合乡达文屯	民国	木构	无
武魁堂	宅第	来宾市武宣县 河马乡莲塘村	始建于清嘉庆六年，落成于道光八年	木石	无
颜氏古宅	宅第	南宁市邕宁区 蒲庙镇北觥村	清代	砖木	无
莫土司衙署	宅第	来宾市忻城县	衙署始建于明万历十年，土司祠堂建于清乾隆 十八年，道光十年大修	砖木	国家级
岑氏家族建筑群	宅第	百色市西林县 那劳乡	建于清光绪二年，落成于光绪五年	砖木	国家级
文化户宅		柳州市三江县 独峒乡高定寨	20世纪50年代，按传统工艺设计施工	木构	无
杨开柱宅	宅第	柳州市三江县 良口乡南寨村	20世纪50年代，按传统工艺设计施工	木构	无

名称	类型	地点	建成年代（变化情况）	材料结构	文保等级
曹建利宅	宅第	柳州市三江县良口乡和里村	20世纪80年代，按传统工艺设计施工	木构	无
卜令屯杨宅	宅第	柳州融水苗族自治县香粉乡卜令屯	20世纪四五十年代，按传统工艺设计施工	木构	无
张家寨张宅	宅第	百色市隆林县德峨乡张家寨	20世纪50年代，按传统工艺设计施工	木构	无
潘桂恩宅	宅第	桂林市龙胜县和平乡黄洛瑶寨	20世纪70年代，按传统工艺设计施工	木构	无
六段屯某宅	宅第	来宾市金秀县金秀镇六段屯	光绪年间	木构	无
石围屯银宅	宅第	河池市罗城县东门镇石围屯	清代	砖木	无
南昌屯谭宅	宅第	河池市环江毛南族自治县下南乡南昌屯	清后期	砖木	无
卫守副府	宅第	桂林市灵川县灵田乡长岗岭村	清晚期	砖木	国家级
秦家大院茂兴堂	宅第	桂林市兴安县白石乡水源头村	明末清初	砖木	自治区级
李吉寿故居	宅第	桂林市永福县罗锦镇崇山村	清乾隆年间	砖木	无
朗山村2号宅第	宅第	桂林市恭城县莲花镇朗山村	清晚期	砖木	自治区级
按察使府第	宅第	桂林市灵川县九屋镇江头村	清乾隆年间	砖木	国家级
多福堂	宅第	桂林市灌阳县文市镇月岭村	清道光年间	砖木	自治区级
陶家大院（静安庄）	宅第	贺州市仁义镇保福村象角寨	清朝乾隆年间	砖木	无
江氏围屋	宅第	贺州市八步区莲塘镇仁冲村	清乾隆末年	夯土、砖木	县级
叶氏围屋	宅第	梧州市昭平县樟木林乡	清嘉庆乙丑年	土木	无
砂峒围垅屋	宅第	玉林市玉州区砂峒	清乾隆年间	夯土、砖木	市级
刘永福故居（三宣堂）	宅第	钦州市钦州镇	清光绪十七年	砖木	自治区级
劳氏祖屋	宅第	钦州市灵山县佛子镇大芦村	明嘉靖二十五年至清康熙五十八年	砖木	国家级
李萼楼庄园	宅第	南宁市横县马山乡翰桥村	清道光年间	砖木	县级
李家大宅	宅第	来宾市武宣三里镇	建于清代道光年间	砖木	无

名称	类型	地点	建成年代 （变化情况）	材料结构	文保 等级
刘氏围屋	宅第	柳州柳南区 竹鹅村凉水屯	建于 1898 年	土木	市级
黄家大院	宅第	南宁市 中尧南路 88 号	始建于清康熙十年	砖木	市级
韦氏祖屋	宅第	南宁市罗文村	建于清康乾年间	砖木	市级
谢鲁山庄	园林	玉林市陆川县 乌石镇谢鲁村	始建于 1920 年		国家级
雁山园	园林	桂林市雁山区	建于公元 1869 年		市级
明秀园	园林	武鸣县城厢镇 灵源村蒙家屯	始建于清嘉庆年间		自治区级
龙脊村古壮寨	聚落	桂林市龙胜县	明至今		中国第一批传统村 落名录
达文屯	聚落	百色市那坡县	清至今		无
那雷屯	聚落	百色市德保县	清至今		无
程阳八寨	聚落	柳州市 三江侗族自治县	明至今		无
高定寨	聚落	柳州市 三江侗族自治县	明至今		中国第一批传统村 落名录
东田村田头屯	聚落	柳州市融水县 四荣乡东田村	清至今		中国第一批传统村 落名录
小寨村	聚落	桂林市龙胜县 和平乡	明至今		无
下古陈屯	聚落	来宾市金秀县 六巷乡六巷村	明至今		中国第二批传统村 落名录
古砦古建筑群	聚落	柳州市柳城县 古砦仫佬乡	明至今		无
长岗岭村	聚落	桂林市灵川县 灵田镇	明清时期		国家级文物保护单 位、中国第一批传 统村落名录
江头村	聚落	桂林市灵川县 九屋镇	明、清时期		国家级文物保护单 位、中国第一批传 统村落名录
大桐木湾村	聚落	桂林市灵川县 海洋乡	清乾隆至今		广西第一批传统村 落名录
朗山村	聚落	桂林市恭城瑶族自 治县莲花镇	始建于 1818 年		广西第一批传统村 落名录
月岭村	聚落	桂林市灌阳县 文市镇	明末清初		自治区级文物保护 单位、中国第二批 传统村落名录
榕津村	聚落	桂林市平乐县 张家镇	始建于宋		中国第二批传统村 落名录

名称	类型	地点	建成年代（变化情况）	材料结构	文保等级
秀水村	聚落	贺州市富川县朝东镇	明、清时期		中国第一批传统村落名录
龙道村	聚落	贺州市钟山县回龙镇龙福村委	清末		中国第一批传统村落名录
庞村	聚落	玉林市兴业县石南镇	始建于清乾隆四十一年		自治区级文物保护单位、广西第一批传统村落名录
高山村	聚落	玉林市玉州区	始建于明朝天顺年间		自治区级文物保护单位、中国第一批传统村落名录
大芦村	聚落	钦州市灵山县佛子镇	明嘉靖二十五年至清道光六年		国家级文物保护单位、中国第一批传统村落名录
苏村	聚落	钦州市灵山县石塘镇	始建于清初康熙年间		中国第二批传统村落名录
龙腾村	聚落	来宾市金秀县七建乡	明清时期建造		广西第一批传统村落名录
君子垌围屋群	聚落	贵港市港南区木格镇	始建于乾隆末年，大部分为清咸丰年间建成		市级文物保护单位
北海市合浦大士阁	佛教建筑	北海市合浦县山口镇永安村	明成化五年（1469年）	木构	国家级
桂平市寿圣寺	佛教建筑	桂平市	宋嘉祐三年（1058年）兴建，明正德年间重新扩建，后历代均有重修	砖木	自治区级
崇左市天等县万福寺	佛教建筑	天等县向都镇北郊1公里	清康熙十一年（1672年）	木构	自治区级
梧州市白鹤观	道教建筑	梧州市城西	始建于唐代开元年间（713-714年），清康熙年间重修，清光绪九年（1883）重修，2001年再重修	砖木	自治区级
桂林市临桂六塘清真寺	清真寺	桂林市临桂县六塘镇	始建于清康熙年间（1662-1722年）	砖木	自治区级
临桂旧村清真寺	清真寺	桂林市临桂县会仙乡旧村	建于明代，民国20年左右重修，2004年再次大修，大体保持原状	砖木	
临桂五通清真寺	清真寺	桂林市临桂县五通镇人民街	建于清嘉庆年间，1915年修葺，1998年维修	砖木	县级
桂林市恭城武庙	坛庙	桂林市恭城瑶族自治县	始建于明万历癸卯年（1603年），清康熙五十九年（1720年）重修，清咸丰四年（1854年）毁于兵燹，清同治元年（1862年）再度重修。1984年广西壮族自治区人民政府拨款维修	砖木	自治区级
桂林市灌阳关帝庙	坛庙	桂林市灌阳县	始建于明代万历四十八年（1620年），历经明天启三年、清康熙三十五年，清乾隆、同治、光绪年间及1995年、2002年、2008年修缮	砖木	自治区级

名称	类型	地点	建成年代 (变化情况)	材料结构	文保 等级
桂林市 全州精忠祠	坛庙	桂林市全州县大西江镇锦塘四板桥村	建于清同治元年（1862 年）	砖木	自治区级
容县真武阁	坛庙	玉林市容县	始建于明万历元年（1573 年）	木构	国家级
邕宁五圣宫	坛庙	南宁市邕宁区	始建于清代乾隆八年（1743 年），1794 年、1886 年两次重建，2004 年 11 月整体维修	砖木	自治区级
大安大王庙	坛庙	贵港市平南县大安镇	始建于清康熙元年（1662 年），清康熙五十九年、乾隆十五年扩建，清乾隆四十八年、嘉庆十年重修	砖木	自治区级
福溪村百柱庙	坛庙	贺州市富川福溪村	明洪武永乐十一年立庙祭神，弘治十二年立大庙于灵溪河畔，清嘉庆丙寅重修，同治六年扩大庙的规模	木构	国家级
横县伏波庙	坛庙	南宁市横县	始建年代不详，宋庆历年间（1041 年）修，以后历代都有修葺	砖木	国家级
金田镇三界庙	坛庙	桂平市金田镇新圩	建于清乾隆五年(1740 年)，历代均有小修或重修，现状为清代遗物	砖木	国家级
桂林市恭城县 周渭祠	坛庙	桂林市恭城县	建于明成化十四年，清雍正元年重修	砖木	国家级
岑溪邓公庙	坛庙	岑溪市南渡镇	始建于明朝，清雍正十二年（1734 年）重修	砖木	自治区级
全州柴侯祠	坛庙	桂林市全州县	始建于唐登封元年（公元 696 年），明、清两代都曾修缮	砖木	县级
三江良口乡 和里村三王宫	坛庙	柳州市三江侗族自治县良口乡和里村	建于明隆庆六年（1572 年），经历清乾隆、道光、同治三次大修，2012 年整体修葺	砖木	国家级
恭城文庙	文庙	桂林市恭城瑶族自治县	始建于明永乐八年(1410 年)，明成化十三年(1477 年)迁至县西黄牛岗，明嘉靖三十九年（1560 年）迁至西山南麓，清康熙九年（1670 年）、康熙四十年(1701 年)曾局部维修，清道光二十年(1840 年)扩建，二十二年（1842 年）形成如今的规模，清光绪十四年（1888 年）修缮，民国 12 年（1923 年）大修	砖木	国家级
武宣文庙	文庙	来宾市武宣县	始建于明宣德六年（1431 年)，明正德年间（1506-1521 年）至明嘉靖年间（1522-1566 年）相继修葺，明崇祯年间（1628-1644 年）建尊经阁，清康熙十一年(1672 年)修大成殿、启圣祠，五十八年(1719 年)修明伦堂，清嘉庆五年（1800 年）重修崇圣祠、东西庑等；清道光十五年至十七年（1835-1837 年）重修礼门、义路；清同治七年（1868 年）修围墙照壁，民国元年（1912 年）终形成今日规模	砖木	自治区级

名称	类型	地点	建成年代 （变化情况）	材料结构	文保等级
妙明塔	塔	桂林市全州县湘山寺	始建于唐代咸通二年（公元861年），唐乾符三年（公元876年）建成。宋元丰四年（1081年）重建此塔，至元祐七年（1092年）建成7层新塔。后经明、清多次修葺，带上了明清楼阁式古塔的特点	砖木构	国家级
崇左市左江斜塔	塔	崇左市东北5.2km的左江江心鳌头山上	建于明天启元年（1621年）	砖构	自治区级
桂平市东塔	塔	桂平市寻旺乡东塔村	始建于明万历年间（1573-1619年），当塔建至二层时停工，明崇祯年间（1628-1644年）继续建造，始成	砖木	自治区级
来宾市兴宾区迁江镇扶济村文辉塔	塔	来宾市兴宾区迁江镇扶济村	建于明万历年间（1573-1620年）	砖构	自治区级
横县承露塔	塔	横县峦城镇高村东北面金龟岭上	始建于明万历四十二年（1614年），后毁，于清同治十二年（1873年）冬十一月重建，翌年秋九月落成	砖构	县级
桂林市荔浦县荔浦文塔	塔	桂林市荔浦县城东南面荔浦河西岸	塔址于南宋时曾建魁星楼，后倒塌，清康熙四十八年（1709年）重建，清乾隆四十八年（1783年）改建为塔，清光绪五年（1879年）增建二层成今日形式	砖木	自治区级
梧州市苍梧县炳蔚塔	塔	苍梧县龙圩镇下厌铁顶角山巅	建于清道光四年（1824年）	砖构	县级
桂林市木龙洞石塔	塔	桂林市叠彩山下	建于唐朝	石构	自治区级
桂林市万寿寺舍利塔	塔	桂林市民主路	建于唐朝显庆二年（公元657年），后崩塌，现存为明洪武十八年（1385年）重修	砖构	自治区级
桂林市象鼻山普贤塔	塔	桂林市象鼻山	建于明代	砖构	自治区级
环江县葫芦塔	塔	环江县川山镇都川村	清雍正三年（1725年）	石构	县级
贵港市漪澜塔	塔	贵港市港南区江南街道办罗泊湾村	建于清嘉庆二十三年（1818年）	砖构	市级
北海市合浦县廉州镇合浦文昌塔	塔	北海市合浦县廉州镇南郊四方岭	建于明万历四十一年（1613年），1981年修	砖构	自治区级
百色市靖西文昌塔	塔	靖西县城南八公里，旧州街东面	清嘉庆年间	砖木构	县级
贺州市富川瑶族自治县瑞光塔	塔	贺州市富川瑶族自治县富阳镇	建于明嘉靖三十年（1555年）	砖构	自治区级
玉林市兴业县石嶷塔	塔	玉林市兴业县城西的石嶷山上	始建于南宋景宝年间，明成化十八年（1482年）重修，清顺治十七年（1660年）被毁，清乾隆十二年（1747年）重建	砖构	市级

名称	类型	地点	建成年代 （变化情况）	材料结构	文保 等级
北海市合浦石康塔	塔	合浦县石康镇大湾村委罗屋村	明天启五年（1625 年）	砖构	县级
桂林市兴安县三元塔	塔	兴安县高尚镇待漏村	清道光五年（1825 年）	石构	县级
崇左市板麦石塔	塔	崇左市江洲乡板麦村的板	明万历四十年（1612 年）	石构	自治区级
全州云公和尚舍利塔	塔	全州凤凰乡麻市黄獭井村	清嘉庆三年	石构	县级
桂林市寿佛塔	塔	桂林市七星区穿山社区刘家里村	明代	砖构	市级
梧州龙湖镇允升塔	塔	梧州龙湖镇	清道光三年（1823 年）	砖构	市级
百色市那坡县城厢镇丹桂塔	塔	百色市那坡县城厢镇	建于清光绪二十二年（1896 年）	砖木	自治区级
桂林市全州县燕窝楼	牌楼	桂林市全州县永岁乡石岗村委石岗村	建于明嘉靖七年（1529 年），后历代不同程度进行了维修	木构	国家级
桂林市全州白茆坞牌坊	牌坊	桂林市全州县枧塘乡福村委新白茆坞村东	建于清嘉庆四年（1799 年）	石构	自治区级
桂林市灌阳县月岭村石刻牌坊	牌坊	桂林市灌阳县月岭村	建于清道光十四至十九年（1834-1839 年）	石构	自治区级
岑溪五世衍祥牌坊	牌坊	岑溪市水汶镇莲塘村	清同治七年兴工建牌坊，同治十年（1871 年）建成	砖构	自治区级
贺州市钟山恩荣牌坊	牌坊	贺州市钟山县燕塘镇玉坡村	建于清乾隆十七年（1752 年）	石构	自治区级
三江马胖鼓楼	鼓楼	三江县八江乡马胖寨	民国	木构	国家级
平等鼓楼群	鼓楼	龙胜各族自治县平等乡平等村	清至民国	木构	自治区级
南宁市江南区江西镇杨美村魁星阁	楼阁	南宁市江南区江西镇杨美村	建于清代乾隆元年(1736 年)，于道光二十年(1840 年）重建	砖木	市级
北海市合浦县廉州镇海角亭	亭	北海市合浦县廉州镇	建于北宋景德年间（1004-1007 年），经明代成化、嘉靖多次迁建，至隆庆年间迁定于今址	砖木	自治区级
合浦东坡亭	亭	北海市合浦县合浦师范学校内	建于清乾隆四十一年，现亭为 1944 年重修	砖木	自治区级
阳朔东山亭	亭	桂林市阳朔县福利镇夏村人仔山（又名东南山）村	民国 15 年（1926 年）	砖木	县级
恭城石头村神亭	亭	恭城瑶族自治县架木镇石头村	建于明万历二年(1574 年),清光绪三十一年(1905 年）重建	木构	无

名称	类型	地点	建成年代 （变化情况）	材料结构	文保 等级
恭城蕉山神亭	亭	恭城瑶族自治县观音乡蜘塘村委蕉山屯	建于清乾隆五十年（1785 年），历代均有维修。清光绪八年（1882 年）铺设亭内石板，1989 年更换部分梁架和瓦面	木构	无
恭城狮塘神亭	亭	恭城瑶族自治县观音乡狮塘村	建于清乾隆五十九年（1794 年），清嘉庆二十二年，在木柱亭旁加修石柱凉亭，形成双亭，1989 年，村民捐资对其进行了维修	木构	无
三江归东井亭	亭	三江侗族自治县同乐乡归东寨边	近代	木构	无
三江马胖凉亭	亭	三江侗族自治县八江乡马胖寨	近代	木构	无
钟山县两安乡莲花村龙归庵戏台	戏台	贺州市钟山县两安乡莲花村	清	砖木	自治区级
钟山县公安镇大田村水口灵祠戏台	戏台	贺州市钟山县公安镇大田村水口	清	砖木	自治区级
秀水村仙娘庙戏台	戏台	贺州市富川县朝东镇秀水村	清	砖木	无
昭平县黄姚镇宝珠观戏台	戏台	贺州市昭平县黄姚镇宝珠观戏台	清	砖木	自治区级
富阳镇关岳庙戏台	戏台	贺州市富川县富阳镇城北	清	砖木	无
富川凤溪村七星庙戏台	戏台	贺州市富川县城北镇凤溪村	清	砖木	无
恭城县湖南会馆戏台	戏台	桂林市恭城县	建于清朝同治十一年（1872 年）	砖木	自治区级
八协寨戏台	戏台	柳州市三江县独峒乡八协村八协屯	清末	木构	无
朝东镇东水村戏台	戏台	贺州市富川县朝东镇秀水村	清	砖木	无
钟山县石龙镇石龙戏台	戏台	钟山县石龙镇石龙街	清	砖木	自治区级
武宣三里镇三里街老墟戏台	戏台	来宾市武宣县三里镇三里街老墟	民国	砖木	无
恭城县武庙戏台	戏台	桂林市恭城县	清	砖木	自治区级
全州精忠祠戏台	戏台	桂林市全州县大西江乡锦塘四板桥村	清同治元年（1862 年）	砖木	自治区级
和里三王宫戏台	戏台	柳州市三江县良口乡和里村	始建于明末，清乾隆、道光、光绪年间多次修缮，2012 年整体修葺	砖木	国家级
邕宁那莲戏台	戏台	南宁市邕宁区蒲庙镇孟莲村那莲街北端	清乾隆五十八年（1783 年）	砖木	市级
平南县大安镇大安桥	桥	平南县大王庙之右	清道光六年（1826 年）	石构	自治区级

名称	类型	地点	建成年代 (变化情况)	材料结构	文保 等级
忻城石板平桥	桥	忻城县 古蓬乡内连镇	始建于清末，1931 年重修	石构	无
旧县村仙桂桥	桥	桂林市阳朔县白沙 镇旧县村西北部	建于北宋宣和五年（1123 年）	石构	自治区级
忻城县永吉石 拱桥	桥	来宾市忻城县古蓬 镇旧镇屯	建于清光绪十九年（1893 年）	石构	县级
钟山县石龙桥	桥	贺州市钟山县 石龙乡	建于乾隆十一年（1746 年），清光绪四年（1878 年） 重建	石构	自治区级
阳朔县白沙镇观 桥村富里桥	桥	阳朔县白沙镇观桥 村委南侧 200 米的 遇龙河上	建于明代，民国年间重修	石构	县级
钦州市灵山县灵 城镇接龙桥	桥	灵城镇镇北街东侧	始建于康熙三十一年（1692 年），清乾隆二十七 （1762 年）重建	石构	县级
兴安县界首镇接 龙桥	桥	桂林市兴安县 界首镇界首村	建于清代中期	石构	县级
大化县贡川乡清 波村石拱桥	桥	大化瑶族自治县贡 川乡清波村	建于明正统十一年（1446 年）	石构	县级
南宁市邕宁区新 江镇皇赐桥	桥	南宁市邕宁区新江 镇新江社区新江街 北端	清道光十七年（1837 年）	石构	县级
崇左市大新县桃 城镇鸳鸯桥	桥	崇左市大新县桃城 镇伦理路利江上	清乾隆元年	石构	县级
宾阳县城南街宾 州南桥	桥	宾阳县宾州镇南街 与三联街交接处	明洪武六年（1373 年）	石构	自治区级
覃村石拱桥	桥	柳城县古砦仫佬乡 覃村屯	明	石构	自治区级
平洛乐登桥	桥	罗城仫佬族自治县 东门镇平洛村	明洪武十八年（1385 年）	石构	自治区级
南边山双凤桥	桥	临桂县南边山乡双 凤桥村	清咸丰十一年（1861 年）	石构	自治区级
程阳永济桥	桥	柳州市 三江县程阳寨	重建于 1916 年	木构	国家级
三江县岜团桥	桥	三江侗族自治县西 北的独峒乡岜团村	建于清宣统二年（1910 年）	木构	国家级
龙胜县平等乡蒙 洞村风雨桥	桥	龙胜县平等乡蒙洞 村回龙江蒙洞河上	建于清同治年间，民国 11 年重修，被毁于 1962 年的洪水，于 1964 年重建	木构	县级
龙胜县伟江乡潘 寨风雨桥	桥	龙胜县伟江乡潘寨	建于清光绪二十一年（1895 年）	木构	县级
三江县良口乡和 里村人和风雨桥	桥	三江县 良口乡和里村	建于清光绪二十四年（1898 年）	石木构	无
油沐乡迴澜风 雨桥	桥	贺州市富川县油沐 乡中岗村与油草村 之间	建于明万历年间，明崇祯十四年（1641 年）重修， 清嘉庆、道光、光绪年间都曾修葺，新中国成立后， 多次拨款维修保养	桥墩石 构，桥体 木构	国家级

名称	类型	地点	建成年代（变化情况）	材料结构	文保等级
油沐乡青龙桥	桥	贺州市富川县油沐乡中岗村与油草村之间	始建于明代，清道光年间大修，后多次修葺	桥墩石构，桥体木构	国家级
田东正经书院	书院	百色市田东县平马镇南华街 91 号	建于清光绪二年（1876 年），1963 年国家曾拨专款进行修缮	硬山式砖木构	国家级
新会书院	书院	南宁市解放路 42 号	始建于清乾隆初年，重修于清道光二十三年（1843 年）	硬山式砖木结构	自治区级
迁善书院	书院	宁明县那堪乡迁隆村	始建于清光绪二十年（1894 年）。清宣统三年（公元 191 年）秋扩充	硬山式砖木结构	无
浦北大朗书院	书院	钦州市浦北县小江镇平马小学旁	建于清朝光绪二十五年（1899 年）	悬山砖构	自治区级
思恩府科试院	试院	南宁市宾阳县城北宾州古城县职业技术学校内	清乾隆六年	硬山式砖木结构	自治区级
百色粤东会馆	会馆	百色市解放街	兴建于清康熙年间（1720 年）。现存会馆建筑应为清道光二十年重建以后的构架	硬山式砖木结构	国家级
百色灵洲会馆	会馆	百色市解放街	始建于清乾隆五十六年（1791 年），清光绪二年（1876 年）重修	硬山式砖木结构穿斗式	市级
钦州广州会馆	会馆	钦州市中山路 29 号	始建于清乾隆四十八年（1783 年），清道光十四年（1834 年）、清光绪十六年（1890 年）两次重修	硬山式砖木结构	自治区级
钟山英家粤东会馆	会馆	贺州市钟山县英家街	清乾隆四十二年	硬山式砖木结构	自治区级
田阳粤东会馆	会馆	田阳县田州镇隆平村	清代同治年间	硬山式砖木结构	自治区级
南宁粤东会馆	会馆	南宁市壮志路 22 号	清朝乾隆元年（1736 年）	硬山式砖木结构	市级
恭城湖南会馆	会馆	桂林市恭城县城太和街	清同治十一年（1872 年）	硬山式砖木结构	国家级
平乐粤东会馆	会馆	桂林市平乐镇大街 56 号	始建于清顺治十四年间（1657 年），康熙三十六年（1697 年）建成，清嘉庆十一年（1806 年）重修，清咸丰年间毁于兵火，清同治年间复修	硬山式砖木结构	
苍梧粤东会馆	会馆	梧州市苍梧县县城龙圩镇忠义街	始建于康熙五十三年（1714 年），清乾隆五十三年（1785 年）重修	硬山式砖木结构	自治区级
平南粤东会馆	会馆	贵港市平南县大安镇东南 25 公里的西江南岸	清乾隆五十八年（1793 年）	硬山式砖木结构	自治区级
平乐榕津粤东会馆	会馆	平乐县榕津村	始建于乾隆年间	硬山式砖木结构	县级
玉林粤东会馆	会馆	玉林市城区大北路、玉州区大北小学校园内	始建于清初，清乾隆五十九年（1794 年）迁建今地，清光绪五年（1879 年）扩建	硬山式砖木结构	市级

参考文献

[1] 雷翔.广西民居［M］.北京：中国建筑工业出版社，2009.

[2] 陆琦.广东民居［M］.北京：中国建筑工业出版社，2010.

[3] 蒋江生.漓江流域古村落研究［D］.浙江工业大学，2013.

[4] 宾长初.广西近代圩镇的发展和特点［J］.广西师范大学学报（哲学社会科学版），1991，01：29-35.

[5] 姚斌.关于大圩古镇保护性开发的思考［J］.广西城镇建设，2006，10：85-87.

[6] 田露平.SWOT分析在旅游规划中的应用——以桂林大圩古镇为例［J］.大众科技，2010，05：201-203.

[7] 杨宗运，覃骏.广西三江发现的怀远古城图碑［J］.考古，1965，08：429.

[8] 刘汉忠.旧志文献利用与实地踏勘——丹洲古城考察记略［J］.广西地方志，2014，01：38-42.

[9] 刘汉忠.柳州古旧地图的形态与研究价值［J］.广西地方志，2006，03：40-43+4.

[10] 贺艳.临贺故城城市史初探［J］.建筑史，2003，03：63-74+285.

[11] 廖家庄.潇贺古道的千年古镇——临贺［J］.南宁：文史春秋，2001，04：30-32.

[12] 王倩.临贺故城宗祠的装饰文化研究［J］.合肥：美术教育研究，2012，21：47-48.

[13] 庞科.广西中渡古镇保护规划研究［D］.上海交通大学，2012.

[14] 朱国佳.人间胜境的文化变迁——兴坪镇渔村的人文资源与文化传承［D］.广西师范大学，2002.

[15] 范文艺，石薇.旅游小城镇外部空间特征分析——以广西兴坪镇为例［J］.城市问题，2012，11：28-31.

后记

本书即将付梓之际，心中既有收获果实的喜悦，亦有面临检验的惴惴之感。自2011年接受《中国古建筑》丛书编撰任务以来，《广西古建筑》的编撰便面临其他分册鲜有的艰难情况，我们没有太多可资借鉴的资料，也缺乏大量的实地测绘，对于广西古建筑的分布、分区、数量、特色等，付诸阙如。因此在2011年至2013年间，本书的编写小组成员从实地测绘开始，或三五为伴，或带领学生，冒着严寒酷暑、跋山涉水，分头深入广西各地的村寨，寻找、测绘广西古建筑的遗珍。在经费匮乏，条件艰苦的调研中，有翻山越岭、风餐露宿的艰辛，有兴奋而至但古屋已毁的失落，有半路迷途却觅得意外佳构的惊喜，有长途颠簸后峰回路转间古村落在眼前铺陈开的兴奋……所有这些，至今仍历历在目。失落与喜悦、现实和责任鞭策着我们追赶时间，将广西古建筑收集、整理、编撰出来，让更多的人能更全面地了解广西古建筑、喜爱广西古建筑、保护广西古建筑。然而，终因任务太重、时间过紧，一些遗珍至今依然默默于乡间未被纳入，一些调研有待深入却无暇再顾，一些分析尚待推敲却言之凿凿，这些都待业内同行批评指正。本书结稿亦为后续研究之开始，我们希望以此书为契机，继续广西古建筑的研究，以后续更丰厚的研究来回馈读者。

本书主要撰写者及撰写内容（章节）分别为：

第一章　谢小英

第二章　廖宇航、潘洌（其中南宁古城文字为谷云黎）

第三章　组稿人熊伟，第一节一熊伟，第一节二、三、四（其中侗族高定寨作者为韦玉姣，瑶族下古陈村作者为廖宇航）；第二节一熊伟，第二节二（一）、（二）蔡华，第二节二（三）、（四）、（五）、（六）许莹莹，第二节二（七）熊伟；第二节三（一）、（三）、（四）、（五）熊伟，第二节三（二）梁海岫；第二节四（一）熊伟、第二节四（二）潘洌

第四章　谢小英、韦玉姣

第五章　第一节杨修第二节王丽

第六章　组稿人熊伟，第一节一熊伟；第一节二（一）熊伟；第一节二（二）赵冶；第一节二（三）熊伟（其中瑞枝公祠作者为谢小英，刁经明祠堂、武魁堂作者为潘洌）；第一节三（一）熊伟；第一节三（二）赵冶；第一节四赵冶；第二节一熊伟；第二节二（一）谢小英；第二节二（二）许莹莹（其中桂林市灵川县灵田乡长岗岭村卫守副府、秦家大院茂兴堂作者为熊伟，灵川县江头村按察使府第作者为蔡华）；第二节二（三）秦书峰；第二节三（一）熊伟（其中玉林兴业庞村庞氏宗祠作者为梁海岫，贵港木格镇云垌村桅杆城黎氏祠堂作者为潘洌）；第二节三（二）熊伟；第二节三（三）秦书峰；第二节四（一）熊伟；第二节四（二）熊伟（其中南宁黄家大院作者为韦玉姣）；第二节四（三）秦书峰

第七章　第一节谢小英、赵冶；第二节王丽；第三节谢小英、熊伟；第四节谢小英、熊伟；第五节赵冶、谢小英

第八章　谢小英

本书合作单位：广西文化厅文物局

　　　　　　　广西住房和城乡建设厅村镇建设处

本课题部分成果受国家自然科学基金资助（项目号：51308134）。

另外，特别感谢《中国古建筑》丛书编委会对我们的信赖，感谢中国建筑工业出版社同仁的敦促和审阅，感谢广西大学土木建筑工程学院领导的支持，没有你们，本书难以顺利完成。感谢阳慧、刘少琨、曾国惠、李震、韦钰琪、银晓琼、蒋罗莹、顾雪萍、梁汉、班少飞、唐寄翁、龙阳军、黄迤滢、韦丽娜、罗晓莉、金子惟、高洪利、寇正、满文佳、卜晔亭、卢碧莹、李攸、李阳莉、庞云月、邱政适、覃媛媛、吕明、熊明辉、施行、邓若璇、梁禧鹏、肖仁芳、刘丹迪、林钧君、梁晓君、李萍萍、覃凤秋、吕世龙等学生，感谢他们在测绘、资料收集和图片整理中付出的劳动。

谢小英

2015年7月于广西大学

主编简介

　　谢小英，副教授，硕士生导师，华南理工大学建筑历史与理论专业博士。1976年生于广西桂林市。现执教于广西大学土木建筑工程学院建筑学系，主要从事中国传统建筑、广西地域建筑、东南亚宗教建筑、建筑遗产保护等方面的研究，主要教授中国建筑史、外国建筑史、建筑历史与思想、广西建筑文化、传统民居与乡土聚落等方面的课程。现主持国家自然科学基金一项、广西自然科学基金一项，完成学术专著《神灵的故事——东南亚宗教建筑》（2008年），发表学术论文十余篇。现为中国民族建筑研究会民居建筑专业委员会委员。